« RÉPONSES »

Collection créée par Joëlle de Gravelaine

DU MÊME AUTEUR

chez le même éditeur

LES RENONCEMENTS NÉCESSAIRES, 1988.

JUDITH VIORST

RENONCEZ À TOUT CONTRÔLER !

À chaque étape de la vie, résister à la tentation du pouvoir pour réussir à être soi-même

traduit de l'américain par Claude-Christine Farny

ROBERT LAFFONT

Titre original : IMPERFECT CONTROL

ISBN 2-221-08820-4
(édition originale : ISBN 0-684-80139-6 Simon & Schuster, New York)

INTRODUCTION

> Contrôle : action de contrôler quelque chose, un pays, un groupe, son comportement ; avoir un pouvoir, une maîtrise ; action de se dominer ; maîtrise de soi.

Contrôle est un mot riche de sens et de sonorité, un mot qui évoque des sensations fortes, un mot familier car il touche à des domaines qui, toute notre vie, nous concernent, pouvoir et impuissance, liberté et contrainte, domination et soumission mais aussi représentation de nous-mêmes comme individus décidés à obtenir ce qu'ils veulent ou comme individus dépendants essentiellement de ce qui leur arrive. « Contrôle » est un mot rude, apparemment dénué de poésie. Le contrôle, on le veut, on en a besoin, on le prend, on en a peur, on le perd, on y renonce. Dans notre relation au monde, dans notre définition de nous-mêmes, nous sommes perpétuellement confrontés — consciemment ou non — à des questions de contrôle.

Croyez-vous que ce soit toujours un concept négatif ? J'aimerais vous persuader du contraire. Estimez-vous qu'il ne concerne ni votre façon de vivre ni votre personne ? Je répondrai qu'il nous concerne tous, vous comme moi. Car quand on n'en peut plus et qu'on avance quand même, quand, pour apprendre quelque chose de nouveau, on s'entraîne tous les jours, quand on s'abandonne au feu de la colère ou de la passion, quand on craque pour un mille-feuilles alors qu'on est au régime, quand on fait quelque chose contre son gré, sans pouvoir s'en empêcher ou à regret, quand on impose aux autres ses façons de faire, c'est bien de contrôle qu'il s'agit, qu'on le veuille ou non.

Nous sommes constamment confrontés à des questions de pouvoir, de maîtrise, de contrôle.

Qu'il s'agisse :
de notre destinée,
de notre vie sexuelle,
de notre indépendance,
de nos critères moraux et de notre responsabilité,
de notre vie de couple,
de nos relations professionnelles,
de nos enfants,
des coups durs dont nous devons nous relever,
de notre mort,
nous contrôlons, nous voulons contrôler, nous sommes contrôlés, nous renonçons à contrôler.

Qui que nous soyons, nous voulons tous un certain degré de contrôle — ou le contrôle absolu — sur nous-mêmes, sur les autres, sur les situations.

Nos attitudes par rapport au contrôle s'expriment dès l'enfance dans nos sentiments de compétence ou d'impuissance, à l'adolescence dans nos revendications d'autonomie, plus tard dans nos choix sexuels, enfin dans les regrets et les problèmes non résolus que nous devrons affronter au moment de notre mort. Notre foi dans notre possibilité de contrôle détermine nos réactions en cas de malheur, notre obstination à essayer, la facilité avec laquelle nous renonçons. Pour prendre le contrôle, pour obtenir ce que nous voulons, nous usons de stratégies telles que l'intimidation, la négociation, la culpabilisation, la persuasion et la flatterie, entre autres. Quand nous abandonnons le contrôle, ce peut être un échec, une obligation ou un renoncement volontaire.

La notion de contrôle permet de comprendre pourquoi la « pauvre » Kathy mène son mari par le bout du nez ; pourquoi Tom perd un emploi après l'autre ; pourquoi Vicky veut absolument dîner à 19 heures précises ; pourquoi délinquants et criminels reconnaissant qu'ils sont coupables, qu'ils ont mal agi, affirment que ce n'était pas leur faute. La notion de contrôle explique pourquoi on se laisse engluer dans une relation impossible ; comment rendre service peut être une stratégie de domination ; pourquoi la persévérance n'est pas toujours une vertu ; et quand cela devient un plaisir de dire : « Ce n'est pas mon affaire. »

« Contrôle » et « pouvoir » étant souvent synonymes, j'emploierai indifféremment l'un et l'autre. J'essaierai aussi de montrer — et j'y reviendrai à plusieurs reprises — que le contrôle que chacun s'efforce d'exercer sur lui-même, sur les autres et sur les événements est presque toujours un contrôle imparfait.

Pour écrire ce livre, j'ai consulté les écrits de scientifiques, de psychanalystes, de philosophes et autres, dont les travaux concernaient, de près ou de loin, les divers aspects du pouvoir. Je me suis aussi servie de rapports officiels, de cas individuels (en masquant l'identité des personnes), de romans et de poèmes. J'ai parlé avec des enfants et des parents, des couples, des amants, des victimes et des rescapés, des patrons et des employés, en privilégiant ceux que leur place dans la société et l'économie mettait en position de pouvoir. Et j'ai aussi parlé de mes propres démêlés, passés et actuels, avec le contrôle.

Ne cherchez pas dans ce livre des recettes du genre « Comment améliorer votre self-control en sept leçons » ou « Comment rendre votre femme obéissante », vous n'en trouverez pas. J'espère simplement vous convaincre que notre rapport au pouvoir peut nous enrichir ou nous affaiblir, améliorer ou détériorer nos relations. J'espère vous montrer pourquoi certaines attitudes auxquelles vous donnez d'autres noms s'appellent en réalité « contrôle ». Je vous engage à reconnaître (comme j'ai moi-même appris à le faire avec force soupirs et grincements de dents) quand votre volonté de contrôle est trop forte ou trop faible. Et je pense que cette conscience vous permettra de faire des choix plus libres et plus sages.

Car je continue à croire que la conscience est utile. Je continue à croire qu'il est important de savoir où on va. Je crois qu'une évolution constructive peut commencer à partir du moment où on se dit : « Tiens, je recommence » ou « Voilà, c'est *ça* que je fais. »

Je crois aussi qu'en comprenant à quel point les questions de contrôle imprègnent tous les aspects de l'existence, on peut trouver un meilleur équilibre entre pouvoir et abandon, exercer un meilleur contrôle, même s'il reste imparfait.

Judith Viorst
Washington, D.C.

1

Les limites de la liberté d'être

L'humanité ne peut pas être dissociée de sa physiologie, elle ne peut pas non plus y être enchaînée.
Lewontin, Rose et Kamin, *Not in Our Genes*

Il peut sembler aberrant de parler de notre faculté de « contrôle » quand d'innombrables forces, intérieures ou extérieures, ont le pouvoir de balayer nos projets et nos rêves, quand nos intentions les plus chères, les plus immédiates sont menacées par des secousses sismiques, des ouragans, des épidémies et des guerres, physiques ou psychiques. La plupart d'entre nous se comportent pourtant comme s'ils étaient maîtres de leur destin, comme si le sol était ferme sous leurs pieds, comme s'ils retrouvaient chaque matin une vie modelable selon leurs besoins, leurs choix, leurs actes, leur volonté.

Nous nous comportons en fait comme si nous avions sur notre vie une influence déterminante.

Nous admettons, bien sûr, que nous n'avons aucun contrôle sur les catastrophes naturelles, événements que nous considérons généralement comme relevant du pouvoir divin, même si nous prenons la précaution de construire nos maisons loin des côtes exposées à la furie des vents, loin des zones fragiles de l'écorce terrestre. Nous sommes également prêts à reconnaître que les hasards de l'existence échappent en grande partie à notre contrôle même si, en menant une vie rangée, nous limitons les risques de nous faire couper la gorge par un fou. Nous admettrons encore que certains événements anciens — échappant totalement à notre contrôle — peuvent nous avoir dotés ou privés de la capacité d'aimer, d'avoir confiance et d'espérer, d'être fiers de nous, de nous soucier des autres. Nous pouvons même convenir qu'une vie entière de précautions ne peut nous prémunir contre les risques de cancer ou de parodontite.

Mais, en dépit des maladies, des fous criminels, des colères du ciel, en dépit d'une enfance difficile ou d'injustices sociales, nous persistons à nous croire libres d'aller où nous allons, d'être ce que nous avons décidé d'être. Pénétrés de la notion d'un moi infiniment flexible, adaptable, un moi libre de son sort, non soumis au destin, nous croyons mordicus à notre capacité de contrôle.

C'est pourquoi je m'engage à terminer tel travail en trois semaines, que je me jure de perdre trois kilos d'ici le mois de mai. C'est pourquoi j'établis chaque matin la liste — j'adore faire des listes — des CHOSES À FAIRE AUJOURD'HUI, sûre qu'avant la fin de la journée je serai arrivée au bout, ou presque. Quant à mes ambitions plus vastes, me perfectionner en espagnol, retrouver un ventre plat, apprendre à tenir ma langue quand je brûle de dire une bêtise, j'estime qu'elles sont, sinon déjà atteintes, du moins à ma portée. Dès l'enfance on m'a appris — on nous a appris à tous — que « quand on veut on peut » ; voilà pourquoi chaque nouvelle année nous prenons de bonnes résolutions, persuadés que nous sommes (souvent contre toute évidence) de pouvoir les tenir, de pouvoir contrôler notre personne comme notre vie.

Et si, malgré notre volonté de faire et d'être, nous manquons souvent notre but, nous n'en perdons pas pour autant la foi en notre flexibilité — la possibilité de nous améliorer à force d'attention, de détermination et de courage, par des efforts quotidiens et la lecture de guides qui promettent d'apprendre au moins doué d'entre nous comment ...

... dominer ses colères, sa tendance à jeter l'argent par les fenêtres, son penchant pour la boisson, son stress, ses phobies...

... vaincre la timidité, le mal de l'air, la peur des autres, la dépendance...

... trouver un mari, une femme, le poids idéal, la fortune, la paix intérieure...

... améliorer sa mémoire, son caractère, le plaisir sexuel, son QI, son transit intestinal...

... prendre et garder le contrôle...

Mais de quel contrôle parlons-nous quand la science attribue à nos gènes l'ensemble de nos caractéristiques, depuis la timidité jusqu'à la cellulite ? De quel contrôle parlons-nous lorsque des vrais jumeaux élevés dans des familles différentes manifestent toutes sortes de traits de caractère semblables ? De quel contrôle parlons-nous quand des chercheurs affirment avoir découvert le « gène du bonheur » *, le « gène de la névrose », le « gène de la curiosité » et même le « gène de la bonne mère » ? Peut-on parler de contrôle quand, aussi loin qu'on jette la pomme, elle retombe toujours à proximité du pommier ?

Dodie était sûre d'avoir pris la bonne décision en abandonnant son bébé pour qu'il soit adopté. Elle voulait lui assurer les meilleures conditions de vie possibles. Elle voulait qu'il ait tout ce qu'elle-même ne pouvait pas lui donner tant qu'elle vivait avec Benjy, esprit soi-disant libre qui l'avait avertie qu'il ne laisserait pas un moutard entraver sa liberté. Trois ans plus tard, Benjy était mort, ravagé par la drogue, dans une ruelle obscure, et Dodie comprit avec amertume qu'elle avait fait une erreur. Puis un beau jour, vingt-cinq ans plus tard, elle décrocha le téléphone et entendit une voix étrangement familière lui dire : « Je suis ton fils et je voudrais te voir. »

Dodie qui vivait seule et n'avait pas eu d'autre enfant pensa un instant que la vie lui offrait une deuxième chance. Retrouver son fils comblait tous ses espoirs. Et comment ne pas être fière de sa beauté qui rappelait celle de Marlon Brando et aussi l'allure de son père ? Mais, comme son père également, ce jeune homme était drogué. Six mois plus tard, il succombait à une overdose.

Quelle leçon tirer de cette histoire ?

Doit-on en conclure que nous sommes génétiquement destinés à reproduire certains comportements ?

---

* On trouvera à partir de la page 277 des notes complémentaires sur les ouvrages et les recherches mentionnés dans le texte.

Et, en ce cas, que devient notre liberté d'être ?

La génétique du comportement réactualise le vieux débat sur l'importance relative de l'inné et de l'acquis, débat qui — en essence — concerne la capacité de contrôle. Car, si la dépression, l'agressivité, la bêtise, le tour de taille, l'homosexualité sont imputables à des gènes, il convient peut-être de redéfinir les notions de choix, de libre arbitre et de responsabilité. Il est tentant, quand on se trouve confronté à ses incapacités, de se rassurer en pensant qu'après tout on n'est pas responsable d'erreurs ou de problèmes qui ne proviennent pas d'une faiblesse de caractère mais d'une hélice d'ADN. Certains risquent de s'installer confortablement dans le rôle de victimes de la génétique et de se considérer comme les jouets impuissants de forces qui échappent à leur contrôle. Mais la plupart d'entre nous rejetons l'idée que l'homme se résume à ses gènes, qu'il est enchaîné à sa physiologie. La plupart d'entre nous affirmons encore notre libre arbitre.

« Je suis maître de ma destinée ; je mène la barque de mon âme. »

« L'homme s'enfante lui-même par ses œuvres. »

« La faute, mon cher Brutus, n'est pas imputable à notre étoile mais à nous-mêmes qui sommes des êtres faibles. »

« Toi et moi sommes libres d'être toi et moi. »

Pas tout à fait.

Car ces déclarations de liberté sont contredites par les recherches sur la famille, l'adoption et les jumeaux, en particulier celles qui concernent les vrais jumeaux élevés séparément. Avec des gènes identiques et une éducation différente — depuis leur plus jeune âge —, ces jumeaux peuvent contribuer à éclairer le rôle de l'hérédité sur le comportement.

On estimait autrefois que les vrais jumeaux élevés ensemble manifestaient des ressemblances parce qu'ils étaient élevés ensemble. Comme l'écrivait un psychologue en 1981, « on ne saurait nier l'importance des gènes et des glandes, mais le rôle de l'apprentissage social n'en demeure pas moins essentiel. Imaginez les différences énormes que l'on trouverait dans la personnalité de jumeaux dotés d'un capital génétique identique s'ils étaient élevés séparément dans des familles différentes ».

L'idée est certes intéressante — mais fausse.

Des recherches concluantes ont montré que, sur une grande variété de points, traits de caractère, orientation sexuelle, QI, les vrais jumeaux élevés séparément se ressemblent énormément. Même des tendances comme le traditionalisme ou la satisfaction dans le travail semblent affectées par l'hérédité. En ce qui concerne les manies ou bizarreries individuelles, je citerai l'exemple de ces jumeaux qui se rencontrèrent pour la première fois à l'âge adulte et qui, tous deux, portaient sept bagues, lisaient leur journal en commençant par la dernière page, buvaient leur café noir sans sucre et froid.

Comment de telles ressemblances affectent-elles nos concepts de choix et de liberté ?

Comment affectent-elles notre notion du contrôle individuel ?

Si la génétique contribue à expliquer les similarités constatées chez des jumeaux élevés séparément, elle aide aussi à comprendre les dissemblances souvent extrêmes chez les enfants nés et élevés dans la même famille. Car ces dissemblances peuvent provenir de ce qu'on a appelé « l'inné de l'acquis », c'est-à-dire l'influence *génétique* de l'enfant sur son expérience. En d'autres termes et jusqu'à un certain point, nous serions poussés par notre constitution génétique à « déterminer, choisir, rechercher ou créer » l'environnement spécifique dans lequel nous vivons.

Un petit garçon entre dans une pièce avec un livre, un jeu de cartes et un puzzle. Il s'installe devant la table basse, assemble son puzzle jusqu'au dernier morceau, construit un château de cartes, puis se plonge dans les aventures du baron de Crac. Son frère, dans la même pièce, va poser une chaise sur la table basse, empiler deux coussins sur la chaise, grimper sur le tout pour accéder au dessus de la cheminée et, de là, s'élancer dans les airs. Le premier s'est aménagé un havre de paix et de confort, le second une zone dangereuse. Poussés, semble-t-il, par leur tempérament génétique personnel, ils ont créé deux environnements très différents.

L'inné de l'acquis apparaît également dans la façon dont nous incitons nos parents à nous traiter et qui peut être très différente de la façon dont ils traitent nos frères et sœurs. Car un enfant câlin sera sans doute plus souvent embrassé et cajolé que sa sœur plus distante, un peu lente à exprimer sa tendresse. Et la forte tête, dans une fratrie, sera peut-être traitée plus sévèrement que les autres, plus accommodants. Ma plus jeune sœur, par exemple, considérait mon père comme un tendre parce qu'il cessait de la gronder dès qu'il voyait de grosses larmes gonfler ses beaux yeux bleus. Moi, je le voyais sous un jour beaucoup plus tyrannique parce que, très jeune déjà, j'avais riposté quand il me grondait, lui disant : « Vas-y, frappe-moi, — j'ai raison. » À cause de leurs différences génétiques, frères et sœurs non jumeaux peuvent grandir sous le même toit entre le même père et la même mère et vivre pourtant dans une famille différente, avec des parents différents, dans ce qui a été décrit comme « un environnement non partagé ».

À l'inverse, les vrais jumeaux élevés séparément peuvent, à cause de leur identité génétique, provoquer, choisir, rechercher ou créer des expériences similaires — y compris dans le rapport avec leurs parents —, même s'ils sont élevés dans des foyers différents.

D'autres recherches — axées sur l'étude du tempérament — nous invitent aussi à réfléchir au pouvoir des gènes.

Car nous ne venons pas au monde entièrement vierges, pages blanches sans aucun caractère. Dès notre naissance, nous possédons certaines prédispositions de tempérament. 20 % des enfants environ, si l'on en croit le psychologue Jerome Kagan, naissent avec une tendance physiologique à l'excitation, une sensibilité si vive qu'ils ressentent comme une menace tout ce qu'ils ne connaissent pas. 40 %, par contre, nés avec une sensibilité moins à fleur de peau, sont — par nature — moins peureux, plus détendus.

Certains, parmi les hypersensibles, vont développer un tempérament « inhibé », comme le définit Kagan, c'est-à-dire qu'ils accueilleront toute nouvelle expérience avec prudence et retenue, qu'ils seront facilement bouleversés et prompts à se renfermer sur eux-mêmes. Parmi les moins nerveux, certains vont, au contraire, développer un tempérament « spontané », appréciant l'inattendu, le risque, l'inconnu. Des réactions aussi opposées aux aléas de l'existence peuvent sans aucun doute influer sur nos humeurs et nos comportements tout au long de notre vie et faire de nous des poètes, des Einstein, des timides, des crétins, des gens qui ouvrent leur parapluie par beau temps ou encore des as de la voltige aérienne, des maîtres de l'univers, des Candide, des madones, des sénateurs, des psychopathes.

Les inhibés recherchent de préférence des activités qu'ils peuvent contrôler et qui laissent aussi peu de place que possible à la nouveauté, à l'imprévu.

Les spontanés se projettent volontiers dans les situations les plus périlleuses, les plus hasardeuses.

Depuis que l'homme s'interroge sur son tempérament, ces deux types humains ont existé, sous un nom ou sous un autre. Hippocrate parlait des mélancoliques et des sanguins. Jung distinguait les introvertis des extravertis. Aujourd'hui, parents et éducateurs parlent plus simplement de personnalités timides ou sociables, renfermées ou épanouies, d'enfants craintifs ou audacieux. Cela ne veut pas dire qu'il n'existe pas autant de tempéraments que d'étoiles dans un ciel d'été mais simplement que ces deux types extrêmes, inhibé et spontané, sont les plus fréquents et les mieux étudiés.

Ils existent rarement à l'état pur. Ils se combinent souvent avec d'autres traits de caractère pour donner des personnalités à la fois anxieuses et agressives, prudentes et sociables, par exemple. Mais nous avons tous rencontré des individus correspondant exactement à la description de Kagan. Et bien des gens, me semble-t-il, pourraient se ranger eux-mêmes (et ranger leurs conjoints, leurs enfants) soit dans la catégorie des inhibés, soit dans celle des non-inhibés.

Mon plus jeune fils, Alexandre, par exemple, a très vite manifesté sa nature d'explorateur en attrapant, touchant, goûtant et essayant tout ce qui se trouvait à sa portée. Pendant que nous dormions d'un sommeil confiant, il dégringolait de son berceau et s'en allait fureter dans toute la maison à quatre pattes. Sa soif de découverte, qui au fil des années a fait de nous des habitués du service des urgences, le poussait à boire de la térébenthine, sauter du haut des meubles, des arbres et des canoés, marcher pieds nus sur des morceaux de verre, enfoncer la tête ou la main dans des endroits d'où il ne pouvait plus les retirer, hisser un tabouret en haut du portique « pour que ça fasse plus haut ». Je lui proposais de s'asseoir et de dessiner, mais il n'aimait pas dessiner. Il trouvait bien plus amusant de se suspendre à bout de bras au-dessus du vide. Quand je me rappelle l'enfance d'Alexandre avec son cortège de plaies, de bosses, de brûlures, fractures et dents cassées, je me demande souvent comment il a survécu, et moi aussi, à tous les dangers que sa nature de risque-tout lui faisait courir.

Aujourd'hui, devenu adulte, il court le triathlon, joue au football américain et fait du VTT, mais jamais sans casque. La vie lui a appris, à force d'expériences douloureuses, qu'on peut limiter la casse sans renoncer aux joies du risque. Mais, s'il réfléchit avant d'agir et si (sauf exception) il ne fréquente plus le service des urgences, il reste fondamentalement l'aventurier que j'ai connu tout bébé.

Des études récentes sur l'alcoolisme, la manie-dépression, les drogues, les troubles obsessifs-compulsifs et la schizophrénie mettent en lumière l'influence des gènes, avec une importance plus ou moins nette selon les troubles. Il semble, par exemple, que la schizophrénie possède une base génétique importante, découverte qui a procuré à certaines mères culpabilisées un énorme soulagement. De même, en ce qui concerne l'obésité, l'existence d'une composante génétique, si elle reste encore à préciser, permet à ceux qui perdent et reprennent toujours les mêmes quinze kilos de se sentir moins coupables.

La recherche d'un lien entre génétique et criminalité a aussi donné quelques résultats intéressants. Une étude effectuée dans la ville et la région de Copenhague, au Danemark, a par exemple montré que 22 % des fils biologiques de pères criminels — élevés par des pères adoptifs sans casier judiciaire — devenaient criminels à leur tour. Dans le cas de pères adoptifs criminels et de pères biologiques honnêtes, par contre, la proportion de fils devenant criminels n'était que de 11,5 %. Ce rapport, qui est presque du simple au double, semble indiquer qu'il existerait un rapport entre le bagage génétique d'un individu et ses tendances criminelles.

D'autres travaux ont établi une corrélation entre un taux de sérotonine peu élevé — la sérotonine étant un des médiateurs chimiques présents dans le cerveau — et certains types de comportements criminels, corrélation qui établirait un lien entre taux de sérotonine et image de soi, pulsions agressives, violence. Et une équipe de chercheurs hollandais et américains a établi un lien entre l'agressivité et la mutation d'un certain gène. Tout récemment, on a découvert que les souris mâles ne possédant pas le gène nécessaire à la fabrication de l'oxyde nitrique se transformaient en « monstres », attaquant, mordant, tuant les autres mâles et forçant les femelles, en dépit de « protestations vocales insistantes », à subir des avances sexuelles « excessives et inappropriées ».

Selon les chercheurs, l'oxyde nitrique pourrait constituer une sorte de frein à l'agressivité, y compris sexuelle, et son absence dans le cerveau transformerait certains mâles en meurtriers et en violeurs impitoyables. « Nous avons peut-être là, dit un membre de l'équipe de recherche sur les souris monstrueuses, un exemple de comportement criminel grave qui peut être expliqué par la défection d'un seul gène. »

Nous avons peut-être des gènes qui nous prédisposent à la violence criminelle. Nous avons peut-être des gènes qui expliquent nos angoisses, notre hardiesse et notre obésité. Mais même si nous admettons l'importance des gènes, nous ne sommes pas prêts à croire que l'homme soit réductible à ses fonctionnements biochimiques. L'acquis compte autant que l'inné. Il y a l'hérédité, bien sûr, mais il y a aussi le milieu, l'éducation, la nourriture tant physique que psychique qui nous est donnée. L'expérience acquise peut, comme l'a écrit un chercheur, « bousculer notre constitution génétique ».

Car il est presque toujours évident que l'inné et l'acquis s'influencent mutuellement. S'interpénètrent. Vont rarement l'un sans l'autre. Ils sont même tellement imbriqués l'un dans l'autre qu'il serait vain de vouloir les séparer. On peut discuter à l'infini pour savoir lequel l'emporte sur l'autre, si nous devons plus à notre nature ou à notre éducation, mais tout le monde s'accorde à dire que nous sommes, de toute façon, influencés par les deux.

« De même qu'il n'existe pas d'organisme sans environnement, écrivent les auteurs d'un livre intitulé *Pas dans nos gènes*, de même il n'existe pas d'environnement sans organisme. Ni l'organisme ni l'environnement ne sont des systèmes fermés, ils sont ouverts l'un à l'autre. »

Il est vrai que la couleur de nos yeux est déterminée à 100 % par nos gènes et qu'à moins de porter des lentilles de contact colorées nous ne pouvons pas la modifier. Il est aussi vrai que certaines maladies sont causées par un seul gène spécifique. Mais notre poids ne dépend qu'à 90 % de notre héritage génétique ; les 10 % restants sont déterminés par notre alimentation — notre environnement. En ce qui concerne notre comportement, les chercheurs du Minnesota Center for Twins and Adoption Research estiment que les variables de la personnalité ne sont conditionnées génétiquement qu'à 50 %, l'influence du milieu expliquant le reste.

L'impact de l'environnement est indéniable.

Notre destin n'est pas inscrit dans nos gènes.

Si la nature imprime sa marque sur nous, elle n'est qu'un point de départ, pas notre point d'arrivée.

Car nous ne venons pas au monde avec un *tempérament* définitif. Nous venons au monde avec certaines *tendances* qui seront par la suite soit confirmées soit atténuées par nos expériences. C'est notre vécu qui détermine si une tendance innée devient tempérament. Et ce même vécu joue un rôle déterminant dans la façon dont tel type de tempérament va s'exprimer.

Les spontanés, par exemple, les tempéraments dénués d'inhibition auront moins peur de transgresser la loi car ils ne sont pas retenus par la peur, notamment la peur du châtiment qui tient la bride aux autres. Mais, élevés dans une famille où la désobéissance est punie et l'agressivité réorientée positivement, ils peuvent acquérir le genre de qualités qui font les chefs, chefs d'équipe ou chefs d'État. Dans un autre environnement familial où les conduites agressives sont tolérées et permanentes, ils risquent de devenir asociaux, délinquants et finalement criminels.

« Le héros et le psychopathe, dit le psychologue David Lykken dans une étude sur le tempérament, sont deux rameaux de la même branche. » La différence, selon lui, tient au vécu de chacun.

Quant aux inhibés, les tempéraments anxieux, facilement culpabilisés, ils doivent souvent lutter contre une tendance naturelle à la mélancolie et au tourment. Au contact d'une mère anxieuse et surprotectrice, ils deviendront d'autant plus peureux, tendus, dévorés d'angoisses. Mais des études ont montré que les enfants inhibés élevés par des mères aimantes et compréhensives peuvent « apprendre à s'aimer davantage et à ne pas se laisser engluer dans les situations stressantes... à tel point que nous ne constatons plus chez eux de réaction de stress ».

L'impact de l'environnement est indéniable.

Nous ne sommes pas esclaves de nos gènes.

En général.

Mais il y a des cas comme celui de Beth et Amy, jumelles identiques séparées peu après leur naissance pour être adoptées dans des familles différentes. Dès leur première année, ces deux fillettes avaient visiblement des problèmes. À dix ans, leurs problèmes étaient devenus graves et se caractérisaient, entre autres, par des tendances hypocondriaques, la peur du noir, la peur de rester seules, des difficultés d'apprentissage et de socialisation, une mauvaise intégration, une nette immaturité et une agaçante « superficialité ». Si chacune des fillettes avait été observée indépendamment de sa sœur, les médecins en auraient conclu que leurs problèmes étaient causés par leur environnement familial. Ils auraient même pu conclure :

> Si seulement Beth avait bénéficié des caractéristiques essentielles de la famille d'Amy — mère conflictuelle, père solide, frère brillant, valorisation de la culture universitaire — ou si Amy avait pu bénéficier des caractéristiques essentielles de la famille de Beth — mère permissive, père attentif, frère moyennement doué, manque d'intérêt pour la culture et l'instruction —, elles y auraient beaucoup gagné l'une et l'autre !

Bien sûr, l'hypothèse peut sembler prometteuse mais, dans la mesure où les deux jumelles présentaient les mêmes troubles, il faut bien supposer que leurs problèmes avaient une origine génétique. Nous voyons donc que l'environnement — deux environnements familiaux différents en l'occurrence — ne suffit pas toujours à modifier le pouvoir des gènes.

Le psychologue Jerome Kagan est de cet avis, qui a constaté que même l'environnement le plus *favorable* est parfois impuissant devant l'hérédité. Un petit nombre d'enfants inhibés, affirme-t-il à regret — quels que soient les soins dont leur mère les entoure, quel que soit l'amour qu'elle leur prodigue —, souffriront toute leur vie de violents accès d'anxiété. Tout en considérant que « le pouvoir des gènes [sur le tempérament] est réel mais limité », Kagan semble donc montrer que dans certains cas ce pouvoir n'est pourtant pas négociable.

Stephen partagerait certainement ce point de vue.

Étudiant en première année de faculté, il vient d'apprendre à sa mère qu'il est homosexuel. Il écoute aussi patiemment que possible les questions qu'elle lui pose.

« Ce n'est peut-être que passager, tu ne crois pas ? Une phase que tu traverses. Ou bien est-ce un choix que tu as fait ? Je veux dire... est-ce que tu nous en veux ? Est-ce que tu m'en veux plus particulièrement à moi ? Est-ce que tu fais ça... je ne sais pas, moi... par révolte contre notre mode de vie ? Pour ne pas être... disons... bourgeois, ou quelque chose comme ça ? »

Stephen répond à sa mère : « Parce que tu t'imagines que c'est un choix ! Je ne crois pas que dans notre société quiconque puisse avoir envie de faire ce genre de choix. Non, je n'ai rien décidé... je ne me suis pas réveillé un matin en me disant : " Tiens, ce serait une *super idée* de devenir homo. " »

Le concept de « préférence sexuelle », qui implique une sorte de liberté de choix, a été supplanté depuis quelques années par le concept plus impératif d'« orientation sexuelle ». Car comment parler de choix quand l'orientation sexuelle masculine s'avère si obstinément constante ? Et comment parler de choix quand les recherches actuelles indiquent que la détermination sexuelle est en partie conditionnée par la génétique ?

Une étude faite sur des paires de vrais jumeaux a par exemple constaté que, quand l'un des frères était homosexuel, dans 52 % des cas l'autre l'était aussi. Par contre, parmi les faux jumeaux, cette proportion tombait à 22 %, et à 11 % seulement parmi les frères d'adoption sans liens familiaux.

Si l'on suppose que l'homosexualité est en grande partie génétique, les vrais jumeaux (qui possèdent le même patrimoine génétique) devraient théoriquement être les plus nombreux à partager cette orientation sexuelle, les faux jumeaux (qui n'ont en commun que la moitié de leurs gènes) venant en deuxième place et les frères sans liens de parenté en dernier.

C'est exactement ce que cette étude a montré.

En recherchant d'éventuelles causes biologiques à l'homosexualité, une autre étude s'est intéressée à l'anatomie du cerveau et a découvert que l'aire cérébrale concernée par le désir sexuel — l'hypothalamus — est beaucoup plus petite chez les homosexuels que chez les hétérosexuels. Les chercheurs se demandent donc si cette différence de taille assez remarquable pourrait jouer un rôle dans la détermination des préférences sexuelles. Plus récemment, les travaux du généticien Dean Hamer sur l'ADN de frères homosexuels semblent démontrer qu'il existerait un gène de l'homosexualité, qu'une propension à l'homosexualité pourrait être transmise de mère en fils sur le chromosome X.

(Je dois préciser ici que le terme « gène de l'homosexualité », de même que celui de « gène de l'obésité » ou de « gène du bonheur », bien que séduisant, reste très imprécis. Si tant est qu'une conduite humaine puisse être génétique, elle est *polygénique*, c'est-à-dire causée par *plusieurs* gènes. Le gène découvert par Hamer, s'il existe, n'est donc que l'une des nombreuses contributions génétiques à l'homosexualité.)

Un père qui avait rejeté ses deux fils homosexuels pour des raisons religieuses a pu leur ouvrir à nouveau les bras en apprenant l'existence du gène de Hamer. Il était prêt à leur pardonner parce qu'ils n'avaient pas *choisi* d'être gays. Mais la plupart des chercheurs, y compris Hamer, pensent que les données culturelles ont aussi leur influence sur l'homosexualité, que, dans ce domaine comme dans d'autres, inné et acquis se combinent — de façon aussi variable qu'inextricable. À l'une des extrémités du spectre, on trouverait des individus dont l'homosexualité serait essentiellement due à leurs gènes, tandis qu'à l'autre, l'influence du vécu personnel serait déterminante. Il importe toutefois de se souvenir, et ce père trop scrupuleux aurait dû le savoir, que les hommes dont l'homosexualité tient plus à la culture qu'à la nature ont aussi peu de pouvoir de contrôle sur leurs désirs et aussi peu de possibilité de changer.

Il importe de prendre conscience que notre vécu, comme notre nature, a parfois le pouvoir d'imposer des limites infranchissables à notre capacité de contrôle.

Et c'est dans tout notre comportement, pas seulement dans nos orientations sexuelles, que nous devons mesurer la contrainte imposée par le vécu. Nous devons comprendre que certains événements de notre vie peuvent être aussi déterminants que les gènes responsables de la couleur de nos yeux. Certains événements peuvent, de fait, altérer nos circuits cérébraux, modifier notre physiologie.

L'impact de l'acquis peut être aussi puissant que celui de l'inné.

Comme nous le verrons au chapitre suivant, notre milieu familial détermine en grande partie l'image que nous nous faisons de nous-mêmes et de nos possibilités. Dans le meilleur des cas, il nous procure de bonnes bases de développement, mais dans le cas contraire il peut provoquer en nous des dégâts irréparables. Nos expériences, notre environnement, notre éducation flétrissent quelquefois notre âme de façon irrémédiable, définitive.

Car il serait naïf de croire que notre nature est immuable et notre vécu susceptible d'être changé. Qu'en d'autres termes nous exerçons un contrôle sur notre vécu. À deux ans, que peut-on faire pour éviter d'être battu, violé ou enfermé dans un placard ? Et à trois ans comment se prémunir contre la disparition de l'être qui vous est le plus cher, le plus indispensable ? De telles expériences, vécues à un âge précoce, échappent totalement à notre contrôle et peuvent ciseler nos sentiments futurs avec la même force qu'un message de notre ADN.

Puissante est l'expérience vécue.

Si tous les enfants martyrs ne souffrent pas de blessures irréparables, la brutalité ou l'extrême négligence peuvent néanmoins causer des altérations profondes et durables. Si tous les enfants qui perdent leur mère très jeunes ne restent pas toute leur vie sous le coup de cette catastrophe, certains vont retrouver dans toutes leurs relations la marque de cette perte. Et bien que le concept d'événement traumatique évoque en nous l'image de drames — père battant son enfant, mère plongée dans un coma éthylique, Citizen Kane séparé à jamais de son « Rosebud » —, nous pouvons être marqués à jamais par des expériences beaucoup moins spectaculaires — l'indiscrétion d'un père, l'indifférence d'une mère —, des expériences dont les thérapies pourront atténuer mais jamais effacer l'impact.

Très puissante peut être l'expérience vécue.

Freud a dit qu'en ramenant à la conscience le contenu de l'inconscient, les conflits et les peurs qui nous font agir, nous pouvons changer. Les profondes transformations qu'opèrent la psychanalyse et la psychothérapie en témoignent, mais ce n'est pas *toujours* vrai. Car si nous apprenons à mieux gérer nos difficultés, nous ne nous en débarrassons — hélas — pas toujours.

Personnellement, je pourrais vous faire un brillant exposé sur les raisons, les événements de ma petite enfance, qui m'obligent à être non seulement à l'heure mais en avance à mes rendez-vous. L'un de mes amis pourrait aussi disserter sur les expériences passées qui le poussent à travailler soixante-quinze ou quatre-vingts heures par semaine. Parce que j'ai compris ces raisons, je ne m'emporte plus (ou alors très rarement) contre mon mari quand il nous met dix secondes en retard. De la même façon, mon ami, se connaissant mieux lui-même, est maintenant capable — en cas d'obligations familiales — de sacrifier quelques heures de travail. Oui, conscients des raisons de notre comportement, lui et moi sommes aujourd'hui capables de nous contrôler mieux qu'avant, mais notre sentiment intérieur reste exactement le même, le cœur qui tambourine dans la poitrine (quand je suis en retard, quand il quitte plus tôt son travail), cette sensation de panique qui fait écho à nos angoisses d'enfant et ne disparaîtra certainement jamais.

Quoi que nous fassions, nous ne pourrons pas tout arranger.

Certains d'entre nous, par exemple, ne dépasseront jamais l'idée qu'ils sont fondamentalement imparfaits, qu'ils ne sont pas l'enfant que désirait leur mère, et ce sentiment d'imperfection restera toute leur vie plus fort que les expériences tendant à leur prouver le contraire. Pour rendre compte de ce phénomène, le psychanalyste Michael Balint a proposé le concept de « faute essentielle ». Il attribue à des événements mal vécus de la petite enfance « un héritage d'imperfection permanente ... trop profond pour que l'analyste ait la capacité d'y remédier ».

Il y a en nous des empreintes ineffaçables.

Ce point de vue a ses extrémistes, les partisans du déterminisme culturel qui négligent ou rejettent le rôle joué par la nature, affirmant qu'à leur naissance les êtres humains sont « des pages blanches sur lesquelles l'expérience peut s'inscrire sans restriction ». Ce point de vue n'admet aucune liberté par rapport aux contraintes du milieu dont il nous rend, au contraire, « virtuellement esclaves », si bien que nous ne sommes ni auteurs ni créateurs ni responsables de notre propre vie.

Au même titre que le déterminisme biologique, ce déterminisme « environnemental » est profondément fataliste. Au lieu de nous considérer comme prisonniers de nos gènes, il nous considère comme prisonniers de notre enfance.

Dans un cas comme dans l'autre, nous serions prisonniers.

Dans un cas comme dans l'autre, nous serions déterminés par des événements échappant à notre contrôle.

Déterminés ? Échappant à notre contrôle ? Que reste-t-il alors de la liberté humaine ? Que devient notre libre arbitre ?

Charles Darwin, qui croyait à l'influence conjuguée de l'hérédité et de l'environnement sur les sentiments, pensées et actions des hommes, confesse dans un de ses carnets : « On peut douter de l'existence d'un libre arbitre. » En ce cas, conclut-il, nous ne méritons ni louanges ni blâme, quoi que nous fassions. Deux des principes fondamentaux de la psychanalyse contribuent également à cette vision pessimiste : le premier est que tout ce que nous faisons est strictement déterminé par ce que qui s'est passé avant ; le deuxième, que nous sommes « agis », avant tout, par nos besoins instinctifs et nos pulsions inconscientes. Ces deux principes plaident en faveur du déterminisme. Ces deux principes suggèrent que notre croyance en un quelconque libre arbitre n'est qu'une illusion.

Mais certains philosophes plaident pour un déterminisme « doux » — une notion de la liberté compatible avec le déterminisme —, et certains analystes partagent ce point de vue. Pour le psychanalyste Robert Waelder, par exemple, notre avenir n'est pas prédestiné, les forces qui contribuent à nous modeler ne sont que des *pressions*, non une destinée immuable. Et David Rappaport, après avoir défini la liberté comme « l'acceptation des contraintes imposées par la loi », affirme qu'à l'intérieur de ces contraintes notre liberté de choix peut s'exercer.

Malgré notre désir de tout contrôler, nous devrons probablement nous contenter de cela.

Mais il semble raisonnable d'affirmer qu'à l'exception des nourrissons et des malades mentaux graves, tous les hommes doivent être tenus pour responsables de ce qu'ils font, même s'ils ont hérité de gènes défectueux ou vécu des enfances difficiles. Car, si des « pressions » telles que les abus parentaux ou une prédisposition génétique à l'agressivité nous rendent la tâche plus difficile, nous devons néanmoins répondre de nos erreurs, de nos mauvaises actions, de nos trahisons envers les autres comme envers nous-mêmes. Nous méritons sans doute une certaine pitié à cause des mauvaises cartes qui nous ont été distribuées. Et nous avons le droit de demander : « Avec de telles cartes, pouvais-je faire mieux ? » Mais, il faut le répéter, nous n'en sommes pas moins responsables des choix que nous faisons.

Le philosophe John Stuart Mill a observé un jour que le caractère de l'homme « est formé par les circonstances de sa vie ; ... mais le désir de façonner son propre caractère fait partie de ces circonstances ». Stuart Mill a aussi écrit que si nous décidons effectivement de former et de modifier notre caractère, « il ne faut pas oublier que l'œuvre n'est jamais si complètement achevée qu'elle ne puisse être encore altérée ».

Il n'est pas toujours possible d'altérer la nature ou le milieu responsables de nos noires dépressions, de nos crises de panique, de nos sursauts de rage. Il n'est pas toujours possible de contrôler les émotions qui nous étreignent. Mais le chemin qui va de nos émotions à nos actes passe par notre volonté, notre capacité de choisir la meilleure manière d'exprimer ces émotions. Entre nos émotions et nos actes il y a notre pouvoir d'être libres, notre capacité de contrôle.

« Le moi n'est pas une chose immuable, gravée dans le marbre », écrit Alice Flett Downing en évoquant le début de sa métamorphose : « À l'âge de dix-neuf ans, j'étais sur le point de devenir un certain type de personne, et puis j'ai changé... »

C'était un beau matin d'été. En se réveillant dans la maison familiale, raconte Alice, « j'ai ouvert les yeux sur ce plafond où une longue fissure dessinait la bosse d'une sorcière ratatinée... Je connaissais cette fissure depuis toujours, depuis ma plus tendre enfance. C'était la première chose que je voyais en ouvrant les yeux, la dernière que je voyais avant de les fermer pour dormir, cette forme inquiétante qui planait au-dessus de mon lit. Non que j'aie eu peur de l'image de sorcière qu'elle évoquait... Non, ce qui me faisait peur, c'était la persistance de cette fissure. Le fait qu'elle soit toujours là. Insistante. Comme décidée à me suivre. Comme inscrite en moi ».

Alice, qui n'avait encore jamais rien fait de tel, alla chercher une échelle à la cave, une spatule à la cuisine, un paquet d'enduit dans l'atelier, mélangea l'enduit avec de l'eau, grimpa sur l'échelle et reboucha la fissure. L'enduit une fois sec, elle le ponça soigneusement. Un peu plus tard, elle passa une première couche de peinture sur le plafond, puis une deuxième, le soir, avant d'aller se coucher. Allongée dans le noir, elle se sentit alors transportée de bonheur.

« En une seule journée, dit-elle, j'avais modifié le cours de mon existence : il était donc modifiable. Ce simple axiome ne réclamait aucune exégèse ; non, il s'infiltra instantanément dans mon sang avec la puissance d'une drogue ; je le sentais circuler, palpiter dans mes veines, et mes veines se mirent à briller comme du verre. Je m'étais réveillée prise dans le carcan étroit de la prédestination et je m'endormais portée par le tourbillon de ma volonté personnelle. »

Le philosophe Isaiah Berlin dit que si la croyance en notre liberté n'est qu'une illusion, c'est une « illusion nécessaire ». Dans la vie, les gens ne se comportent pas comme s'ils n'avaient pas de libre arbitre. Et l'analyste Ernst Lewy ajoute, paraphrasant Voltaire : « Si le libre arbitre et la responsabilité n'existaient pas, il faudrait les inventer. »

Que notre liberté soit illusoire ou non, nous devons nous conduire et savoir que nous serons jugés comme si nous avions le pouvoir de choisir librement. Tout en reconnaissant que notre marge de contrôle est limitée, nous devons assumer pleinement nos responsabilités. Et même si nous ne sommes pas aussi flexibles, aussi « améliorables » que nous voudrions l'être, même si notre horizon est souvent moins vaste que le ciel, même si personne n'échappe entièrement à son histoire ni à son hérédité, nous devons vivre comme si nous étions libres de nos mouvements.

2

Le goût doux-amer du pouvoir

> Il n'existe dans le caractère humain aucun trait d'excellence qui ne soit incontestablement répugnant pour les sentiments non maîtrisés de la nature humaine.
>
> John Stuart Mill

> Toutes ces qualités que nous appelons humaines découlent de la capacité que possède l'être humain de maîtriser son être instinctif.
>
> Selma Fraiberg, *The Magic Years*

Pour vivre comme si nous étions libres, il faut apprendre à maîtriser nos impulsions. Il faut apprendre à interposer notre volonté entre nos désirs et nos actes. Mais il faut avant tout admettre l'idée, pour le moins ridicule à priori, que le self-control est la voie royale vers la liberté, puisqu'il permet à l'homme d'être non seulement civilisé mais compétent, de se maîtriser lui-même et de maîtriser le monde.

Janet, âgée de deux ans et demi, martèle le plateau de sa chaise de bébé avec sa cuillère en réclamant à grands cris son dessert. Irritée par cette insistance bruyante, sa mère lui dit assez sèchement : « Attends une minute ! », et descend au sous-sol chercher une glace dans le congélateur. En revenant dans la cuisine, elle trouve sa fille en pleine crise de convulsions : visage écarlate, corps rigide, regard fixe, poings serrés, elle n'a plus l'air de respirer. Lâchant son pot de glace, la mère s'écrie : « Qu'est-ce que tu as ? », et se précipite vers elle. Janet desserre les poings, prend une longue inspiration et répond : « J'attends. »

C'est l'incomparable psychanalyste d'enfants Selma Fraiberg qui relate cette anecdote, pour illustrer le fait que les petits enfants ont parfois un mal fou à contenir l'urgence de leurs désirs. Et c'est une bonne image des luttes que chacun d'entre nous a dû mener, dès son plus jeune âge, pour apprendre à gérer, maîtriser, dominer, réguler, refréner ou contenir ses pulsions, pour apprendre à se contrôler.

Il est dur d'apprendre la patience. Il est dur d'apprendre qu'on ne peut pas avoir tout ce qu'on veut tout de suite. Il est dur de se priver, de penser à autre chose, de différer. Bien qu'en grandissant la plupart d'entre nous acquièrent de plus en plus d'empire sur eux-mêmes, nous commençons tous par vouloir des gratifications. Mais très vite les adultes tout-puissants qui s'occupent de nous, non contents de restreindre nos plaisirs, exigent que nous apprenions à les restreindre par nous-mêmes.

En nous disant d'arrêter de crier, même si nous voulons notre dessert TOUT DE SUITE. En nous interdisant de nous toucher « là ». En nous faisant renoncer aux joies sublimes de l'exploration des prises de courant, au plaisir exquis de l'éventration des nounours, aux délices incomparables du pipi lâché n'importe où, n'importe quand, à la satisfaction que procure une bonne morsure sur l'avant-bras de notre petite sœur.

Mange ! Explore ! Défèque ! Débarrasse-toi de ta rivale ! nous intime notre nature. Mais les grandes personnes ne nous laissent pas faire. Les contraintes, le contrôle qu'elles nous imposent et qu'elles nous obligent à nous imposer nous font découvrir l'amertume du pouvoir.

Il y a deux siècles environ, un pédagogue allemand nommé Sulzer conseillait aux parents d'imposer leur volonté aux enfants « dès le début, à coups de réprimandes et de châtiments corporels ». Car, affirmait-il, l'entêtement et la malice viennent aux enfants dès leur première année, quand

> ils voient quelque chose qu'ils veulent mais ne peuvent pas avoir ;... alors ils se mettent en colère, crient et font de grands

> gestes. Si on leur donne quelque chose qui ne leur plaît pas, ils le jettent à terre et se mettent à pleurer... Quand ces tendances mauvaises apparaissent chez l'enfant, il faut y remédier sans tarder si l'on ne veut pas qu'en se répétant elles deviennent une habitude et que l'enfant finisse complètement dépravé.

Au cours de la deuxième et de la troisième année de l'enfant, poursuit Sulzer, les parents doivent lui inculquer « une obéissance stricte » qui peut être difficile à obtenir car « il semble tout à fait naturel à l'âme de l'enfant de vouloir affirmer sa volonté propre » Toutefois, écrit-il :

> Il est essentiel de leur démontrer, par la parole et par l'acte, qu'ils doivent se soumettre à la volonté de leurs parents... L'un des avantages de ces premières années, c'est qu'on peut user de force et de contrainte... Si l'on réussit à briser leur volonté dès leur plus jeune âge, ils ne se souviendront pas, par la suite, d'avoir eu une volonté propre.

Si la « force » et les « châtiments corporels » ne comptent plus, aujourd'hui, parmi les méthodes d'éducation recommandées par les experts, les manchettes de nos journaux confirment presque quotidiennement que la violence physique est toujours exercée sur les enfants. De même que certains abus de pouvoir — intimidation, humiliation, manipulation — qui, pour être non physiques, n'en sont pas moins coercitifs. Sans aller jusque-là, tous les parents, si gentils soient-ils, commencent à nous contrer vers la fin de notre première année quand, au lieu de se consacrer exclusivement à la satisfaction de nos besoins, ils manifestent un intérêt aussi évident que déplorable pour la discipline. Si ce sont d'assez bons parents, ils comprennent que notre capacité de contrôle est, au départ, insuffisante et peu fiable. Si ce sont d'assez bons parents, ils vont prendre modèle, non sur Herr Sulzer, mais sur Selma Fraiberg :

Nous satisfaisons autant que possible tous les besoins du petit enfant parce qu'il est complètement dépendant et n'a aucun moyen de contrôler ses besoins. Mais à mesure que son équipement physique et mental se perfectionne il devient de plus en plus capable de réguler lui-même ses besoins physiques et de contrôler ses pulsions. À mesure que se révèle son aptitude à se contrôler, nous devenons de plus en plus exigeants et nous adaptons nos méthodes en conséquence.

Et voilà qu'ils se mêlent de nous imposer leurs notions du bien et du mal, du vrai et du faux. Ils nous opposent soudain un barrage de « non », de « ne fais pas ça », ou nous encouragent par des « vas-y » et des « très bien ». La honte, la culpabilité que nous ressentons à passer outre les « ne fais pas ça », la fierté qui nous grise quand nous sommes récompensés par un « très bien » sont les premières pierres de ce qui deviendra plus tard notre surmoi — l'œil de notre conscience.

On a décrit le surmoi comme les parents que nous avons dans la tête, l'intériorisation de leurs interdits moraux et de leurs idéaux. On a décrit le surmoi comme la force qui nous retient de faire une bêtise alors même que personne ne nous voit. La psychanalyse classique situe l'émergence de cette conscience morale vers l'âge de cinq ou six ans et considère qu'à partir de ce moment-là seulement — quand notre conduite est dictée par la peur de nos censeurs *internes* —, nous sommes capables de nous sentir coupables. Mais on constate déjà des réactions qui ressemblent fort à la culpabilité chez les enfants beaucoup plus jeunes, quand ils sont pris en flagrant délit en tout cas. Des études récentes montrent que les « fais ci », « ne fais pas ça » des parents commencent à s'inscrire dans la conscience au cours de la deuxième année de l'enfant.

Une petite fille de dix-huit mois, assise devant un équipement vidéo, répète comme une ritournelle : « Non, non, non, non », et ne touche à rien. Une autre contemple des objets interdits posés sur une table, tend la main vers eux puis, un sourire de fierté aux lèvres, passe son chemin sans en attraper aucun. Dans ces deux situations, des adultes sont présents dans la pièce. Mais Julia, trente mois, est toute seule dans la cuisine, violemment déchirée entre le désir de jouer avec un saladier plein d'œufs et la conscience aiguë que c'est défendu. Finalement, elle trouve une solution ingénieuse pour résoudre ce conflit : prenant les œufs un à un, elle les laisse tomber sur le carrelage en se répétant d'un ton sévère : « Non-non-non. Faut pas faire ça ! »

Ces jeunes personnes ont évidemment besoin de la présence d'un adulte pour réussir à contenir leurs désirs. Les interdits qu'elles ont dans la tête ne sont évidemment pas les leurs. Mais un jour, grâce à un mélange plus ou moins dosé d'amour et d'anxiété, elles apprendront, comme nous le faisons tous, à intégrer ces interdits. Un jour, en l'absence de toute figure d'autorité, elles manifesteront le contrôle de soi qui caractérise cette force puissante qu'on appelle le surmoi.

Cette force établit et maintient ses lois, devenues *nos* lois, par la culpabilité qu'elle nous inspire chaque fois que nous y désobéissons. Alors bien sûr, pour éviter de nous sentir coupables, nous essayons de ne rien faire de mal — nous nous contrôlons. Nous contrôlons le désir d'attraper l'objet convoité, de tuer l'être détesté, en le réprimant, en le repoussant hors de notre conscience. En nous rabattant sur un substitut. En nous contentant d'une cuillerée quand nous ne pouvons pas avoir le plat tout entier. En affirmant ressentir exactement le contraire de ce que nous ressentons, même si, comme le montre ce petit poème, nous n'arrivons pas à dissimuler complètement nos pulsions :

J'aime, j'aime, j'adore ma petite sœur toute neuve
Je l'aime trop pour la laisser dévorer par un ours
et jamais, au grand jamais
je ne l'abandonnerais toute seule
dans la neige, loin de la maison.

Jamais je ne la noierais dans la baignoire
et je l'aime trop pour lui taper sur la tête.
Mais si un jour par malheur
elle tombait de la falaise

est-ce que la prochaine fois on pourrait
avoir un chien, à la place ?

Répression, substitution et autres tactiques contiennent nos pulsions mauvaises, refrènent nos conduites dangereuses pour les autres — et pour nous-mêmes. Notre impulsivité naturelle, notre poursuite immodérée de plaisirs immédiats sont également tempérées par l'apprentissage de la patience. Car on ne se contrôle pas tant qu'on ne sait pas remettre la gratification à plus tard. On ne se contrôle pas tant qu'on n'a pas un minimum de patience.

C'est pourquoi il est rassurant, quand je surprends mon reflet dans les miroirs après avoir discuté avec le réceptionniste de l'hôtel, de savoir en voyant ce visage cramoisi, ce corps contracté, poings serrés et respiration bloquée, ce regard fixe, qu'il ne s'agit pas de convulsions mais de la réaction provoquée par l'annonce que ma chambre ne sera pas prête avant 16 heures.

À tout âge, on le constate tous les jours, il peut être extrêmement difficile de se contrôler.

Quelques faits divers relevés dans la presse new-yorkaise [1] :

25 décembre : Le conducteur d'une Mercedes tire sur le conducteur d'une Chevrolet qui lui avait fait une queue de poisson au péage de Triborough Bridge.

9 décembre : Un homme tire sur un vendeur de matériel vidéo parce que celui-ci refusait de lui rembourser les vingt-cinq *cents* qu'il avait perdus dans le téléphone public du magasin.

24 août : Deux jeunes adolescents tuent le propriétaire d'une confiserie qui leur réclamait le prix de leur barre chocolatée.

8 avril : Un homme armé d'un fusil abat le conducteur d'un car de ramassage scolaire, parce que celui-ci restait trop longtemps à l'arrêt, pour déposer les enfants, apparemment.

25 mars : Mécontent du jambon-beurre qui lui avait été servi,

1. Rappelons qu'aux États-Unis, les armes à feu sont encore en vente libre. (*N.d.T.*)

un jeune garçon tire sur le propriétaire d'une sandwicherie à Brooklyn.

7 janvier : Le propriétaire d'un snack tire dans les fesses d'un jeune garçon et en tue un autre parce qu'ils se plaignaient du temps que mettait leur commande — une tranche de pizza et un Panini au bœuf — à arriver.

Et d'ailleurs :

Boston : Un agent d'assurances accusé de meurtre aurait arraché le cœur et les poumons de sa femme et les aurait piqués au bout d'un bâton après qu'elle lui aurait reproché d'avoir laissé brûler le dîner.

Chicago : Deux garçons... jettent par une fenêtre du quatorzième étage un enfant de cinq ans qui refusait de voler des bonbons pour eux.

Stockholm : Un homme est accusé d'avoir tué sa femme parce qu'elle passait l'aspirateur pendant qu'il regardait la télé.

Honolulu : Au cours d'un stage intitulé « Contrôler sa violence », un homme a été battu à mort par le moniteur qui assurait le stage.

On frissonne d'horreur en constatant combien il est facile de perdre son self-control.

Mais il ne suffit pas, pour apprendre à se contenir, d'intérioriser des séries de « non », « il ne faut pas », « arrête ! », des interdits. Contrôle ne veut pas seulement dire contrainte mais aussi maîtrise. Contrôler, c'est agir, se doter d'un pouvoir enivrant, celui de gérer son être et de manipuler son environnement.

Dès l'instant où nous venons au monde, nous manipulons activement notre environnement par l'acceptation et le refus — en fermant les yeux si la lumière est trop vive, en suivant du regard un objet intrigant, en détournant la tête quand le bruit est trop fort. Notre premier travail consiste à développer un certain contrôle sur notre système moteur volontaire, de façon à libérer de l'attention pour répondre aux stimulations de l'être qui nous prodigue sa tendresse. Et, en exerçant notre capacité de réponse, en suscitant ses réactions et en construisant sur ces réactions, nous découvrons les satisfactions que procure le contrôle de notre environnement émotionnel.

« Il y a des moments où j'ai envie d'être chatouillé, changé, langé, bercé..., dit le tout petit héros d'un joli livre pour enfants d'Amy Schwartz. Et il y a des moments où j'ai envie de gigoter, de me balancer, de sauter dans mon youpala... » Mais « il y a des moments où j'ai envie qu'on me laisse tranquille dans mon berceau ».

Nous apprenons très vite à nous faire comprendre.

Cet apprentissage commence dès les premières interactions avec notre mère, où nous construisons ensemble une relation, de plus en plus fine et nuancée, d'échanges aussi délicieux que gratifiants. La mère qui nous tient dans ses bras et nous berce, nous nourrit et nous apaise, nous encourage et nous répond, s'adapte à nos rythmes et à nos besoins, tandis qu'à notre tour — par nos gazouillis, nos cris, nos sourires et autres manifestations de satisfaction —, nous lui confirmons qu'elle fait ce qu'il faut.

Les mères sont évidemment — pour la plupart — disposées à entendre ces messages et désireuses d'y répondre, surtout si, comme dans cette chanson, « Le premier né », elles sont follement amoureuses :

Je ne m'attendais pas
À une telle évidence
Dès le premier regard.
Est-ce cela, un coup de foudre ?
Oh oui, très certainement.

J'aurais dû insister
J'aurais pu résister
Au charme discret de tes premiers gazouillis
Mais qui s'est laissé prendre au piège ?
Moi, bien sûr. Moi.

De tes cheveux si doux à tes dix doigts de pied
Je ne vois en toi qu'exquises perfections.
Et mon amour pour toi est une insurrection
Qui bouleverse mon cœur et ne peut que grandir.

Aurais-je pu deviner
Qu'on pourrait un jour m'accuser
D'être folle, gâteuse, anéantie d'amour
Devant un sourire édenté
Devant ce charme inégalable

Et je ne me doutais pas
Que tout mon espace serait rempli
Par trois kilos six cents de toi
Mon fils, mon enfant, ma joie !
Oh joie, quelle indicible joie !

Je savais que dans mes bras je te bercerais
Je savais que toute ma vie t'appartiendrait
Mais je ne m'attendais pas
A ce grand vent d'amour qui me pousse vers toi.

Inspirées par des sentiments aussi forts, nos mères — la plupart des mères — sont à l'affût de nos moindres appels. Et nos pères, souvent aussi « gagas » qu'elles, peuvent aussi être formés *par nous*, entraînés à répondre à nos besoins. Ils peuvent, eux aussi, apprendre à répondre aux éloquents mouvements de nos corps de bébés avec une exquise empathie. Dès notre plus jeune âge, estime le psychanalyste Stanley Cath, nous savons comment faire passer nos messages, disposant d'un répertoire déjà assez étendu pour « obtenir des soins d'amour nourricier compétents, non seulement des femmes mais aussi des hommes ».

Quand il y a adéquation entre les soins que nous réclamons à nos parents et ceux que nous recevons, non seulement nos parents se sentent à la hauteur mais nous, bébés, commençons à percevoir que nous disposons d'un réel pouvoir, celui de provoquer les événements. Notre première expérience du pouvoir est donc liée à la satisfaction de nos besoins physiques, satisfaction que nous avons contribué à provoquer, satisfaction qui nous dit, bien avant que nous puissions avoir de telles pensées, ou du moins les formuler : « Moi, tout petit bébé, je sais comment obtenir tout ce que je veux. »

« Au début de leur vie, écrit le psychologue Martin Seligman, les petits d'hommes sont plus faibles, plus démunis que les petits d'aucune autre espèce. Au cours de leurs dix ou vingt premières années, certains acquièrent l'impression de contrôler leur environnement, d'autres acquièrent un profond sentiment d'impuissance. » Le fait de se retrouver dans l'une ou l'autre catégorie, estime Seligman, dépend de l'histoire personnelle de chacun, de la précocité, de la fréquence et de l'intensité de ses expériences d'impuissance ou d'efficacité. La déprivation maternelle — le manque d'une présence maternelle stable — contribue également, selon lui, à développer un sentiment d'impuissance précoce, profond et confirmé.

Car, en l'absence d'une présence maternante, il ne s'établit pas de relation d'échange, de concordance du donner et du recevoir. Il n'y a personne pour répondre systématiquement à nos cris, à nos sourires, à nos gestes, personne pour nous donner le sentiment de notre importance, et ça change tout. Seligman pense qu'élevé par une mère absente ou inattentive, un nourrisson ne manque pas seulement d'amour, il est aussi, et de façon « particulièrement cruciale », privé de l'expérience de son propre pouvoir.

L'harmonie est parfois perturbée quand nos parents projettent sur notre nature unique, spéciale, ce que Selma Fraiberg appelle « les fantômes de la nursery », ces fantômes de relations passées qui les empêchent de découvrir qui nous sommes vraiment. Il n'est pas rare en effet que nos géniteurs voient en nous, dès notre naissance, certaines vertus, des capacités qu'ils estiment et valorisent, des qualités qui sont liées, consciemment ou inconsciemment, à des attachements anciens. Mais il arrive aussi qu'ils nous attribuent des qualités complètement contraires à notre vraie nature ou même négatives et destructrices.

C'est ainsi que nous serons perçus comme tyranniques (parce que le frère de notre mère lui faisait faire ses quatre volontés), en danger (parce qu'un de nos oncles est mort du cancer), égoïstes et critiques (parce que telle était la mère de notre père). Et nous passons parfois pour têtus et coléreux parce que le fantôme que notre mère projette sur nous est celui de « la gamine insupportable » qu'elle était.

Une fois investis de ces fantômes, nous devenons la cible des émotions qu'ils évoquent — la rancune (« Il me prend pour sa bonne »), l'anxiété (« S'il ne mange pas, il va mourir ») ou le sentiment de rejet (« Elle me poignarde du regard »). Tout ce que nous pourrons faire comme avances, comme signaux, toutes nos manifestations de plaisir ou de déplaisir risquent de passer inaperçus ou d'être mal interprétés. Et nous souffrirons alors d'un manque de contrôle crucial.

Et puis il y a les bébés qui, comme Monica, naissent avec une insuffisance gastrique d'une mère trop déprimée pour répondre à leurs besoins. Comme le dit Winifred Gallagher dans son livre *I.D.*, Monica « n'établissait pas une relation claire entre l'effort de demander et le plaisir de recevoir ». Toute petite, Monica réclame et crie pour se faire entendre mais, comme ses efforts ne sont pas couronnés de succès, elle comprend très vite que toute tentative pour obtenir ce qu'elle veut sera vouée à l'échec. Vite découragée, elle n'a pas appris qu'il suffit souvent d'insister et, devenue adulte, elle manifeste « une certaine inertie... Elle préfère se laisser manœuvrer par les événements plutôt que de les créer », écrit Winifred Gallagher. Monica aussi a souffert d'un manque de contrôle crucial.

L'absence de réaction maternelle peut nous inciter à croire que toute action est inutile, que nous n'avons aucune prise sur les événements, que nous sommes impuissants. L'absence de réaction maternelle empêche l'élaboration de la relation fondatrice de notre compétence. Ce type de frustration est à l'opposé de l'expérience mère-enfant hamonieuse qui nous donne le sentiment de notre efficacité — « tout ce dont j'ai besoin, je l'obtiens » — et une confiance tranquille dans l'imminence du plaisir, de la satisfaction.

Cette confiance — « confiance fondamentale », comme l'appelle Erik Erikson dans son exposé des « huit étapes de l'homme » — est double puisqu'elle concerne à la fois la confiance en notre mère et l'assurance que « nous pouvons nous faire confiance ». Erikson associe cette confiance basique à l'espoir, et l'espoir à deux formes de foi qui nous aident à nous propulser dans le monde des hommes, la foi en « la bonté des forces de l'univers » et « la foi en la valeur de l'effort ».

Dès notre deuxième mois, la réalité et l'évidence de notre pouvoir sur ce qui nous entoure provoquent en nous un ravissement absolu. Dans le cadre d'une expérience réalisée avec trois groupes de bébés âgés de huit semaines, on a donné à chacun un oreiller gonflable qui réagissait à la pression de la tête par la fermeture d'un interrupteur. Pour l'un des groupes — appelons-le le groupe A — un mobile de boules colorées suspendu au-dessus du berceau se mettait en mouvement pendant une seconde à chaque pression de la tête sur l'oreiller. Pour le groupe B, le mobile bougeait, sans liaison avec le comportement des bébés. Quant au groupe C, il avait un stabile, pas un mobile, et aucun pouvoir de le mettre en mouvement.

Les bébés du groupe A apprirent qu'ils pouvaient déclencher le mouvement du mobile et le prouvèrent en exerçant des pressions de plus en plus nombreuses sur leur oreiller. Pas les autres. Et le groupe A fut aussi le seul où — au bout de trois ou quatre jours d'expérience — tous les bébés, sans exception, souriaient et gazouillaient.

Contrôler le monde qui nous entoure est évidemment un plaisir. C'est pourquoi, tout au long de notre première année, nous nous efforçons, avec une rare détermination et une ténacité toujours croissante, d'acquérir, de renforcer, d'affiner la maîtrise qui élargira l'étendue de notre pouvoir.

Et ce n'est pas toujours facile.

Regardez, s'il vous plaît, ce jeune enfant qui essaie de se mettre à quatre pattes. Il se soulève, retombe, se soulève, retombe, inlassablement. Épuisé par ses efforts, le pauvre petit finit par s'écrouler. Il reste allongé sur le sol, reprend des forces en suçant son pouce, puis se relève et affronte à nouveau l'adversaire du jour, la pesanteur. Et il finit par triompher — après trente-cinq minutes de lutte acharnée !

Devant le spectacle d'une telle précocité, d'une telle ardeur — sans parler du plaisir — à rechercher la maîtrise de son corps, beaucoup de psychologues concluent qu'il s'agit d'un besoin (d'un instinct, d'une pulsion) qui doit être fondamental dans la nature humaine. Ils lui donnent différents noms : « instinct d'exploration », « besoin d'activité », « instinct de domination », « volonté de conquête », « tentatives de prouver sa supériorité », *Funktionlust* ou — selon la formule du psychologue Robert White, spécialiste du développement — « recherche de compétence ».

White affirme que cette recherche de compétence est « dirigée, sélective et persistante » et qu'elle « satisfait le besoin intrinsèque d'entrer en relation avec l'environnement ». Dans quel but ? Pour White, le but, la récompense visée, c'est le « sentiment de son efficacité » — sentiment qui contient « l'idée de maîtrise, de pouvoir, de contrôle ».

Qui contient également la fierté, la joie de savoir qu'on peut le faire, qu'on a réussi.

En voyant le plaisir que prenaient mes trois fils, quand ils étaient bébés, à accomplir leurs premiers exploits, en voyant leurs sourires de triomphe, leurs yeux brillants, en les voyant se délecter de leurs conquêtes, je les entendais presque s'exclamer (s'ils avaient su parler) :

« Je viens de découvrir comment on monte des marches. Quel génie je suis ! »

« J'arrive à cogner ces deux cubes l'un contre l'autre. Je suis formidable, non ? »

« Je mets la balle dans la boîte, je sors la balle de la boîte, je remets la balle dans la boîte, je re-sors la balle de la boîte. Ô admirable réussite ! »

Le psychanalyste Ives Hendrick observe que « l'instinct de maîtrise » est à visée hédoniste, puisqu'il procure le « plaisir primordial » quand il « permet à l'individu de contrôler et d'altérer son environnement ». Le psychiatre Andras Angyal ajoute que la vie humaine est « un processus d'autoexpansion », processus au cours duquel l'être « assimile de plus en plus (et toujours plus) son environnement et transforme tout ce qui l'entoure de façon à le contrôler plus sûrement ».

Ce processus d'autoexpansion, qui commence dans la petite enfance, nous entraîne dans un apprentissage actif et continu, à travers des jeux comme « Coucou me voilà », à travers la manipulation bruyante d'objets qu'on prend et qu'on jette, à travers l'exploration et « la joie d'être une cause », activités qui nous initient à la gestion de notre environnement. « Aussi impuissant qu'un bébé à quatre pattes puisse paraître, souligne White, il a déjà beaucoup progressé dans l'acquisition de compétences. »

Effectivement.

À la veille de notre premier anniversaire, nous savons déjà prendre, jeter, cogner, manipuler des objets ; nous savons nous asseoir, nous lever, ramper et peut-être marcher. Notre pouvoir de faire advenir les choses s'accroît de jour en jour, pour notre plus grande satisfaction. Notre besoin d'explorer l'espace et de découvrir les merveilles qu'il contient est souvent aussi irrépressible que la faim et il nous entraîne parfois dans des aventures périlleuses ou catastrophiques. Les restrictions parentales (nécessaires à la protection de notre vie, de la maison familiale, de l'équilibre mental maternel) sont accueillies par nous avec les plus véhémentes protestations. Mais un jour ou l'autre nous prenons notre essor et, debout sur nos deux jambes, nous partons à la conquête de l'univers.

Pendant les quelques mois qui suivent, nous explorons notre monde, nous exerçons, pour les parfaire, nos divers talents, indifférents aux obstacles qui encombrent notre route vers la maîtrise. Ni les plaies ni les bosses ni les échecs, les revers, les frustrations ne peuvent nous détourner de nos objectifs, ne peuvent ralentir nos efforts quand nous sommes occupés à tirer, pousser, traîner, escalader, lâcher, écraser, transporter tout ce qui se trouve à notre portée. Pénétrés de la croyance béate en notre omnipotence, nous vivons dans l'illusion que les fabuleux pouvoirs de notre mère sont aussi les nôtres et qu'ils nous confèrent le contrôle absolu sur notre corps et sur le monde. La fin de cette illusion va nous mettre en contact avec une réalité cruelle. La fin de cette illusion va précipiter ce qu'on appelle la crise du rapprochement.

Cette crise se produit quand, entre le seizième et le vingt-quatrième mois, nous prenons conscience d'être séparés de notre mère et donc beaucoup moins puissants, beaucoup plus vulnérables, que nous ne l'imaginions. Nous sommes effrayés de nous trouver apparemment seuls dans le vaste monde, ce vaste monde que, pourtant, nous brûlons toujours de découvrir. Nous faisons donc des efforts désespérés pour concilier l'envie de rester collés à notre mère et l'élan du « j'y arriverai tout seul » qui nous incite à l'autonomie. Résoudre ce conflit, c'est trouver la distance optimale entre notre mère et nous-mêmes, ni trop près ni trop loin, pour pouvoir — sans être entravés par le sentiment de notre incapacité, de notre impuissance — continuer à explorer le monde.

Selon les termes d'Erikson, nous devons résoudre le conflit entre nos désirs d'autonomie et des sentiments extrêmes, écrasants, de doute et de honte, sentiments qui proviennent de « l'impression d'avoir perdu le contrôle de soi et d'être dominés par un pouvoir étranger ». Nous avons besoin du pouvoir « étranger » de nos parents pour ne pas nous égarer au-dessus d'un précipice. Nous avons besoin d'eux quand nous avons peur, quand nous sommes coincés. Mais si chacune de nos entreprises se heurte à un « Arrête... », « Attention... », « Méfie-toi », notre curiosité enthousiaste, notre confiance en nous risquent d'être étouffées. Si au contraire tout se passe bien, nos parents vont nous retenir et nous protéger sans nous empêcher d'aller de l'avant, de devenir nous-mêmes. Si tout se passe bien, nous atteignons l'âge de deux ans bien décidés à poursuivre nos efforts de domination et de maîtrise de notre petit monde.

Et nous atteignons l'âge de deux ans équipés d'un nouvel outil de contrôle de nous-mêmes et du monde. Cet outil merveilleux, c'est le langage — des mots pour nommer les objets que nous voyons, des mots pour dire ce que nous voulons, ce que nous ressentons.

Donner un nom aux choses — maman, gâteau, nounours — est, en soi, une forme de maîtrise, l'appropriation par le langage de fragments de notre univers. Et quand, grâce au langage, nous commandons à notre mère, qui nous donne un gâteau ou retrouve notre ours en peluche, notre sentiment de puissance explose et s'intensifie. Selma Fraiberg parle aussi des monologues de l'enfant qui, avant de s'endormir, seul dans l'obscurité, répète des noms de personnes et d'objets, substituant des mots aux personnes et objets réels afin de calmer son anxiété et de prendre un certain pouvoir sur ce qu'il vit.

On trouve un exemple de ce genre de soliloques dans un livre illustré, *Bonsoir Lune*, où un petit lapin à moitié endormi souhaite le bonsoir aux objets qui peuplent son univers :

> Bonsoir chambre
> Bonsoir lune...
> Bonsoir Nounours
> Bonsoir chaises...
> Bonsoir fenêtre
> Bonsoir chaussettes...

Avant de basculer dans le sommeil, le petit lapin — en nommant les choses — réaffirme son contrôle sur son monde. Cela rassure les enfants qui entendent raconter cette histoire et qui, dès le réveil, s'empresseront de faire usage du formidable pouvoir que leur confère le langage.

« Baby Beluga ! » ordonne ma petite-fille Miranda à sa mère qui s'empresse de mettre la cassette demandée dans l'appareil. « Mamie Judy, danse ! » ordonne Miranda, et je saute de mon fauteuil pour virevolter autour de la pièce. « Papa, bras ! » ordonne Miranda à son père qui, toutes affaires cessantes, la prend dans ses bras. « Papy, fais une fille », ordonne Miranda à mon mari, que je n'ai jamais vu tenir un crayon et qui se met très consciencieusement à dessiner ce qu'elle demande. Car les adultes obéissent aux moindres désirs d'un bébé de vingt-deux mois armé du pouvoir des mots.

Et puis il y a Jake, deux ans et demi, qui, avec sa grand-mère, regarde — pour la énième fois — sa cassette de *Blanche-Neige*. Il a déjà vu la scène où la méchante belle-mère va se transformer, à grand renfort de ricanements, de potions bouillonnantes et de têtes de mort, en une horrible sorcière. Dès qu'il sent approcher ce moment terrifiant, il ordonne à sa grand-mère : « Vitesse accélérée ! » Mais, plus tard, la cruelle belle-mère reçoit le châtiment qu'elle mérite. Elle tombe dans un précipice au milieu du tonnerre et des éclairs, dans une apothéose de couleurs criardes et sous le regard gourmand des vautours. Rayonnant de joie devant ce juste retour des choses, Jake se sert à nouveau du langage pour obtenir ce qu'il veut. Se tournant vers sa grand-mère, il ordonne à nouveau : « Repasse ! »

La poétesse Louise Gluck aborde ce thème de l'acquisition du langage dans un charmant petit poème intitulé « Le don ».

Seigneur, je ne sais si tu vas me reconnaître,
Ce n'est pas pour moi que je parle.
J'ai un fils. Il est
si petit, si ignorant.
Il aime se tenir près de la porte et appeler
Ouah-ouah, ouah-ouah, il connaît peu de mots,
mais parfois un chien s'arrête et remonte
notre allée, par hasard sans doute. Alors, Seigneur,
faites qu'il croie que ce n'est pas par hasard...

L'utilisation du langage nous donne le sentiment de contrôler le monde extérieur. Nous donne aussi un certain pouvoir sur nos émotions en nous permettant de verbaliser ce que, précédemment, nous ne pouvions que mimer.

« Quelle journée horrible, terrible, vraiment nulle », annonce Alexandre qui, avant de savoir parler, traduisait ce même sentiment par des coups dans les murs.

« Ça fait peur de voir les animaux », avoue Lindsay, au lieu de se mettre à hurler pour manifester sa frayeur.

Et quand Cody déclare qu'il est « furibard » parce que son meilleur copain, Drew, « n'a pas arrêté de [l'] embêter cet après-midi pendant qu'on jouait à la balançoire », il a trouvé le mode d'expression grâce auquel il ne va pas se venger sur son frère plus petit. Nommer ses émotions constitue un énorme progrès dans le contrôle de soi.

Possédant le langage, nous ne sommes plus plongés dans le trouble et les difficultés qu'entraînait souvent l'expression gestuelle de nos états d'âme. Nous avons le temps de juger la situation, de regarder — et de réfléchir — avant d'agir. Il est vrai que nos premières tentatives de répression de nos pulsions par l'utilisation du langage ne sont que des conjurations — pas toujours efficaces, comme le prouve l'exemple de Julia et du saladier plein d'œufs —, la répétition des mises en garde de nos parents (« c'est chaud », « ça casse », « non »). Mais, une fois intériorisés, ces interdits deviennent plus efficaces. Le langage nous aide alors à construire notre surmoi.

Vers l'âge de deux ans, nous utilisons beaucoup de verbes — « vouloir », « manger », « donner », « aller » — et aussi des pronoms personnels — « moi » — et des possessifs — « mon » et « mien ». Nous nous voyons comme les acteurs de nos propres drames. Au cours de notre troisième année, notre notion du moi, le « je » individuel, commence à se consolider, à s'affermir. L'image de notre mère aussi devient plus précise, assez stable pour rester en nous quand celle-ci n'est pas là « en chair et en os », assez rassurante pour que nous osions nous éloigner de plus en plus loin, de plus en plus longtemps afin de vaquer à nos occupations.

Et, pendant que nous vaquons à nos occupations, il nous faut affronter une nouvelle crise eriksonienne — le conflit entre initiative et culpabilité. Nous désirons affirmer nos pouvoirs physiques et mentaux toujours croissants. Nous voulons entreprendre, planifier, foncer. Mais il arrive que nos parents nous reprochent si vertement nos entreprises qu'ils découragent en nous toute initiative, toute audace. Il arrive aussi que nos objectifs impliquent des actes de coercition et d'agression qui nous remplissent de culpabilité. Alors, quand notre sentiment de culpabilité est trop fort, notre conscience morale naissante trop cruelle, trop primitive, trop rigide, nous avons tendance à nous retenir, à nous refréner, « jusqu'à l'effacement de nous-mêmes », dit Erikson. Le défi consiste ici à se doter d'un sens moral fiable sans pour autant s'interdire d'agir avec détermination ni de prendre des risques. Le défi consiste ici à ne pas laisser sa conscience de la culpabilité l'emporter sur le nécessaire apprentissage de la maîtrise de soi et du monde.

Pour affermir son sens moral, on doit apprendre à contrôler ses pulsions. Pour acquérir la maîtrise de soi également, car dans presque tous les domaines la réussite implique de remettre à plus tard la récompense attendue.

Considérons par exemple le « test du marshmallow » dont parle Daniel Goleman dans son livre *L'Intelligence émotionnelle* [1] et qu'il décrit comme « un microcosme de l'éternel combat entre pulsion et retenue, ça et moi, désir et contrôle de soi, récompense et délai ». Voici le test : on offre à des enfants de quatre ans un bonbon qu'ils peuvent manger tout de suite. Mais, s'ils sont capables de se retenir jusqu'au retour de l'expérimentateur, ils pourront manger deux bonbons. Certains se précipitent évidemment sur leur bonbon dès que l'expérimentateur a le dos touné, tandis que d'autres, décidés à vaincre la tentation, se retiennent pendant quinze à vingt minutes et reçoivent leur deuxième bonbon.

À l'adolescence, on fait subir à ces mêmes enfants une série de tests, et les « deux bonbons » s'avèrent plus compétents, plus sûrs d'eux, plus fiables et moins enclins à reculer devant les difficultés que les « un bonbon » — ils sont aussi plus avides d'apprendre, plus aptes à se concentrer et réussissent mieux les tests du SAT. De surcroît, ils disposent toujours d'un meilleur contrôle d'eux-mêmes et remettent plus facilement les gratifications à plus tard.

Le test des bonbons associe toutes sortes d'acquisitions — sociales, émotionnelles, intellectuelles — à la capacité de garder le regard fixé sur la récompense tout en refrénant ses pulsions. Il suggère que, si nous sommes capables, à quatre ans, de retarder le plaisir de manger un bonbon, nous sommes bien partis pour obtenir des récompenses, atteindre nos buts et savoir, en toutes circonstances, rester maîtres de nous-mêmes.

À l'âge de la maternelle, les « deux bonbons » maîtrisent déjà un grand nombre de talents. Il leur a suffi de cinq ans pour

1. Éditions Robert Laffont, 1997.

apprendre à marcher tout seuls pour aller où ils veulent. Ils savent exprimer ce qu'ils veulent. Ils sont capables de se retenir jusqu'aux cabinets. Ils se sont formé une conscience morale et s'efforcent de s'y tenir, d'obéir aux règles qu'elle leur impose. Et ils savent plus clairement de quels pouvoirs ils disposent et de quels pouvoirs ils ne disposent pas.

Ils ont aussi appris que le contrôle de soi est à la fois contrainte (l'absence de gratification ou son ajournement) et maîtrise (le plaisir de se sentir efficace et de réussir).

Ils ont compris que contrainte (ne pas mouiller sa culotte) et maîtrise (se servir du pot) vont souvent de pair.

Mais le processus d'apprentissage n'a pas toujours été facile.

Car, avant de savourer le goût du pouvoir nous avons dû livrer des batailles, petites ou grandes, nous mesurer avec nos parents, vivre des conflits au cours desquels — à grand renfort de cris, de larmes, de colères et de provocations ouvertes ou sournoises, en développant le thème du « NON ! » selon toutes les variations possibles —, nous avons résisté aux contraintes imposées par notre éducation.

Nous avons lutté, à huit ou neuf mois, pour prendre possession de la cuiller et mettre « tout seul » la purée dans notre bouche, nos cheveux, ou par terre. Nous avons protesté quand on nous changeait, quand on nous enlevait le biberon de la bouche. Nous avons lutté pour nous mettre debout et aller partout où il se passait quelque chose, en secouant les barreaux de cette prison qu'ils appelaient notre berceau. Nous avons lutté, ensuite, pour savoir jusqu'où on pouvait monter, à quelle vitesse on pouvait courir, où se trouvait la frontière entre sécurité et danger. Nous avons lutté obstinément à deux ans, audacieusement à trois, insolemment à quatre, encore plus insolemment à cinq ans, donnant à nos parents une vraie pelote de fil à retordre.

Nous connaissions même des tactiques de guerre psychologique.

Nick, cinq ans, refuse de mettre son manteau. Sa mère insiste. « Il fait froid dehors », lui dit-elle. « Il fait chaud », réplique-t-il. Elle tente de le raisonner. Il résiste. Elle le cajole. Il résiste. Elle le menace. Il résiste. Elle ordonne. Nick reste sur ses positions. Après plusieurs minutes de négociations supplémentaires et toujours vaines, la mère de Nick (je ne nomme personne, sachez seulement que ses initiales sont J.V.) finit par perdre patience :

« Il y a des moments, crie-t-elle à son petit garçon en frappant du poing sur la table, il y a des moments où j'ai l'impression que tu discutes pour le seul plaisir de discuter. »

Nick ne répond rien.

« Il y a des moments, reprend-elle un ton au-dessus, il y a des moments où j'ai l'impression que tu discutes uniquement pour voir si je vais craquer. »

Nick continue à se taire.

« Il y a des moments — la voix de la mère est maintenant suraiguë, et son poing martèle lourdement la table —, il y a des moments où j'ai l'impression que tu pousses, tu pousses, tu pousses, tu pousses, parce que tu adores me voir folle de rage. »

L'ombre d'un sourire de triomphe se dessine sur les lèvres du gamin. Il se tourne vers sa mère et dit calmement : « Peut-être. »

Une autre histoire d'affrontement mère-fils m'a été racontée par Megan, la sœur du garçon, qui conclut : « Alors maman a claqué l'assiette sur la table, si fort que tous les petits pois se sont envolés. »

Voilà comment la chose avait commencé :

« Maman a dit à mon frère de manger ses petits pois, et Mike a dit : “ Plus tard. ” Plus tard, elle lui a répété : “ Mange tes petits pois ”, et Mike a dit : “ Bientôt. ” Encore plus tard, elle lui a répété : “ Mange tes petits pois ”, et Mike a dit : “ Dans une minute. ” Et finalement il a dit : “ Comment veux-tu que je les mange ? Ils sont froids. ” »

Avec toutes les armes dont nous disposons, nous luttons pour la libre disposition de notre corps et de notre âme. Nous luttons pour nous assurer plaisir et pouvoir. Nous luttons contre les incursions de la civilisation. Et nos parents — avec une force supérieure à la nôtre, leur arsenal de punitions, leurs négociations, leurs explications, leurs explosions de colère — ripostent.

Souvent, la façon dont ils imposent leur volonté — une tape sur la main, un « Arrête immédiatement ! » — est claire. Mais leurs manœuvres sont parfois plus insidieuses. Ils essaient de nous persuader que nous ne ressentons pas ce que nous ressentons — « Mais bien sûr que tu l'aimes, ta petite sœur » —, que nous ne voulons pas ce que nous voulons — « tu préfères manger tes carottes que des bonbons, maintenant, hein ? » Ils veulent nous convaincre — d'un sourire, d'un soupir, d'un haussement d'épaules, d'une inflexion de voix — que nous voulons ce qu'ils veulent. C'est difficile, dans ces cas-là, de savoir ce qu'on ressent, ce qu'on veut, de savoir ce qu'on sait. Surtout si nos parents suivent, sans les avoir lus, les conseils de Jean-Jacques Rousseau qui disait aux adultes de toujours « faire croire à l'enfant qu'il est le maître sans cesser de l'être soi-même ». Rousseau explique :

> Il n'est pas de forme de sujétion plus parfaite que celle qui préserve l'apparence de la liberté ; ainsi la volonté elle-même devient captive. Le pauvre enfant, qui ne sait rien, ne peut rien faire, n'a aucune expérience, n'est-il pas à votre merci ? N'est-ce pas vous qui contrôlez tout... ? Ses travaux, ses jeux, ses plaisirs, ses tourments — ne sont-ils pas entre vos mains sans qu'il le sache ? Sans doute peut-il faire ce qu'il veut, mais il ne peut vouloir que ce que vous voulez qu'il veuille.

Certaines mères, la vôtre peut-être, découvrent dans leur devoir maternel un pouvoir qui leur a toujours manqué, et dans leur fonction de « mère qui sait tout, qui sait quoi faire et comment faire, qui sait ce qui est bien, ce qui est bon, ce qui est valable, » une justification, une raison de s'estimer elles-mêmes. De telles mères, dépendantes et faibles dans leurs autres relations, s'épanouissent dans leur rôle de responsable omnipotente, rôle qui n'existe toutefois qu'en fonction de notre dépendance et de notre impuissance.

Et c'est là que les choses se compliquent. Car le besoin qu'a la mère de savoir son enfant démuni et sans pouvoir ne va pas sans le besoin inverse, celui d'être fière de son rejeton, de continuer à se sentir forte en le voyant devenir Monsieur Parfait ou Mademoiselle

Merveille. Son double message : « Réussis pour moi mais reste faible pour moi », peut faire de nous des adultes écartelés entre échec et réussite, furieux et désespérés de ne pas pouvoir se libérer du contrôle étouffant exercé par une telle mère.

Il y a des leçons à tirer de ces premières rencontres avec l'autorité, et nous les tirons, chacun à notre manière, selon ce qui nous arrive, selon la nature de nos réponses à ce qui nous arrive, selon les expériences que nous vivons par la suite et selon qu'elles confirment ou tempèrent nos premières expériences. Il y a des leçons à tirer, mais d'un fait apparemment semblable chacun peut apprendre des choses très différentes.

Si par exemple nos parents considèrent toute manifestation de colère comme inacceptable, nous pouvons avoir tellement peur de laisser paraître notre hostilité, ou même de la reconnaître, que nous préférons nous tasser, réduire le champ de nos émotions, nous dévitaliser. Ou bien, n'ayant jamais appris à gérer, à transformer notre colère, nous nous trouvons soudain — lorsque surgissent des sentiments refoulés — complètement, violemment submergés, privés de contrôle.

En ce qui concerne la gestion d'émotions comme la colère, on peut dire qu'il y a autant de positions que de parents, mais il est un point sur lequel ils se retrouvent tous, c'est celui du contrôle de certaines fonctions organiques. L'apprentissage de la propreté — qui consiste à soumettre les besoins impérieux de notre corps aux impératifs du monde — peut s'avérer plus problématique encore que celui de la patience.

« Je pourrais avoir une couche, aujourd'hui ? demande une petite fille de trois ans tout juste propre. Juste pour me détendre. »

Le contrôle des sphincters nécessite une certaine maturité du système nerveux central, mais aussi la participation volontaire de l'enfant. C'est un apprentissage qui se fait très bien quand nous y sommes prêts. Mais les difficultés commencent quand nos parents veulent imposer ce contrôle trop tôt ou quand ils punissent nos pertes de contrôle trop sévèrement, car nous vivons alors dans l'anxiété permanente d'être humiliés ou battus en cas d'« accident ». Plus tard, nous pouvons exprimer ces inquiétudes en vivant une vie parfaitement réglée afin d'éliminer tous les risques liés à l'inattendu. À l'inverse, nous pouvons devenir des adultes désordonnés, sales, négligés, car c'est l'une des formes de réaction contre un apprentissage de la propreté trop précoce.

Il y a d'ailleurs des mères qui n'abandonnent jamais vraiment le contrôle des fonctions éliminatrices de leurs enfants. Un homme m'a confié que, chaque fois que sa mère lui écrivait, alors qu'il était dans l'armée, elle exprimait l'espoir qu'il « fonctionnait » normalement. Et un autre, âgé de quarante-cinq ans, a eu la surprise, au moment de partir pour un long voyage en voiture avec sa mère, de s'entendre demander : « Tu n'as pas envie de faire pipi avant de partir, mon chéri ? »

Ce genre d'excès ne peut manquer d'influer sur notre attitude par rapport au contrôle.

Une mère abusive fait à notre place tout ce que nous voulons, devons, devrions faire par nous-mêmes, elle est à l'affût du plus petit soupir, du moindre de nos gestes, elle se précipite pour nous essuyer, nous laver, nous mettre en garde, elle est là pour redresser notre château avant que les cubes ne s'écroulent, pour finir nos phrases avant nous, toujours empressée à nous aider, nous corriger, nous protéger. Sans cesse épiés par son regard anxieux, nous finissons par douter de nous-mêmes et de notre faculté de nous débrouiller tout seuls. Incapable de renoncer à nous, à son pouvoir sur nous, elle s'évertue à contrôler tous les aspects de notre expérience.

La leçon que nous en tirons, c'est peut-être que toute forme d'indépendance nous serait fatale et que notre seul salut réside dans le pouvoir des autres. Ou bien, poussés vers ce qui nous fait peur, nous courons au-devant des dangers et des déceptions pour bien prouver à quel point nous méprisons toute forme de contrôle. Nous pouvons aussi, confondant contrôle et amour, prendre l'abus de pouvoir pour une façon de dire « Je t'aime ». Ou bien nous ne supporterons pas d'être approchés, par peur de tomber sous le contrôle de l'autre.

Une jeune femme d'une trentaine d'années se souvient : « Ma mère me disait toujours : “ Je te connais mieux que tu ne te connais toi-même. ” Elle estimait que ça lui donnait le droit de régenter ma vie. Mais je ne supporte pas l'idée qu'un mari — ou *n'importe qui* — me connaisse ou croie me connaître comme ça. J'ai déjà eu assez de mal à me sortir des griffes de ma mère. »

Quand le pouvoir nous apparaît pour la première fois sous une forme non seulement possessive mais aussi humiliante et douloureuse, cela risque de nous rendre complaisants, toujours prêts à calmer les figures d'autorité pour éviter de souffrir encore. Ou au contraire de nous inciter à traiter autrui comme autrui nous a traités jadis, reniant notre moi craintif et adoptant une tactique connue sous le nom d'identification à l'agresseur. Nous pouvons aussi passer le reste de notre vie à compenser notre impuissance d'enfant en acquérant tous les signes extérieurs de la puissance — position, célébrité, richesse et tous les privilèges que confère l'argent. Ou bien nous pouvons nier notre impuissance — et notre besoin des autres — en affichant un orgueil narcissique démesuré ou en entretenant le fantasme d'une personnalité secrète sur le modèle Clark Kent/Superman.

Nous pouvons encore, comme cette patiente décrite par la psychologue Altha Horner, refuser, décourager toute proposition d'aide parce qu'elle nous rappelle notre dépendance :

> J'ai horreur d'être en demande. C'est une situation de souffrance. J'enrage d'avoir besoin de votre sympathie — c'est humiliant, c'est une preuve de mon impuissance. Je voudrais pouvoir vous aider, vous... convaincre que vous avez besoin de moi. Ça me donnerait une sensation de pouvoir.

En dehors des situations thérapeutiques, cette résistance à la dépendance émotionnelle peut nous pousser à attaquer ceux dont nous dépendons — à critiquer, dénigrer, réduire autant que possible, sinon annihiler leur pouvoir. La bienveillance la plus désintéressée, la main qui se tend vers nous pour nous aider n'ont d'autre effet que de nous rappeler notre impuissance. Valoriser l'aide des autres, vouloir leur aide, accepter leur aide nous apparaît comme une reddition à l'ennemi, une mise sous contrôle insupportable.

À l'âge adulte, nous allons reproduire avec nos proches — et encore plus avec nos enfants — les formes de contrôle qui nous ont été imposées pendant l'enfance. Ou nous allons nous précipiter à toute vitesse vers l'extrême opposé. Si, par exemple, nos parents nous ont imposé des règles strictes, nous allons élever nos enfants sans frein ni contrainte, les consoler chaque fois qu'ils pleurent, leur épargner tout désarroi, leur donner des gratifications immédiates. Mais, tout en croyant échapper au schéma autoritaire de nos jeunes années, nous ne ferons — à notre insu — que le reproduire. Nous vivrons à nouveau sous le règne de l'autoritarisme — à cela près que cette fois-ci la personne qui nous domine, c'est notre enfant, ce chérubin jamais satisfait, ce tyran domestique.

Sans aller jusqu'à la permissivité, les adultes qui ont été élevés trop sévèrement peuvent décider de contrôler leurs enfants le moins possible. Le dramaturge George Bernard Shaw écrit à propos de sa mère : « Dans sa juste réaction contre... les contraintes et les tyrannies, les brimades et les réprimandes, les punitions qu'elle avait subies étant enfant... elle poussait l'anarchie domestique aussi loin qu'elle pouvait être poussée. » Il décrit cette petite fille opprimée devenue une femme « incapable de faire le moindre mal à un enfant, un animal, ou une fleur, incapable de faire le moindre mal à qui ou à quoi que ce soit », et conclut qu'il a été « mal élevé » parce que sa mère a été « trop bien élevée ».

Il ne m'appartient pas de dire si l'« anarchie domestique » de Mme Shaw fut préjudiciable à son fils George Bernard ou à son génie. Mais les spécialistes du développement de l'enfant s'accordent aujourd'hui pour dire que trop peu d'autorité parentale est aussi nocif que trop. Et j'ai pu constater, au cours d'une enquête faite dans un jardin d'enfants, que tous les enfants ou presque partageaient l'avis des experts.

De fait, un seul enfant parmi ceux à qui je demandais de définir ce qu'était « une bonne mère » pensait qu'une maman ne doit rien interdire. Tous les autres, garçons et filles, reconnaissaient qu'une bonne mère doit imposer des règles de discipline.

« Il en faut, dit Peter, la vie est pleine de dangers. »

« On pourrait se faire écraser, expliqua Lily, on pourrait se brûler avec des allumettes et un tigre pourrait s'approcher par-derrière et nous dévorer les cheveux. »

Quel genre de règle pouvait bien imposer une mère pour empêcher les tigres de dévorer les cheveux de sa fille ?

« Elle défend aux enfants de sauter dans la cage des tigres, au zoo. »

Les enfant estimaient aussi qu'une bonne mère doit faire respecter l'heure du coucher, « sinon le lendemain on serait grognon, nerveux et casse-pieds ». Et, si tous rêvaient de pouvoir manger « des centaines de glaces et même plus, si j'en ai envie », ils admettaient qu'une bonne mère « doit savoir » que ce n'est pas une bonne idée et « vous en empêcher ».

Les experts emploient des mots plus savants pour expliquer qu'un manque d'autorité parentale est préjudiciable aux enfants — aux enfants que nous avons été.

Parce que, quand la rage et l'agressivité nous submergent, nous avons besoin que quelqu'un arrête ce que nous ne pouvons plus arrêter nous-mêmes. Nous avons besoin d'être rassurés sur le fait que notre sauvagerie, notre impulsivité ne vont pas détruire la maison, causer des ravages.

Quand nous nous lançons à la conquête du monde, nous avons besoin qu'on nous empêche d'aller trop loin. Nous avons aussi besoin d'être rassurés sur nos possibilités de réussite, sur le fait que nous ne tomberons jamais si brutalement que nous ne puissions nous relever.

Le contrôle parental est insuffisant lorsque nos parents n'interviennent pas pour nous retenir ou nous sauver. Le contrôle parental est également insuffisant lorsque nos parents ne nous obligent pas à nous contenir.

Selma Fraiberg note que si, à six, sept et huit ans, nous avons encore le droit de hurler, de piquer des crises, de parler sans respect ou de frapper pour obtenir ce que nous voulons, nous sommes en passe de devenir des enfants non seulement mal élevés mais aussi « ralentis dans notre développement intellectuel ». Elle rappelle que, si nous sommes autorisés à user de moyens aussi primitifs pour nous exprimer, « c'est au détriment du développement des processus mentaux supérieurs, du raisonnement, de l'imagination créatrice ».

C'est bien plus tôt que nous devons nous habituer à subir et à exercer un certain contrôle. Que nous devons apprendre à supporter la frustration, à attendre « ce qui viendra en son heure », comme le dit un psychologue. La mère complaisante, qui nous donne tout ce que nous voulons au moment où nous le voulons, nous entretient dans l'illusion — que nous aurions dû perdre depuis longtemps — que nous pouvons contrôler tout et tout le monde. Au moment d'affronter le monde extérieur, nous serons bien mal équipés pour gérer les frustrations et les contraintes que la réalité va nécessairement nous imposer.

Les parents qui pensent que l'amour doit être inconditionnel risquent, eux aussi, d'exercer un contrôle insuffisant. Car, s'ils nous aiment quoi que nous fassions, pourquoi diable ne pas faire tout ce qui nous plaît ? Élevés sans sanctions, sans avoir à payer le prix de la désobéissance, nous pouvons nous croire tout permis et ne rechercher que des partenaires, amis ou conjoints capables de nous aimer sans condition, quoi que nous leur fassions.

« Les parents ont tendance à sous-estimer le pouvoir que leur amour et leur approbation exercent sur le jeune enfant », écrit la psychanalyse Erna Furman. L'enfant aime ses parents, a besoin de leur amour, supporte mal de le perdre et ferait « n'importe quoi pour le regagner ». Ce « n'importe quoi » peut consister pour l'enfant à adopter des comportements approuvés par les parents, à abandonner ceux qu'ils désapprouvent et à se soumettre à leur contrôle qui, dans le meilleur des cas, est exercé avec amour.

Car il semble que ni l'amour sans autorité ni l'autorité sans amour ne puissent nous aider à acquérir un bon contrôle, une maîtrise suffisante de nous-mêmes. Une étude sur les pratiques d'éducation et leur impact sur l'enfant quelques années plus tard a démontré l'efficacité d'« un lien affectif fort et tendre combiné à une discipline régulière et bien comprise ». Les enfants élevés « de façon *autoritariste* » — c'est-à-dire avec une certaine distance, une certaine froideur et beaucoup de rigueur — étaient souvent passifs et renfermés, tandis que les enfants élevés « de façon permissive » — avec amour et tendresse mais sans règles de discipline cohérentes — manquaient généralement de confiance en eux et de self-control. Mais les enfant élevés « de façon autoritaire » — c'est-à-dire à la fois directive et tendre, communicative — manifestaient une plus grande confiance en eux, un plus grand self-control, surtout quand leurs parents avaient pris la peine de leur expliquer les règles qu'ils leur imposaient.

Imaginons ce que ces trois formes d'éducation peuvent donner dans le contexte familial :

Autoritariste : « Tu frappes encore ton frère et je te casse un bras ! »

Permissif : « Est-ce que tu te sens mieux après avoir frappé ton frère, mon chéri ? »

Autoritaire : « Tu ne dois pas frapper ton frère parce que ça fait mal, et faire mal aux autres ce n'est pas dans nos idées. »

J'aime à croire que ma façon d'élever mes fils a été essentiellement autoritaire, mais je pense aussi qu'il y a des moments où l'autoritarisme a du bon. Il permet notamment de mettre fin à certaines discussions en affirmant : « C'est comme ça, parce que je suis ta mère [ton père] et que tu n'es encore qu'un enfant. » Utilisé à bon escient, ce genre de formule apprend aux enfants — et aux parents — quelque chose d'important : qu'il faut parfois, aussi insupportable ou injuste que cela puisse paraître, se soumettre au contrôle d'un autre.

C'est d'abord au sein de la famille, entre des parents plus ou moins aimants, plus ou moins aimés, que nous faisons l'expérience du pouvoir sous ses deux aspects, la contrainte et la maîtrise. Et nous apprenons autant par l'exemple, par ce que font nos parents, que par ce qu'ils nous disent. Nous apprenons par les louanges et les remontrances, les punitions et les récompenses, les sourires et les sourcils froncés. Nous apprenons quel pouvoir ils ont sur nous et quels pouvoirs nous avons — le pouvoir d'agir efficacement, de provoquer les événements, de prévoir et d'organiser, le pouvoir de résister aux élans impétueux de notre nature non civilisée et de les refréner (tant soit peu).

Au sein de notre famille nous découvrons ce que veulent dire oui et non, tu peux et tu ne peux pas, il faut et il ne faut pas. Nous découvrons qu'on peut gagner ou perdre, être actif ou passif, s'obstiner ou céder. Au moment de franchir la porte de la maison pour nous aventurer dans le monde extérieur, nous connaissons déjà le goût doux-amer du pouvoir.

3

Le contrôle de soi

> L'adolescent au parent : « C'est mes cheveux, j'ai le droit d'en faire ce que je veux. »
> Le parent à l'adolescent : « T'as le droit de rien du tout, oui ! »
>
> *Talking with Your Teenager*

À l'adolescence, cette période de rupture angoissante et trouble, excessive et déconcertante, nous nous sentons littéralement possédés. Le corps auquel nous nous étions habitués se met à bourgeonner, à saigner, à changer de forme, il lui pousse des poils, des seins, des boutons d'acné, bref il déraille complètement, sans que nous puissions rien y faire. Le petit personnage auquel nous nous étions habitués, identifiés, attachés, subit de telles fluctuations que nous doutons parfois de notre santé mentale. Tous ces déséquilibres, nous ne les avons pas choisis. Ils nous sont tombés dessus sans prévenir et bouleversent rapidement toute notre vie. Vers l'âge de treize ans, nous nous sommes sentis possédés, investis par une force étrangère, comme Kafka dans *La Métamorphose*.

Nous avons perdu le contrôle.

Et, comme si cela ne suffisait pas, il y a les parents, qui ne veulent pas comprendre qu'on n'est plus des bébés. Ils continuent à brandir l'arsenal de leurs règles, de leurs horaires, de leurs bons conseils complètement dépassés depuis au moins dix ans. Bon, on est d'accord pour qu'ils nous logent, nous nourrissent, nous habillent et nous donnent de l'argent de poche. Et même, on veut bien qu'ils soient là, au cas où on aurait besoin d'eux. Mais ils n'ont pas l'air de comprendre que nos cheveux et tout le reste nous appartient et qu'on a le droit d'en faire ce qu'on veut. Même les plus évolués, qui disent volontiers, citant Khalil Gibran : « Vos enfants ne sont pas vos enfants », ont l'air de croire qu'on leur appartient, qu'on est leur chose, leur propriété.

Ils ont l'air de croire qu'on est en leur pouvoir.

Dès la préadolescence, les enfants entament un combat contre les forces qui les possèdent. Jusqu'à la fin de l'adolescence, ils vont se débattre pour prendre possession d'eux-mêmes.

Mais, est-on en droit de se demander, qu'est-il arrivé à ce petit personnage apparemment sûr de lui que nous avons quitté alors qu'il partait à la découverte du monde extérieur ? Que nous est-il arrivé entre l'âge de la maternelle et celui de la puberté ? Il s'est produit en nous une évolution, le développement de nos capacités mentales et motrices, qui nous a permis de maîtriser toutes sortes de comportement complexes — savoir épeler c-h-a-t, faire le saut de l'ange, programmer le magnétoscope, réussir une tarte aux pommes. Il s'est produit, avant les orages de l'adolescence, un répit que l'on appelle la période de latence.

La période de latence, qui correspond à la quatrième étape de l'homme selon Erikson, est la phase d'évolution où se produit le conflit entre le travail et l'infériorité. C'est le moment où nous commençons à acquérir les aptitudes des « grandes personnes ». On nous prodigue un enseignement régulier, nous prenons l'habitude de travailler, de planifier et de terminer ce que nous entreprenons, nos aspirations prennent de l'ampleur. Et notre éducation ne se fait plus seulement à la maison mais aussi à l'école, chez les scouts, sur les terrains de sport, au cours de danse, où peuvent se développer les divers talents physiques, intellectuels ou sociaux qui nous permettent de vivre en dehors de notre famille — et d'étendre considérablement le champ de notre pouvoir.

Pendant la période de latence, qui va de six-sept ans à dix-onze ans, nous apprenons à devenir socialement compétents. De fait, il semble qu'à toutes les époques de l'histoire, les enfants qui atteignent l'âge de sept ans soient traités comme s'ils accédaient à un nouveau statut. Par exemple :

Au Moyen Âge, c'est à sept ans que les petits garçons entraient comme pages au service du roi.

À l'époque des Guildes, les enfants commençaient leur apprentissage à sept ans.

Selon la loi anglaise, un enfant de sept ans est considéré comme responsable de ses actes.

Et, pour l'Église catholique romaine, sept ans est « l'âge de raison ».

C'est pourquoi, aux alentours de notre septième anniversaire, entre la première poussée de croissance de l'enfance et la poussée de croissance qui nous attend à l'adolescence, nous devenons à notre tour les pages et les apprentis de la vie. Nous sommes, ou nous devrions être, prêts pour relever le défi.

Notre cerveau, dont le volume n'était que 10 % de celui d'un adulte à notre naissance, a maintenant atteint 90 % de son volume définitif. (Sa croissance ne sera terminée que neuf ans plus tard.) D'après les spécialistes, la croissance du cerveau se fait essentiellement dans les zones associées à la socialisation — les lobes frontaux. Nous avons aussi atteint un nouveau stade dans le développement de nos facultés cognitives, le stade dit « des opérations concrètes ». Cela signifie, entre autres, que nous sommes capables de former des catégories et de reconnaître, par exemple, que les pommes, les bananes et les pêches, mais pas les Mercedes, appartiennent à une même catégorie, celle des « fruits ».

À sept ans, nous possédons à la fois les aptitudes motrices grossières nécessaires à la pratique des sports et les aptitudes plus fines qui nous permettent d'écrire et de dessiner. Au niveau du langage, nous sommes capables de concevoir des idées et de les exprimer. Nous savons même faire des blagues et jouer avec les mots. La capacité de comprendre les règles des jeux et d'en inventer de nouvelles pour créer nos propres jeux nous permet d'entrer dans « la culture de l'enfance ». Et, comme nous sommes capables de quitter nos parents — de temps en temps, en tout cas —, nous pouvons tourner nos regards vers l'extérieur et apprendre de nouvelles manières de penser, de faire et d'être.

Et de rivaliser.

Vers la fin de son année de maternelle, notre fils Tony rentre un jour de l'école en annonçant fièrement : « J'ai appris à lacer mes chaussures tout seul. — Magnifique ! nous exclamons-nous, et comment as-tu appris ? » Tony nous raconte alors que, le matin même, Patrick Dowling s'est mis devant toute la classe pour montrer qu'il savait nouer ses lacets. « Oh, reprenons-nous, alors tu t'es dit que si Patrick Dowling pouvait le faire, tu pouvais le faire toi aussi. » En secouant la tête, notre fils nous renseigne sur l'un des principaux motifs qui incitent les enfants à maîtriser une technique : « Non, je me suis dit : “ S'ils peuvent admirer Patrick, ils peuvent m'admirer moi aussi. ” »

Note : Je ne peux parler de la compétition sans mentionner la rivalité qui oppose les enfants d'une même fratrie, la compétition acharnée pour l'amour des parents, car le désir d'être le premier peut nous pousser non seulement à la guerre fratricide mais aussi à accomplir des prouesses remarquables. Pour les accomplir, certains pratiquent ce qu'on appelle le processus de dés-identification, qui consiste à se partager les domaines d'excellence, l'un des enfants devenant par exemple un athlète ou un savant, l'autre un artiste, le troisième un littéraire, afin de s'assurer une part incontestée — et donc considérée comme « juste » — de l'amour des parents. (N'oublions pas que « juste », dans ce contexte, veut dire qu'on donne à son frère ou à sa sœur un tiers environ, mais jamais la moitié, de ce qu'on partage.)

Oui, la compétition peut nous éperonner vers la réussite. Réussite qui, à son tour, peut nous remplir d'orgueil, même si parfois, comme dans ce poème intitulé « Maintenant, j'ai sept ans », cet orgueil ne va pas sans une pointe d'anxiété :

On m'a donné un lit plus haut
On m'a donné un grand vélo
Et le droit de traverser la rue tout seul,
Si je veux. Mais il faut
Que je fasse la vaisselle
Que je tonde le gazon
Et je commence à me demander
Si je n'aimais pas mieux avoir six ans.

À mesure que s'affirme la maîtrise, c'est l'orgueil qui prévaut.

Jack, huit ans, déclare qu'avec l'aide de son meilleur copain il a « appris à épeler presque entièrement Mississippi ».

Kate, neuf ans, m'informe : « Je dessers la table après manger et je prends une douche sans qu'on me le dise. »

Candy, dix ans, m'écrit : « Et tu sais, maintenant je cherche des livres qui ont au moins vingt ou trente chapitres. Je n'arrête pas de lire et d'apprendre des choses et je n'arrêterai jamais, c'est presque sûr. »

Si la tâche essentielle de la période de latence est l'apprentissage de la compétence sociale, le risque essentiel est de ne pas se sentir à la hauteur dans le monde des forts, des malins, des capables, de ne pas se sentir apte à rivaliser. Problèmes physiques, problèmes psychologiques, difficultés d'apprentissage, famille chaotique ou éclatée, école infernale peuvent contribuer à créer des situations d'échec d'où il sera difficile de sortir. Devant une tâche difficile à accomplir, nous aurons l'impression que nous n'y arriverons *jamais*, qu'il n'y a rien à faire, que ce n'est même pas la peine d'essayer. Cette réaction, que l'on appelle « impuissance acquise », s'est formée dans un environnement où, à force de n'avoir aucun contrôle sur les événements, nous sommes arrivés à la conclusion qu'il était inutile d'essayer de contrôler quoi que ce soit.

Quand, au cours d'expériences, des sujets, hommes ou animaux, sont mis dans l'incapacité de contrôler ce qui leur arrive (décharges électriques ou sons violents), leur certitude d'être impuissants devient si forte qu'ils n'essaient même plus de se soustraire à ces agressions quand on leur en donne la possibilité. Et, par la suite, ils n'essaient pas non plus de contrôler des événements d'une autre nature car ils ne croient plus pouvoir le faire.

« Hommes et animaux, écrit le psychologue Martin Seligman, généralisent par nature... L'apprentissage de l'impuissance ne fait pas exception : quand un organisme apprend qu'il ne peut rien faire dans une situation donnée, son répertoire de comportements adaptatifs risque d'être en grande partie sapé. »

Les enfants qui sont convaincus de leur impuissance, de leur manque de contrôle et de maîtrise feront difficilement des progrès en situation d'apprentissage. Considérez par exemple la triste histoire du petit Victor :

> Victor commença à prendre du retard en maternelle au moment de l'initiation à la lecture. Il avait envie d'apprendre mais n'était pas prêt à établir la connexion entre mots parlés et mots écrits. Il fit beaucoup d'efforts, au début, mais sans résultat ; ses réponses, offertes avec zèle, étaient constamment fausses. À force d'accumuler les échecs, il finit par hésiter à se lancer... En deuxième année de primaire, s'il participait activement aux cours de dessin et de musique, dès qu'arrivait l'heure de la lecture, il se renfrognait. Son institutrice l'aiguillonna pendant un certain temps mais, bientôt, ils renoncèrent tous les deux. À ce moment-là, il était peut-être prêt à lire, mais la seule vue d'un alphabet ou d'un livre de lecture provoquait en lui soit un repli instantané soit une crise d'agressivité provocatrice. Cette attitude s'étendit peu à peu à toute sa journée d'école. Il oscillait perpétuellement entre une attitude dépendante et le rôle de chahuteur.

Avoir systématiquement de mauvaises notes, être choisi en dernier quand des équipes se forment, se sentir rejeté, être malmené par les autres, finit par nous convaincre de notre impuissance et de notre infériorité. Et, tant que nous continuons à nous sentir inadéquats, nous ne réussissons pas à développer ce que la psychologue Althea Horner appelle un « pouvoir intrinsèque ... le sentiment profond d'avoir sa place dans le monde en tant qu'être de valeur à la fois pour les autres et pour soi-même ».

Sans ce pouvoir intrinsèque, nous dépendons, nous avons peur, du pouvoir des autres.

Sans ce pouvoir intrinsèque, nous sommes obligés, soit de nous soumettre, soit de nous soustraire au contrôle des autres.

Mais quand la période de latence se passe bien, l'enfant pose les fondations de son avenir scolaire. Il apprend les usages du monde et s'enorgueillit de son savoir, de ses victoires. Armé d'une conscience morale assez stricte pour lui épargner de gros ennuis et assez souple pour lui permettre d'oser entreprendre, il trouve un juste milieu entre prudence et témérité. Et il commence à sentir un peu mieux ce qu'il peut et ce qu'il ne peut pas contrôler.

Quelle idée les garçons et les filles de cinq à treize ans se font-ils de la notion de contrôle ? Voici quelques réponses à cette question :

Une fille de cinq ans : « C'est comme quand on va trop vite et qu'on freine pour retenir son vélo. »

Un garçon de cinq ans : « Quand on conduit une voiture et qu'on appuie sur l'accélérateur. »

Un garçon de cinq ans : « Le contrôle, c'est quand on contrôle ses gestes. »

Une fille de six ans : « C'est quelque chose qui permet de faire tout ce qu'on veut. »

Une fille de six ans : « Quand on est en colère contre quelqu'un et qu'on ne le frappe pas. Si on te donne un coup et toi tu dis ne fais pas ça mais tu ne rends pas le coup. Tu te contrôles. »

Un garçon de six ans : « Quand tu tiens le volant d'une voiture ou le guidon d'un vélo avec tes mains. »

Un garçon de dix ans : « C'est comme ma sœur ; quand la jeune fille venait nous garder elle faisait plein de bêtises et j'étais obligé de la calmer. »

Un garçon de dix ans : « Le pouvoir ; c'est quand tu as le pouvoir, comme par exemple quand on prend le contrôle d'un avion. »

Un garçon de treize ans : « Être capable de contrôler une situation. »

Un garçon de treize ans : « Quand on arrive à tourner une situation à son avantage. »

Définissant le contrôle comme la capacité de faire advenir ce qu'on souhaite qu'il advienne, un chercheur, John R. Weisz, a étudié la façon dont se développe en nous la compréhension de cette notion. Et ses travaux montrent que l'évaluation de notre contrôle sur une situation donnée est en partie fonction de notre positionnement par rapport à deux questions, celle de la contingence et celle de la compétence.

La « contingence », pour John R. Weisz, c'est l'influence que peuvent avoir les actes ou les qualités de la personne sur le résultat recherché (souffler sur une bougie éteint la flamme ; souffler sur les dés n'aidera jamais à réussir un 421). Et la « compétence », c'est le degré d'efficacité requis pour obtenir le résultat recherché (souffler une bougie ne sera efficace, par exemple, que si l'on souffle assez fort).

Plus on est jeune, plus on croit à l'influence qu'on peut exercer sur les événements liés au hasard — les événements non contingents — pour les modifier. Plus on est jeune, plus on a une haute opinion de soi-même et plus on se leurre sur son niveau de compétence. C'est à l'adolescence que l'on commence à faire la synthèse entre compétence et contingence pour évaluer ses chances de contrôler telle ou telle situation. Et c'est à l'adolescence que l'on cesse de se croire capable de contrôler les événements non contingents, que l'on accepte de n'avoir aucun pouvoir sur ses coups de dés.

Enfin, jusqu'à un certain point.

Car jusqu'à la fin de l'adolescence — parfois même jusqu'à la fin de l'âge adulte —, nous conservons certaines illusions sur nos capacités de contrôle. Dans l'espoir d'influer sur des événements qui sont par nature incontrôlables, nous nous livrons à des actes stupides relevant de la superstition. Des études ont par exemple montré que beaucoup de joueurs se comportent comme si les dés étaient effectivement sous leur contrôle : ils les lancent doucement quand ils veulent sortir un petit nombre, fort quand ils veulent un nombre élevé, ils prennent le temps de se concentrer en silence sur le nombre qu'ils veulent sortir. Comme l'affirme la psychologue sociale Shelley Taylor dans *Positive Illusions* : « Toute situation dans laquelle une personne hésite entre diverses options, développe des stratégies et réfléchit à un problème — aussi inefficaces que soient ces comportements — peut donner l'illusion d'être contrôlable. »

Elle est tellement tentante, l'illusion de pouvoir influer sur le cours des événements, de pouvoir tenir le malheur en respect.

Personnellement, pour déjouer le mauvais sort, je ne chante jamais avant le petit déjeuner, je ne passe jamais sous une échelle, je veille à ne pas ouvrir mon parapluie dans la maison. Et je préfère me ridiculiser plutôt que de ne pas sacrifier à ces petits rituels. Récemment, par exemple, j'étais assise à une table de conférence au milieu de gens sur lesquels je voulais faire bonne impression. Quelqu'un m'a demandé si mes enfants allaient bien et j'ai répondu : « Oui, très bien », mais, constatant avec horreur que la table et ma chaise étaient en métal et en plastique, j'ai dû me lever de toute urgence pour chercher quelque chose en bois — j'ai fini par trouver un placard — à toucher.

(Au cas où vous ne le sauriez pas, toucher du bois quand on dit que tout va bien est censé prolonger cet état de choses.)

Est-ce que je crois vraiment qu'en touchant du bois j'empêcherai tout malheur d'arriver ? Est-ce que je crois vraiment à cette forme de contrôle magique ? À ces deux questions, ma réponse est : « Bien sûr que non ! » Mais je me dis aussi : « Pourquoi prendre des risques ? Surtout quand il s'agit de mes enfants. »

Hé oui, même quand on aborde au rivage de l'âge mûr, on reste vulnérable à ces illusions.

Toutefois, c'est pendant la période de latence que nous commençons à comprendre les notions de compétence et de contingence. Nous commençons à adapter nos actes à ce qui est faisable, à ce que nous sommes capables de faire, notamment. Nous commençons aussi à comprendre (vous peut-être, moi je n'ai jamais pu) qu'il ne sert pas à grand-chose de toucher du bois. Nous abandonnons quelques illusions.

Certains d'entre nous inventent aussi des techniques de contrôle qui leur permettent de mieux supporter ce qui leur fait peur ou mal, des techniques qui les aident à se calmer en leur donnant un semblant de pouvoir. Comme ce garçon de huit ans :

« Je peux supporter à peu près n'importe quoi pourvu qu'il y ait quelque chose à compter — comme ces trous dans les moulures du plafond, chez le dentiste. Quand on m'a envoyé au bureau du directeur parce que je m'étais battu en classe, j'ai compté ses taches de rousseur. Pendant qu'il me faisait la morale, j'ai commencé par son front et j'ai compté toutes ses taches de rousseur, jusqu'en bas. »

(Les adultes aussi ont des techniques de distraction qui leur permettent d'alléger le stress. Moi, par exemple, quand je dois passer un examen IRM et que je suis allongée toute seule dans mon tube en acier, pour contrôler mes bouffées de claustrophobie, je récite la liste des cinquante États, dans l'ordre alphabétique. Et quand je me trouve bloquée dans d'interminables embouteillages, je me calme souvent en récitant tous les poèmes que je connais.)

La réinterprétation peut aussi aider à garder le contrôle de soi-même. Voilà comment un garçon de huit ans décrit cette technique :

« Dès que je m'assois sur le siège du dentiste, je fais semblant d'être un agent secret tombé aux mains de l'ennemi. Il me torture pour me faire parler et, si j'émets le moindre son, je lui livre une information. Alors je reste muet. C'est un bon entraînement pour moi parce que je veux être agent secret, plus tard. »

Et le garçon prenait son rôle tellement au sérieux qu'un jour où le dentiste lui demandait de se rincer la bouche, il grommela, à l'ébahissement général : « Je ne dirai rien, salaud. »

Pendant toute la période de latence, à mesure que s'affine notre sens de ce qui est et de ce qui n'est pas contrôlable, en découvrant que, dans les situations incontrôlables, nous pouvons au moins contrôler la façon dont les choses nous affectent, nous développons des aptitudes qui vont nous servir pendant toute notre vie. Bien sûr, à dix, onze ou douze ans nous pouvons encore caresser des rêves de gloire totalement irréalisables. Bien sûr, si nos parents divorcent ou si notre petit frère tombe malade, nous pouvons nous sentir responsables dans la mesure où nous n'avons pas encore abandonné le fantasme de notre toute-puissance. Mais nous sommes déjà, dans l'ensemble, bien ancrés dans la réalité. Nous avons, généralement, les pieds sur terre. Nous sommes en passe, quand se termine la période de latence, de devenir maîtres de nous-mêmes.

C'est alors que frappe la puberté.

Dans un poème sur un fruit épineux et acidulé qu'on appelle « groseille à maquereau », Amy Clampitt décrit les débuts difficiles de l'adolescence et parle de qualités

auxquelles il faut s'habituer
comme il faut s'habituer
... à dépasser treize ans.
L'acidité de tout ce qui est vert
et adolescent
le côté épineux, arrogant,
hérissé en tous sens, qui ne supporte
d'autre compagnie que la sienne
et se retrouve effectivement tout seul
retranché dans ses piquants acérés
argentés, symétriques,
machinerie de défense protégeant son ghetto.

Hérissé ? En défense ? Épineux ? Oui, entre notre onzième et notre quatorzième année, nous qui étions des enfants agréables, faciles à vivre, allons effectivement prendre des allures de chardons, de hérissons, de hors-la-loi.

Comment en serait-il autrement ? Les hormones qui circulent dans notre organisme ont complètement bouleversé notre équilibre, nous plongeant dans un océan d'émotions contradictoires. L'image que nous renvoie le miroir n'est plus la nôtre, elle évoque celle de Belles ou de Bêtes. Et ces brusques transformations intérieures et extérieures ont pulvérisé notre identité d'enfant, nous laissant face à une brutale interrogation, ce « qui suis-je ? » qu'Erikson appelle notre crise d'identité. Excités, excessifs, brûlants de désirs incompréhensibles, désespérés d'être trop petits, d'avoir des seins trop gros, angoissés de voir notre visage couvert d'acnée, nous affrontons des complexités douloureuses, des difficultés effrayantes dont la période de latence nous avait protégés.

Nous luttons aussi — la plupart d'entre nous — pour dégager et affirmer notre autonomie, ce qui veut dire que nous ne voulons plus nous définir comme « fils », « fille », ou « enfant » de. Et notre besoin de proclamer notre droit à une vie autonome, de crier

« c'est à moi que j'appartiens, plus à toi » est si violent, si passionné que même une phrase aussi anodine que « passe-moi le beurre » peut passer pour une attaque personnelle.

« Passe-moi le beurre — tu me prends pour ton esclave ou quoi ? »

« Passe-moi le beurre — tu ne peux pas me fiche la paix ? »

« Je suis en train de penser à tous ces gens qui meurent de faim de par le monde, et tout ce que tu trouves à me dire c'est " Passe-moi le beurre ? " »

Luttant pour nous soustraire aux charmes de la vie de famille et à l'autorité de nos parents, nous pouvons nous rebeller contre n'importe quelle demande émanant d'eux (y compris « Passe-moi le beurre ») et contre tout ce qu'ils attendent de nous. Nous transgressons les interdits, fermons nos oreilles à leurs sermons, levons les yeux au ciel quand ils nous mettent en garde. Et nous nous moquons d'eux quand ils prétendent — « moi aussi j'ai été jeune » — comprendre ce que nous ressentons, avoir connu ce que nous vivons.

Comment les parents peuvent-ils s'imaginer comprendre quoi que ce soit aux épreuves que traversent leurs enfants ?

« On ne peut absolument pas comparer. C'était complètement différent quand ils avaient notre âge », dit Frances, seize ans.

Comment les parents peuvent-ils imaginer savoir ce qui est bon pour leur enfant ?

« Je comprends qu'elle n'ait pas envie que je fasse les mêmes erreurs qu'elle, dit Darcy, treize ans, mais je ne suis pas elle. »

Comment les parents peuvent-ils croire qu'ils vont empêcher leur enfant de découvrir les drogues, la sexualité, de conduire trop vite, d'avoir des fréquentations pour le moins douteuses ou de flirter avec le danger ?

La mère : « Au moins, pendant qu'ils font l'amour, ils ne peuvent pas rouler à cent soixante à l'heure. »

La fille : « Ah bon, pourquoi ? »

Le psychanalyste Joseph Noshpitz observe que « le fait d'avoir un corps mature est une nouveauté grisante, une expérience séduisante, évocatrice, qui pousse l'être à vouloir jouer de ce corps, faire des choses avec... Excitation, frissons, découvertes, stimulations de toutes sortes attirent avec un attrait irrésistible le jeune qui se laisse tenter » par un plongeon dans des eaux interdites, l'escalade de pentes abruptes, et se lance à corps perdu — en dépit des recommandations parentales — dans des situations plus risquées les unes que les autres.

« Mes parents veulent à tout prix m'empêcher de vivre certaines choses, dit Ted, dix-sept ans. Ils me disent : " Je ne voudrais pas qu'il t'arrive ce qui m'est arrivé. " Mais ils devraient comprendre que la seule façon d'apprendre, c'est qu'il vous arrive des choses. »

Comment pouvons-nous apprendre s'ils ne renoncent pas à nous contrôler ?

Une mère conseille à sa fille : « Quelle que soit la chose qui te passe par la tête et que tu aies envie de faire, chérie, ne la fais pas. » Mais toutes les sirènes du monde nous appellent, leurs voix sont irrésistibles — et nous devons leur obéir.

Nous devons aussi réaliser certaines tâches qui ne font pas partie de nos projets conscients et qui correspondent à la phase de développement qui va du début à la fin de l'adolescence, notamment :

Consolider notre identité sexuelle.

Trouver l'amour, un amour tendre, romantique et sexuel, en dehors de notre cercle familial.

Affiner — toujours plus — un surmoi encore trop rigide, développer notre conscience morale, élaborer un système de valeurs qui nous soit propre.

Sortir de notre crise d'identité et savoir qui nous sommes, ce que nous voulons, où nous allons.

Il y a encore deux tâches majeures dont l'accomplisssement semble mettre un point final à cette période complexe de l'adolescence. La première, effrayante, douloureuse, consiste à nous détacher de notre mère, de notre père, de notre famille et de notre enfance. La seconde consiste à revenir au sein de cette famille avec notre nouvelle apparence d'adulte.

Le psychanalyste Hans Loewald explique fort bien pourquoi les tâches liées à l'adolescence sont si profondément bouleversantes — elles qui suscitent en nous la culpabilité et la peur et provoquent chez nos parents de farouches résistances. « Le processus d'accession à l'indépendance et à l'âge adulte, écrit-il, implique la rupture de liens émotionnels importants avec les parents. Ils sont... activement rejetés, combattus et, à des degrés divers, détruits... En un sens, développer notre propre autonomie, notre propre surmoi..., c'est tuer nos parents. »

Je ne veux pas que tu fasses ça pour moi.

Je suis capable de le faire tout seul.

Merci — c'est-à-dire non, merci — je n'ai plus besoin de vos services.

Hans Loewald affirme que ce parenticide est « plus que symbolique... N'ayons pas peur des mots, dans notre rôle d'enfants de nos parents, en nous émancipant réellement nous tuons quelque chose de vital en eux — pas d'un seul coup, pas dans tous les domaines, mais nous contribuons au processus de leur mort ».

Et nous ressentons parfois une angoisse et une culpabilité dont nous ignorons la cause.

Si, pour la plupart d'entre nous, la peur de tuer nos parents en usurpant leur contrôle reste profondément enfouie dans l'inconscient, certains sont au contraire très conscients de cet enjeu, surtout ceux dont les parents veulent contrôler non seulement leurs actes mais aussi leurs pensées, leurs sentiments, leurs croyances. « Nous avions une règle de loyauté envers Mère, explique une femme à la psychologue Althéa Horner. Il fallait rester loyal en pensée et penser comme elle, si bien qu'on ne pensait pas. Si on essayait d'imposer son point de vue, c'était comme la tuer, lui voler son pouvoir, annihiler son statut d'adulte. Le seul fait de penser était destructeur. »

Pourtant, même si nous devons briser le cœur de nos parents, leur voler leur pouvoir, les annihiler, l'émancipation, dit Loewald, passe par l'usurpation de leur autorité car « sans l'acte coupable de parricide, il n'y a pas d'individualité digne de ce nom ». Prendre la relève du pouvoir et de la compétence des parents, affirmer notre responsabilité de nous-mêmes, écrit Loewald, sont des actes nécessaires à notre développement.

« C'est pas grave, maman, dit mon fils Alexandre qui va

avoir treize ans, quand je viens dans sa chambre lui dire bonsoir. C'est pas grave, répète-t-il très gentiment, mais il faut vraiment que tu arrêtes de venir me border quand je vais me coucher. »

Les parents peuvent être heureux et fiers de voir leurs enfants s'émanciper, prendre de plus en plus d'indépendance. Il n'empêche qu'ils ont le cœur serré de se voir privés de leur rôle, de leurs fonctions de parents.

Dans son roman *Lovingkindness*, Anne Roiphe écrit :

> Que savons-nous des mères et des filles ? S'il existe un mythe récurrent de matricide et de pouvoir usurpé, qui en parle ? Si mère et fille forment une unité qui se craquelle, se défait et disperse des particules dans l'univers, des particules de haine, de vengeance et de passion, qui en parle ? Les mères n'ont pas peur de leurs filles (sauf la méchante reine dans *Blanche-Neige*). Notre pouvoir est si oblique, si caché, il est d'une matière si éthérée que nous luttons rarement avec nos filles pour des royaumes réels ou des titres boursiers. Par contre, notre beauté s'enfuit quand leur beauté fleurit, nous apercevons la fin du voyage quand leur voyage commence à peine. Nous connaissons la peur, nous aussi, la terreur et l'incrédulité, en comprenant que nous ne vivrons pas éternellement, que nos remplaçantes guettent avidement leur tour, indifférentes à nos désirs, prêtes à nous laisser en arrière.

Une mère : « Ma fille est vraiment belle et chaque fois que nous allons quelque part, tout le monde s'extasie devant sa beauté. Certaines fois j'ai envie de dire : “ Hé, je suis là moi aussi ! ” »

Un père : « Mon fils conduit ma voiture. Il se sert de ma crème à raser ; il boit ma bière ; il met mes chaussettes. Il me bat même au tennis. Si j'étais un peu moins *cool*, je pourrais me sentir menacé. »

Consciemment ou inconsciemment, les parents peuvent envier la fraîcheur et la force des adolescents, leur en vouloir de s'épanouir au moment où eux-mêmes commencent à se faner, leur reprocher de les reléguer au magasin des antiquités. Et s'ils se sentent menacés, jaloux ou envieux, s'ils sont un peu moins *cool*, ils risquent de serrer la vis à leurs enfants, d'accentuer leur contrôle sur eux.

« Je suis la seule fille de mon père, dit Joy, dix-huit ans, et... il n'y a pas moyen de discuter avec lui. Je lui dis : " Papa, j'ai rendez-vous avec un garçon ce soir et je rentrerai vers onze heures. " Il me répond : " Tu ne sortiras pas avec un garçon que je ne connais pas. " Mais quand il les connaît, il invente n'importe quoi pour m'empêcher de les voir. Il est infernal. »

Le contraste entre les capacités physiques croissantes de l'adolescent et celles, déclinantes, des parents est l'un des facteurs qui rendent inévitable le conflit entre générations, plusieurs études le confirment.

Le conflit peut aussi provenir de la rapidité des changements culturels qui enferment parents et enfants dans des mondes séparés. Les parents étant plus lents à adopter les idées nouvelles, un fossé se creuse entre eux et leurs enfants. C'est ce qu'on appelle le fossé des générations.

« Mon père ne me laisse jamais une chance, explique Robert, seize ans, de lui expliquer le genre de musique que j'aime... Il se contente de crier : " Éteins-moi ça tout de suite ! " Alors j'éteins, pour ne plus l'entendre crier. »

Autre source de conflit, la confrontation entre l'idéalisme des jeunes et le réalisme souvent rigide des adultes, qui fait dire aux adolescents : « Comment peux-tu être aussi cynique ? », et aux parents : « Comment peux-tu être aussi stupide ? »

« L'immaturité d'un adolescent, écrit le psychanalyste Joseph Noshpitz, l'amène souvent à prendre des positions et à affirmer des choses qui sont, au mieux, illogiques et qui, aux oreilles des parents, peuvent paraître complètement ridicules. Les échanges critiques qui en résultent ... sont émotionnellement éprouvants pour les deux parties. Les jeunes se cantonnent souvent dans des attitudes insolentes, arrogantes même, pour défendre une position à laquelle ils tiennent », et dont la valeur essentielle est souvent de faire grimper les parents aux rideaux.

Mon amie Cécilia raconte par exemple comment son fils est passé par une phase (qu'elle appelle la « phase de son Vrai Moi ») où il refusait de dire merci à moins d'éprouver une réelle gratitude et où il exprimait sans fard ce qu'il ressentait (« Ça me donne envie de gerber ») en réponse à des questions du genre : « Que penses-tu de ma nouvelle coiffure ? » Dans le même ordre d'idées, il arrivait à la messe du dimanche en tongues, jeans coupés au genou et T-shirt troué parce que Dieu — « le Dieu auquel je crois, en tout cas » — se moquait des apparences et ne s'intéressait qu'à son Vrai Moi.

Idéalisme contre réalisme, immaturité contre expérience, telles sont les principales sources de conflits entre générations.

Au cœur de tous ces conflits se trouve une tension due au pouvoir des parents, notamment le pouvoir de donner ou de refuser les faveurs que nous sollicitons et le pouvoir d'imposer leur volonté de façon arbitraire, autocratique.

« Tu feras ce que je te dis de faire parce que je suis ton père, parce que je te le dis, parce que je l'ai décidé », répond l'Autorité supérieure à l'éternelle question de l'adolescent : « Pourquoi ? »

« Avec mes parents il n'y a pas de compromis possible, dit Ann, quinze ans. C'est toujours eux qui décident. Ils me disent : " Quand tu auras dix-huit ans, quand tu auras terminé tes études, tu pourras faire ce que tu veux, mais tant que tu es sous mon toit, tu fais ce que je te dis de faire. " Pas de discussion. Je n'ai ni le droit de poser des questions ni celui de dire ce que je pense. Ça me donne l'impression d'être de trop. D'être une merde. Je me demande ce que je fais là. »

Il est vrai que certains parents maintiennent leurs enfants en état de dépendance, d'infériorité, parce qu'ils n'ont pas envie d'abandonner leur pouvoir. D'autres abusent de leur autorité parce que, comme beaucoup de gens, ils ont une image stéréotypée des adolescents. Melinda, seize ans, raconte comment, un jour où elle se promenait dans la rue avec une amie, une femme les a arrêtées pour leur dire : « Si vous devez faire la pute, au moins, protégez-vous. » Elle avait pris un léger embonpoint — dû, d'après Melinda, à un abus de crèmes glacées — pour les premiers signes d'une grossesse non voulue. Comme si, soupire Miranda, « comme si on couchait toutes, on prenait tous de la drogue et on buvait tous de l'alcool ».

« Nos adolescents, dit un texte sur les excès de la jeunesse moderne, semblent apprécier le luxe. Ils ont des manières déplorables et méprisent l'autorité. Ils n'ont plus de respect pour les adultes et passent leur temps à traîner dans des endroits et à papoter entre eux... Ils sont prompts à contredire leurs parents, monopolisent la conversation en société, mangent gloutonnement et tyrannisent leurs professeurs. »

Hé oui, les enfants d'aujourd'hui ne sont plus comme avant. Sauf que ce texte a été écrit voici quelque 2 500 ans, par Socrate.

Le psychanalyste d'enfants James Anthony estime que la vision stéréotypée des adolescents — comme délinquants, irresponsables, hypersexuels, simples d'esprit et contents d'eux — alimente le conflit entre générations en « incitant les parents à s'adresser à leurs enfants adolescents comme s'ils étaient des incarnations d'idées négatives et non des individus à part entière. »

Mais, même quand l'autorité des parents est inspirée par l'affection qu'ils nous portent, la bienveillance de leurs intentions ne rend pas leurs interventions plus agréables.

Ils affirment qu'ils ont le devoir de nous guider et de nous protéger.

Nous affirmons que nous avons le droit de vivre notre vie à notre idée.

L'une des possibilités, pour prendre le contrôle de notre vie, c'est de ne pas dire à nos parents ce que nous faisons, de faire comme Abby, quinze ans : « Je garde ça pour moi, ou j'en parle avec mes amis. »

Willa, dix-huit ans, est du même avis : « Mes parents veulent toujours savoir qui, quoi, où, pourquoi, c'est-à-dire bien plus que je n'ai l'intention de leur en dire. »

Car, en leur parlant, nous courons le risque de nous faire sermonner. « Mon père, dit Randy, treize ans, me fait la morale pendant une bonne heure chaque fois que je lui parle de quelque chose. Alors, je ne dis plus rien. » Ou bien nous courons le risque de les rendre furieux. « Pas question d'avouer à mes parents que je fume de l'herbe, dit Karl, quatorze ans. Ils en feraient un infarctus. » Et Debbie, qui préférerait tout dire à sa mère, hésite à lui révéler certaines choses : « Elle pourrait me mépriser », dit-elle.

Sermons, conseils, culpabilisation, désapprobation et bien sûr punitions, pourquoi nous exposer à tant de désagréments ?

Pourquoi ne pas présenter un visage docile, effacer nos traces, garder le silence — et n'en faire qu'à notre tête ?

En fait, ce n'est pas très difficile de vivre une double vie, raconte un ancien « adolescent terrible » : « À seize, dix-sept ans, je sortais, je buvais, et je rentrais à la maison complètement fait. Mes parents étaient au lit et ils me criaient : " Tu es rentré ? ", alors je répondais : " Ouais, bonne nuit ", et j'allais vomir dans la salle de bains ou m'affaler sur mon lit, ivre mort. »

Mais il arrive qu'on se fasse prendre.

Ou qu'on ne puisse pas camoufler ses actes de défi.

Ou qu'on ne veuille surtout pas les cacher.

Comme Marine, treize ans, qui rentre un jour chez elle avec les cheveux roses, taillés à la hache, dressés sur la tête à l'Iroquois et un regard qui veut dire : « J'ai fait ça pour toi, maman. »

Pour défier nos parents, dans notre lutte permanente ou sporadique pour le pouvoir, nous avons le choix entre diverses formes de rébellion, depuis l'usurpation (réclamer ce qu'ils ont, tout de suite) jusqu'à la répudiation (rejeter toutes leurs valeurs) ; depuis la dissimulation (ce qu'ils ignorent ne peut pas les choquer), jusqu'à la confrontation directe (essaie de m'en empêcher) ; et de la provocation passive (ne pas faire nos devoirs, ne pas ranger notre chambre ou ne pas respecter les horaires, être grossier) à la provocation active (délinquance, drogues et autres conduites à risques).

J'ai connu une jeune fille dont la mère avait commencé, dès la première minute de sa puberté, à lui interdire toute liberté : « Ne fais pas ça — sinon tu vas te retrouver enceinte », « Ne va pas là — sinon tu vas te retrouver enceinte », « Ne traîne pas avec tel ou telle — sinon tu vas te retrouver enceinte ».

Quand le moment est venu pour cette jeune fille de se rebeller contre l'autorité maternelle, elle savait très exactement comment s'y prendre.

Certains d'entre nous, farouchement décidés à échapper au contrôle parental, peuvent former ce qu'on appelle des « attachements vindicatifs », s'attacher à des gens que leur père et leur mère trouvent infréquentables, dans le but, conscient ou inconscient, de provoquer la séparation parents-enfant. Nous pouvons aussi faire partie d'un gang, d'une secte, d'un parti politique minoritaire, afin d'acquérir ce qu'Althea Horner appelle « un pouvoir illusoire ». L'illusion, c'est d'être libérés du pouvoir des parents. La réalité, c'est que nous sommes soumis à une autre autorité, que nous sommes contrôlés par le gang, la secte, le parti.

L'alimentation est aussi un terrain sur lequel peut se jouer la revendication d'autonomie, et l'anorexie permet aux adolescentes et (dans une moindre mesure) aux adolescents d'affirmer leur indépendance en prenant le pouvoir sur leur corps. Le refus de s'alimenter — qui entraîne une maigreur extrême et peut aller jusqu'à la mort — s'accompagne d'une distorsion de l'image de soi qui persuade l'anorexique qu'elle est encore trop grosse alors que, visiblement, elle dépérit. Cette dangereuse pathologie s'installe pendant l'adolescence et constitue un puissant levier de contrôle — une façon pour les jeunes, confrontés à un profond sentiment d'impuissance, de prendre le pouvoir sur leur corps et sur leur vie, de manipuler leur famille.

Helen, anorexique depuis l'âge de quatorze ans et, avec quelques interruptions, depuis quarante-cinq ans, a survécu en mangeant le minimum et en pratiquant un sport plusieurs heures par jour. « Être mince, c'est la chose la plus importante de ma vie, explique-t-elle. J'aime la vie parce que je réussis à ne pas grossir. » À la veille de sa soixantième année, elle regrette un peu de n'avoir pas de plus fiers exploits à mettre à son actif, mais une idée la console : « Au moins, je suis restée mince. »

Comme l'écrit la psychiatre Regina Casper, l'adolescente anorexique « voit dans sa minceur sa plus grande réalisation, obtenue à force de privations, de faim, de sacrifices et malgré les protestations de ses parents ». Se priver de nourriture lui permet de ne plus se sentir impuissante puisqu'elle contrôle à la fois sa volonté et son corps.

Régime mannequin, classes redoublées, copains skinheads ou anneaux dans le nombril, nos actes de défi font systématiquement réagir les parents. Ils ont beaucoup à redire — et pas toujours sur un ton calme et mesuré — en ce qui concerne la nourriture, les relations, tous les moyens que trouvent les adolescents pour se détruire le corps et l'âme. Ils sont intarissables sur ces sujets-là — mais ils trouvent à qui parler.

Car l'une des armes les plus puissantes des adolescents dans la bataille qui les oppose aux « vieux », c'est un outil intellectuel récemment acquis — la capacité d'accomplir ce qu'on appelle des « opérations formelles ». C'est le genre de raisonnement qui permet de réfléchir sur la pensée, de penser symboliquement, de comprendre que « pierre qui roule n'amasse pas mousse » est une image, pas un commentaire sur les mœurs des minéraux, d'analyser et de théoriser, de philosopher, de conceptualiser — et aussi, ô ingratitude, de comparer ses parents tels qu'ils sont aux parents idéalisés qu'ils devraient être.

C'est une forme de raisonnement qui accroît notre pouvoir en faisant de nous des interlocuteurs redoutables.

Un père, à bout de nerfs, met fin, en quittant la pièce, à une discussion orageuse avec sa fille, autrefois si gentille, qui vient de faire usage de ses capacités d'analyse pour lui reprocher d'un ton glacial, primo de ne pas lui prêter sa voiture, deuxio (pendant qu'elle y est) de n'être qu'un lâche, superficiel et hypocrite, entre autres.

« Ce n'est pas parce que tu gardes ton calme, hurle le père qui a visiblement perdu le sien, que tu as forcément raison, nom de Dieu de bordel ! »

Il est une autre arme tout aussi puissante, dans les conflits entre enfants et parents, c'est la fugue ou la chambre en ville. La menace de quitter la maison peut forcer des parents terrifiés à faire toutes sortes de concessions. Mise à exécution, cette menace peut provoquer une déchirure, difficile et parfois impossible à réparer, dans le tissu familial.

Car une séparation brutale peut faire profondément souffrir les deux parties.

Kelly, qui a commencé par fuguer quand elle était au lycée et qui vit maintenant en communauté avec d'autres garçons et filles séparés de leur famille, parle avec tristesse de ses parents :

« Ils critiquaient tous les gens que je fréquentais. Ils m'obligeaient à rentrer à onze heures le soir. Mon père exigeait les meilleures notes dans toutes les matières et voulait que je sois une petite fille modèle. Ma mère essayait tout le temps de me fourguer sa religion. Je n'avais le droit ni d'être ni de faire ce que je voulais. J'ai fini par craquer. »

Bien qu'elle les ait quittés et qu'elle contrôle maintenant tous les aspects de sa vie, Kelly en veut encore à ses parents. Tout en reconnaissant : « Ils étaient pleins de bonnes intentions. Ils faisaient de leur mieux. Ils voulaient mon bien », elle n'envisage pas de se réconcilier avec eux dans un avenir proche. Et, si elle affirme n'avoir aucun regret et être bien plus heureuse maintenant, ce n'est pas l'impression qu'elle me donne quand, à ma question sur ce qu'elle conseillerait à des jeunes dans sa situation, elle répond : « Je leur dirais : Ne partez pas trop vite. Restez chez vous. »

Et elle ajoute : « J'ai grandi tellement vite. Tout ça s'est passé tellement vite. J'ai un peu l'impression d'avoir été flouée. Je n'ai que dix-sept ans. »

« Il y a peu de situations dans la vie, écrit Anna Freud, qui soient aussi difficiles à vivre que le rapport avec un fils ou une fille adolescents au moment où ils essaient de se libérer. » C'est peut-être vrai. Mais si notre lutte de libération est dure pour nos parents, il faut comprendre qu'elle est dure pour nous aussi. Parce que les conflits sont parfois éprouvants. Parce qu'on se sent coupable de leur faire de la peine. Parce qu'en partant on perd autant qu'on gagne. Parce que, même si nous sommes sûrs de notre bon droit — « je ferai ce que j'ai à faire » —, nous avons besoin, désespérément parfois, de leur amour et de leur approbation.

Notre lutte de libération se complique aussi du fait que notre besoin d'autonomie n'a pas toujours remplacé l'envie qu'on s'occupe de nous. Consciemment ou inconsciemment, nous voulons gagner les privilèges de l'adulte sans perdre la position confortable de l'enfant.

Mère, ô Mère,
j'étais encore petit mais déjà,
parti dans les études,
je rentrais tard, le soir.
Et toujours, près de la rampe
je trouvais le même pichet de lait
avec mes biscuits favoris
posés sur un plateau,
et qui m'attendaient.

Nous voulons sabler le champagne mais sans lâcher notre nounours. Nous aimerions pouvoir faire l'amour pendant que maman nous prend un rendez-vous chez le dentiste. Nous rêvons, comme le poète Robert Lowell, de rentrer tard mais pour trouver notre plateau tout préparé — et notre maman — à la maison.

L'adolescence est un temps de douloureuse ambivalence, un temps où, tout en voulant le pouvoir, on préfère parfois ne pas le prendre.

L'avenir qui nous attend peut nous paraître sombre et hostile, alors que le passé se pare d'une aura de douce nostalgie. Les fardeaux de l'âge adulte semblent parfois trop lourds à porter. Peut-être n'avons-nous pas les moyens de contrôler cette vie que nous désirons si ardemment contrôler. Et si nos parents nous croyaient quand on leur dit qu'on n'a plus besoin d'eux ? S'ils n'étaient plus là quand on appelle au secours ?

Il faut pourtant essayer de s'en sortir sans eux.

Alors je lui ai demandé d'arrêter de le faire
et à ma grande surprise, non seulement elle pouvait
mais elle voulait bien arrêter, ma mère.
Pendant toute mon enfance
quand je lui disais quelque chose d'important
elle remuait les lèvres pendant que je parlais
donnant l'impression de prononcer sans voix
les mots que je disais, en même temps que moi.

Je me plais à revoir l'image déjà lointaine
de nos visages, face à face, ma mère et moi
j'avais tout juste sa taille ou peut-être un peu plus
et nos lèvres remuaient ensemble,
aujourd'hui l'unisson est rompu, je dois continuer
seule ma musique, sans chef, ni partition.

Comment réussir sans chef ni partition ? Comment faire si les parents ne sont plus là ?

Certains, trop paniqués à l'idée de ne pas y arriver, préfèrent rester dans une zone intermédiaire où ils ne prennent pas de décisions, ne s'engagent pas, gardent toutes les possibilités toujours ouvertes, jouent à vivre, bloqués qu'ils sont dans une perpétuelle adolescence.

D'autres, voyant que la rançon de leur autonomie c'est la colère, la souffrance ou le désamour de leurs parents, renoncent à affirmer leurs droits à l'indépendance et acceptent les rôles qui leur sont proposés, se conforment aux règles qu'on leur impose, préférant les avantages que leur assure cette complaisance aux incertitudes du pouvoir.

« C'était une vraie figure d'autorité dans la famille, dit Marianne, fille unique d'un père brillant, charmant, élégant et terriblement exigeant. Il me disait où je pouvais aller, avec qui je pouvais sortir, comment je devais me comporter, quels vêtements je devais porter et même quelle musique je devais écouter. Il m'a interdit de faire mes études dans un établissement mixte. » Tout en renâclant contre les contraintes qu'il lui imposait, tout en redoutant ses colères quand il était contrarié, Marianne fit essentiellement ce qu'il voulait parce que « l'obéissance présentait tellement d'avantages. Il stimulait mon intelligence. Il était fier de moi. Il me mettait sur un piédestal. » Et si le prix à payer pour garder l'admiration de cet homme exigeant était l'obéissance, Marianne obéit. À la fin de ses études, elle revint vivre dans la petite ville de son enfance, sous le contrôle toujours aussi absolu de son père.

Finalement, vers l'âge de vingt-cinq ans, Marianne partit s'installer à San Francisco, mais il lui fallut beaucoup de temps pour mettre entre son père et elle autant de distance psychologique qu'elle avait mis de kilomètres. L'opinion de son père, ses critères de référence, ses critiques et ses jugements pesèrent lourdement sur sa vie de femme mariée et de mère. Il lui fallut encore bien des années pour échapper au pouvoir paternel.

Il y a aussi ceux qui quittent leur famille pour le vaste monde avec le fantasme inconscient qu'ils seront sauvés. Déguisés en hommes et en femmes autonomes, ils attendent secrètement que quelqu'un ou quelque chose — la chance, des gens, des circonstances favorables, leur bonne étoile — intervienne pour les aider à vivre. Ils espèrent être sauvés par un conjoint, un travail différent, l'installation dans un « meilleur » quartier, ou même un changement d'apparence. Ils ne prennent pas le contrôle de leur vie, parce qu'ils attendent de la providence qu'elle leur sauve la mise et dirige leur vie.

Quand on ne veut pas, quand on ne peut pas assumer le contrôle de son être et de sa vie, on cesse de grandir.

Si notre adolescence se passe bien, nos parents nous laissent de plus en plus la bride sur le cou, reprenant le contrôle quand c'est nécessaire mais nous aidant aussi à nous détacher d'eux et à nous forger — à partir de fragments épars — une identité propre.

Pendant la crise d'identité, l'un des jalons de toute adolescence, chacun s'efforce de se construire une personnalité propre en assemblant l'image extérieure et l'image intérieure de son être, en équilibrant ses tendances égoïstes et son amour des autres, en reliant ce qu'il est à ce qu'il a été et à ce qu'il espère être un jour. Au sortir de l'adolescence, nous possédons notre personnalité propre, qui ne nous a pas été imposée mais que nous avons fabriquée nous-mêmes. Et même si cette personnalité s'avère plus proche des attentes de nos parents que nous ne le croyions possible au plus fort de nos affrontements avec eux, nous avons la sensation d'avoir choisi de devenir qui nous sommes.

Nos décisions peuvent être remises en question.

Notre avenir peut être d'une irritante imprécision.

Le contrôle de notre corps et de notre esprit peut être imparfait.

Mais nous sommes entrés en possession de nous-mêmes.

Au moment de partir affronter, ou fabriquer, notre destin, suivons l'exemple du jeune artiste de James Joyce qui déclare : « Je n'ai pas peur d'être seul... ou de quitter ce que je dois quitter », et qui accueille l'avenir au cri de : « Bienvenue, ô vie ! »

Ou bien tournons-nous vers le Dr Seuss qui nous exhorte à aller de l'avant :

Un cerveau sous ton crâne
Des pieds dans tes chaussures
Tu peux mettre le cap
Sur la direction de ton choix.
Tu es seul. Et tu sais ce que tu sais.
C'est TOI qui vas décider où aller.

4

Le pouvoir du sexe

> À chaque étape, tu dois demander avant de passer à l'acte... Si tu veux lui enlever son chemisier, demande d'abord. Si tu veux lui toucher les seins, demande d'abord. Si tu veux glisser ta main entre ses cuisses, demande d'abord.
>
> Règlement intérieur du Antioch College

> Les hommes, qui dominent le monde,
> Sont dominés par leur pénis
> Et qui domine leur pénis ?
> Nous, ma chérie.
>
> Nicky Silver, *The Food Chain*

Nous entrons dans le monde avec une certaine idée de nous-mêmes et de nos aspirations. Nous abordons nos libertés d'adultes avec autant de joie que d'appréhension. Au nombre des pouvoirs que nous possédons maintenant (et qui, eux aussi, nous possèdent), il y a la sexualité, domaine riche en occasions d'exercer notre contrôle.

Et d'y renoncer.

Au temps de ma jeunesse, voilà le genre de mise en garde que recevaient les filles :

« Les hommes sont incapables de se contrôler. Ce sont des animaux. Les femmes ne doivent donc pas perdre la tête. »

« Une fille qui ne sait pas se contrôler attire l'opprobre sur sa famille. »

« Si tu ne te contrôles pas, si tu lui donnes ce qu'il veut, il va cesser de te respecter. »

Ou encore, comme me le dit ma mère à la fin d'un entretien à cœur ouvert à propos de la passion : « Je ne connais pas de femme honnête qui ne soit pas arrivée vierge au mariage. »

Au temps de ma jeunesse, la question du contrôle préoccupait beaucoup les jeunes femmes.

Aujourd'hui, c'est encore le cas.

« Je voyais tout, y compris la sexualité, en termes de pouvoir, écrit Katie Roiphe en 1993 dans son livre *The Morning After*. Comme la plupart des gens que je connaissais, d'ailleurs. À propos de la drague, du couple, des besoins ou des désirs sexuels, on en revenait toujours à la question " qui contrôle qui ? ". Cette notion de contrôle n'était pas seulement abstraite, elle se trouvait au cœur de tous nos actes, de toutes nos pensées, de toutes nos attitudes. Presque tout le monde, autour de moi, avait une sorte de baromètre interne pour mesurer ses comportements, qui pouvaient aller de l'extrême abandon à l'extrême retenue. Je savais qu'il n'en avait pas toujours été ainsi. Dans les années soixante et soixante-dix, sexualité voulait dire expression de soi et orgasme, du moins en théorie.... Mais, à ce moment-là, même les hédonistes les plus débridés concevaient leurs aventures en termes de perte de contrôle. »

Que signifie aujourd'hui cette notion de contrôle sexuel ? Elle signifie qu'au lieu de laisser « les choses» se passer tout simplement, on prend consciemment en charge sa sexualité. On décide d'avoir ou de ne pas avoir des expériences sexuelles. On choisit avec qui. On choisit quels actes on est disposé à pratiquer ou pas. On a suffisamment de contrôle, sur soi et sur son partenaire, pour prendre les mesures de protection qui s'imposent.

Depuis les premiers attouchements préadolescents jusqu'à ce qu'on pourrait appeler une relation amoureuse mature, la question du contrôle — et de la perte de contrôle — est intimement mêlée à celle de la sexualité.

« On ne se précipitait pas au lit avec le premier venu, explique Shannon, jeune femme célibataire et sensée, à propos du contrôle de soi à l'ère du sida. On prenait le temps de discuter. On posait des questions à l'autre sur ses expériences, ses ex-partenaires. On décidait qu'au début le mec mettrait un préservatif. Et on faisait le test du VIH tous les deux avant de s'en passer. »

Pareille sagesse semble aller de soi, vous en conviendrez, en un temps où perdre la tête peut signifier perdre la vie. Mais quand Meghan Daum, vingt ans passés, considère son propre cas et celui de ses amis, elle reconnaît que toutes ces bonnes résolutions ne dépassent généralement pas le stade de l'intention. Même exhortés à « tenir la bride à leurs pulsions », à ne jamais « laisser s'emballer le manège », les jeunes qui prétendent prendre toutes les précautions voulues « se vantent la plupart du temps ».

Meghan dit encore que nous sommes « tout sauf ignorants » des risques et des mesures à prendre. Que, « quand on jure de se protéger, on est sincère, on y croit vraiment », mais ensuite : « On oublie, parce qu'on ne peut pas, c'est vraiment trop injuste, parce qu'on est plus conscients de notre droit au plaisir que de notre vulnérabilité. » Submergés d'informations sur le sida et convaincus (pour certains) qu'ils pourraient effectivement attraper cette redoutable maladie, Meghan et ses amis « négligent souvent toute précaution ».

Et après avoir fait ce qui, rétrospectivement, leur apparaît comme très risqué, après avoir passé quelques nuits angoissantes à se demander s'ils vont mourir, ils vont faire le test qui leur dira si oui ou non leur absence de contrôle peut leur être fatale.

Fini le bon vieux temps où s'abandonner n'était pas un risque.

Peut-être y a-t-il eu une brève période où, au plus fort de la révolution sexuelle, on a jeté aux orties toute notion de contrôle, où les femmes, comme les hommes, se sont offert les joies d'une sexualié sans contrainte, où la retenue passait pour un défaut, pas pour une vertu. Peut-être, entre pilule et sida, y a-t-il eu un espace de liberté où tout le monde — hommes et femmes — s'est engouffré et où tout le monde, si l'on en croit John Updike, Erica Jong et quelques films comme *Bob et Carol, Ted et Alice*, jouissait sans entraves. C'est aussi l'époque où parut *John and Mimi*, roman initiatique écrit par un couple qui chante dans le détail (et orifice après orifice) les délices de l'amour extraconjugal, de la sexualité à trois, de la découverte des corps, de l'échangisme, des couples qui « se répartissent dans tous les coins de la maison et se retrouvent ensuite autour d'une tasse de thé ». L'esprit du temps, le temps de tous les possibles en matière de sexualité, s'exprime dans la fierté des auteurs de vivre « en union libre » et dans leur conviction que bientôt « ce livre n'apparaîtra plus comme une rareté ou une extravagance ».

Mais, pendant ces années trépidantes, une jeune femme me disait en pleurant : « Il prétend que c'est bon pour nous d'avoir des relations en dehors du couple, mais ça me fait tellement mal quand il le fait. Tellement mal. » Et une autre, célibataire, se plaignait : « Il faut d'abord coucher ensemble. Ensuite, si ça dure un peu, on fait connaissance. » Et d'ajouter en soupirant : « Je couche avec des mecs qui connaissent tout juste mon prénom. » En dépit de toutes les belles déclarations des années soixante qui bannissaient la jalousie et glorifiaient les brèves rencontres, l'infidélité avouée et les passades d'un soir ont brisé plus d'un cœur et plus d'un ménage.

Apparemment, c'est toujours le cas.

Car, même sans l'arrivée du sida, la révolution sexuelle n'aurait pas pu délivrer notre sexualité des enjeux de pouvoir ni du fait que nos relations amoureuses sont chargées — et le seront probablement toujours — de significations différentes selon qu'on est un homme ou une femme.

Cette anecdote sur le président des États-Unis Calvin Coolidge résume bien les deux attitudes :

> Pendant une visite du couple présidentiel à un élevage de poulets, Mme Coolidge remarque avec intérêt un coq en train de couvrir une poule. « Est-ce qu'il fait ça souvent ? demande-t-elle au fermier. — Oh, plusieurs fois par jour, répond celui-ci. — Soyez gentil d'en informer le président », reprend la dame en regardant vers son mari. Coolidge se tourne alors vers le fermier : « Toujours avec la même poule ? demande-t-il. — Non, avec des poules différentes, répond l'homme. — Eh bien, conclut le président, dites-le à la première dame, je vous prie. »

Pourquoi l'acte sexuel (ce que certains romantiques appellent encore « faire l'amour ») a-t-il une charge émotionnelle si différente pour les femmes et pour les hommes ? Pour répondre à cette question, il faut revenir à la période de séparation d'avec la mère et d'identification à un genre.

Car les garçons, en grandissant, n'osent pas s'identifier à leur mère. Pour les filles, ce n'est pas pareil. Les filles deviennent des femmes en reprenant à leur compte la féminité de leur mère. Les garçons qui intègrent un trop grand nombre de qualités propres à leur mère ne vont pas — ou du moins ont peur de ne pas pouvoir — devenir des hommes. C'est pourquoi les petits garçons doivent se défaire, plus que les petites filles, de leur intense connexion avec leur mère. Ils prennent des distances, se replient, tiennent les femmes en échec. Et si l'intimité du petit garçon avec sa mère prend des allures de paradis perdu et à jamais désirable, elle constitue aussi une menace dangereuse pour sa virilité et sa sexualité d'homme.

« *Attaché, dépendant, repris, piégé, étouffé, dévoré vivant, efféminé, englouti, fusionné*, écrit l'analyste John Munder Ross, sont quelques-uns des mots que les experts cliniciens ont utilisé pour décrire la peur d'un fils de replonger dans la symbiose psychologique et l'ambiguïté sexuelle de ses premières années. » On ne s'étonne plus dès lors que les hommes désavouent leur part de féminité. On ne s'étonne plus qu'ils se sentent à l'aise dans ce qu'on a appelé un « désir sans attachement ».

D.H. Lawrence a fantasmé sur le sujet :

J'aimerais connaître une femme
qui soit comme un feu rougeoyant dans l'âtre
auprès duquel on viendrait s'étendre pour
dans le silence doré du crépuscule
prendre son plaisir en elle
sans avoir à faire l'effort poli de l'aimer
ni l'effort mental de la connaître mieux.

Pour les femmes, au contraire, le lien émotionnel est essentiel à leur identité féminine. L'élaboration de leur « moi » ne dépend pas, comme pour les hommes, d'une rupture définitive avec le « nous ». Leur sentiment d'elles-mêmes est si étroitement associé à leur investissement dans une relation affective que certaines femmes peuvent dire, à la fin d'une relation intime : « Je n'ai pas seulement perdu un homme, je me suis perdue moi-même. » Chez elles, la peur d'être abandonnées est plus forte que la peur d'être englouties. On ne s'étonne plus dès lors que les femmes mettent l'accent sur la relation. On ne s'étonne plus qu'il leur soit difficile de s'affranchir de tout contrôle, de s'adonner librement au désir sans attachement.

Voilà pourquoi les hommes, dans une bien plus large mesure que les femmes, vivent leur sexualité comme un délassement, une activité sans rapport avec l'amour ou avec un engagement à long terme. (Les chiffres — 33 % des hommes et 18,7 % des femmes — témoignent de cette profonde différence.) Ce hiatus entre les attentes des uns et celles des autres dans les relations sexuelles a toujours rendu les rapports plus compliqués pour les femmes. Et si la révolution sexuelle a en quelque sorte légitimé le plaisir sans lendemain pour les deux sexes, il reste que pendant l'acte sexuel les femmes ont toujours l'impression de donner quelque chose à l'homme alors que les hommes ont toujours l'impression de prendre quelque chose à la femme.

Bien que l'homme ne soit pas censé « prendre » ce que la femme ne veut pas lui « donner », les hommes ont souvent — disent souvent qu'ils ont — des doutes. Faut-il persévérer ? N'est-ce pas ce qu'elle veut ? Ne veut-elle pas dire « oui » quand elle dit « non » ? Tout ce qui concerne le sexe est l'occasion des pires malentendus, des signaux les plus contradictoires et des interprétations les plus erronées.

Dans une enquête sur les pratiques sexuelles des Américains, un fort pourcentage de femmes — 22 % — disent avoir été forcées par un homme à faire quelque chose de sexuel. À l'inverse, un pourcentage minime — 3 % — des hommes estiment avoir forcé une femme. Pour expliquer cette étonnante disparité, les auteurs du rapport émettent l'hypothèse que « la plupart des hommes qui ont forcé sexuellement une femme ne sont pas conscients du caractère coercitif que les femmes attribuent à leur acte. Ils estiment avoir négocié et obtenu un droit, tandis que les femmes, leurs partenaires, estiment avoir été forcées ».

« Parce que si je mets la main entre les jambes d'une femme, ça peut passer pour un viol ? Ce n'est pas juste. »

« Elle avait dit oui et puis elle a changé d'avis. »

« Pour moi, on peut changer d'avis avant, pendant l'acte, mais pas juste après. »

« Avec cette nouvelle définition du viol, on pourrait se retrouver en taule sur le simple motif qu'on n'a pas satisfait une femme sexuellement ! »

« Elle l'a bien cherché. »

Si tous les hommes se conformaient aux recommandations du collège d'Antioch — « Puis-je mettre ma main là ? » —, toutes les femmes pourraient exercer un contrôle absolu sur leur sexualité, leurs « oui », leurs « non » et leurs « pas avant notre troisième rendez-vous » excluant tout malentendu. Aucune femme ne pourrait plus prétendre s'être laissé emporter par la passion. Aucun homme ne pourrait plus prétendre qu'elle ne s'est pas exprimée clairement. Rien ne se produirait sans le consentement explicite de la femme. Mais une telle approche suppose que les femmes soient toujours sûres d'elles, qu'elles ne balancent jamais entre non et oui, que leurs désirs soient sans ambivalence et qu'elles sachent précisément jusqu'où elles veulent aller. Certaines hésitent : « Je ne devrais vraiment pas, mais c'est si bon. » Ou n'ont pas envie de mener le jeu. Et certaines ressemblent à mon amie Judy qui m'a raconté d'un air confus l'histoire suivante :

« Je l'ai invité à monter chez moi, mais en précisant bien que c'était pour boire un café, rien de plus. Je n'avais absolument pas l'intention de coucher avec lui. Pourtant avant d'aller le retrouver, ce soir-là, j'avais changé mes draps et parfumé ma chambre. J'avais mis une bouteille de blanc au frais. Et j'avais aussi — toujours sans la moindre intention — mis mon diaphragme. »

Est-ce que l'ami de Judy lui a fait des avances ? Oui.

Est-ce que Judy a résisté ? Oui et non.

Est-ce qu'il a un peu insisté ? Oui.

Est-ce que finalement elle a couché avec lui ? Oui.

Est-ce qu'elle en avait envie ou non ? Oui.

Cette histoire permet, à mon sens, de comprendre pourquoi les hommes et les femmes de l'enquête « Sex in America » ressentent aussi différemment la contrainte en matière sexuelle. Mais il me semble que leurs réponses reflètent quelque chose de plus complexe que des erreurs de décodage. Car, si les hommes de cette enquête affirment massivement n'éprouver aucun plaisir à contraindre une femme, d'autres études parviennent à des conclusions très différentes.

Prenons par exemple les réponses à une enquête effectuée auprès de 114 étudiants :

« J'aime dominer une femme » : 91,3 %.

« J'ai le goût de la conquête » : 86,1 %.

« Certaines femmes donnent l'impression qu'elles veulent être violées » : 83,5 %.

« Quand la femme se débat, ça m'excite » : 63,5 %.

« Je trouverais excitant de contraindre une femme par la force » : 61,7 %.

Une autre enquête (menée par un groupe de recherche psychanalytique de Columbia) sur les fantasmes et les comportements sexuels a montré que 44 % des hommes avaient le fantasme de violer leur partenaire, tandis que 10 % des femmes seulement avaient le fantasme d'être violées par leur partenaire. Ces chiffres laissent supposer que les hommes et les femmes n'abordent pas l'acte sexuel avec le même degré d'agressivité.

Devons-nous en conclure que les hommes — mes charmants lecteurs, nos maris et nos pères, nos fils, nos frères et nos amis — ne sont au fond que des bêtes ? Non, répond la psychanalyste Ethel S. Person, contredisant « la croyance populaire selon laquelle la sexualité masculine serait agressive par nature ». Pour elle, l'agressivité masculine n'est pas primaire mais secondaire ; elle n'est qu'un moyen de défense contre les angoisses sexuelles, ces angoisses, liées au développement psycho-physiologique du garçon, qui poussent la majorité des hommes à accorder beaucoup d'importance au pouvoir et au contrôle sexuels.

En d'autres termes, la nature profonde des hommes n'est pas bestiale. Elle est pétrie d'angoisses.

L'une de ces angoisses tient à l'idée — à la conviction, même — qu'il existe des hommes bien plus doués et bien mieux équipés qu'eux sur le plan sexuel. Et ils ont raison — ils avaient raison — puisqu'ils ont tous été ce petit garçon qui, comparant son pénis miniature à l'organe impressionnant de son père, se trouve devant le constat humiliant qu'il ne possède pas ce qu'il faudrait pour rivaliser avec lui. Nombreux sont les hommes, dit Ethel S. Person, qui donnent l'impression de ne jamais avoir dépassé ce « réel sentiment d'insuffisance génitale », — ce coup porté à leur orgueil, à leur narcissisme, qui peut leur inspirer une éternelle envie de pénis.

« Mon zizi, dit Tom, trois ans, à sa maman, mon zizi est aussi grand que le zizi de papa. Non, il est plus grand. » Il n'y a rien d'extraordinaire, quand on y pense, à ce que les garçons — et les hommes — puissent souffrir d'une envie de pénis.

Un article publié à la une du *Wall Street Journal* se fait l'écho de cette question cruciale pour les hommes — la taille de leur pénis — par l'annonce d'une nouvelle technique chirurgicale qui permet d'augmenter les mensurations du membre viril. En dépit d'un nombre inquiétant d'infections, de difformités, de problèmes de cicatrisation, d'impuissance et même de décès, la « phalloplastie » rencontre un succès considérable. « Jamais je ne m'étais senti aussi bien dans ma peau, aussi sûr de moi, dit un client satisfait. Maintenant, quand je retrouve mes patrons dans des réunions, je me dis : “ Ah, si vous aviez la moitié de ce que j'ai dans le slip. ” »

(Cette intervention me paraît beaucoup plus terrifiante qu'aucune de celles que font les femmes pour aumenter le volume de leurs seins. Je déplore simplement la tendance généralisée à penser que plus gros c'est plus beau.)

En plus des questions de taille, le garçon se trouve confronté, pendant l'adolescence, à des manifestations telles que l'érection et l'éjaculation qui lui font comprendre que son sexe possède une existence propre. La tragédie du jeune homme, d'après Ethel Person, c'est qu'il a « l'arme et les munitions, mais pas le contrôle », situation qui l'incite à faire de la maîtrise de son sexe une priorité absolue. Cette absence de contrôle, qui commence par des manifestations visibles de son excitation, ne le met pas seulement dans des situations humiliantes, elle risque aussi de se transformer, à l'âge adulte, en une angoisse permanente concernant d'autres absences de contrôle — comme l'éjaculation précoce et l'impuissance.

Le fait d'avoir eu une mère dominante provoque chez certains hommes l'extrême terreur inconsciente d'être englouti, une terreur qui peut les inciter à voir, dans toute partenaire, une « mère » dangereuse et dévoratrice. Cette terreur peut se manifester par une incapacité sexuelle — si je ne la pénètre pas ou si je jouis très vite, estime la logique inconsciente, elle ne pourra pas m'absorber. Mais cette sécurité est au prix d'une angoisse récurrente de l'érection insuffisante ou de l'éjaculation trop rapide.

Qu'ils aient, ou qu'ils n'aient pas été étouffés par leur mère, les hommes se posent beaucoup de questions sur leurs capacités sexuelles. Même le pire des tombeurs peut être tourmenté par des angoisses du style : Mon sexe n'est-il pas trop petit ? Vais-je bander ? Vais-je garder mon érection ? Saurai-je la satisfaire ? Ne va-t-elle pas me rejeter ?

« D'après mon expérience, dit la psychanalyste Karen Horney, la peur d'être rejeté, la peur d'être l'objet de railleries est une constante dans l'analyse de pratiquement tous les hommes. »

« D'après mon expérience, dit un psychanalyste qui préfère rester anonyme, l'homme qui ne se sent pas adoré a l'impression d'avoir un sexe trop petit. »

Précisant que les fantasmes sexuels reflètent souvent des peurs liées au sexe, Ethel Person note que l'un des fantasmes masculins les plus fréquents — peut-être plus fréquent que les fantasmes de domination — est celui d'une femme lubrique, perpétuellement en chaleur, trop avide de sexe, trop béante et humide pour rejeter un homme ou le trouver insuffisant. Variation sur le même thème : le fantasme très répandu de la sexualité lesbienne, — deux femmes en train de faire l'amour tandis que l'homme regarde ou se joint à elles. Pour l'homme angoissé, cette surabondance de femmes, de femmes adonnées au sexe, de femmes offertes, aux appétits insatiables, est la garantie de ne jamais être rejeté ou humilié.

Ces fantasmes sont ce qu'Ethel Person appelle des « mécanismes compensatoires » qui masquent la profonde inquiétude des hommes de se retrouver sans pouvoir, inférieurs, sans contrôle.

Si la peur d'être rejeté par les femmes se résout en grande partie au cours d'un développement normal, les inquiétudes masculines sur le contrôle du pénis et des partenaires restent un indice universel de vulnérabilité. Cette vulnérabilité, qui s'exprime parfois dans les fantasmes, peut avoir besoin de compensations plus concrètes. Les doutes de l'homme sur sa capacité d'exercer un contrôle et le besoin de l'exercer s'expriment alors à travers son pénis — à travers le pouvoir phallique.

Voyons par exemple le cas d'Aaron, un homme d'une quarantaine d'années au charme exceptionnel. Beau, amoureux de la vie et du plaisir, il est neurochirurgien et fait merveilleusement bien l'amour à la femme de sa vie qui l'adore. Mais le problème, c'est qu'Aaron a deux femmes dans sa vie. Bien qu'elles connaissent toutes deux l'existence de l'autre — et se soient même rencontrées —, il s'est arrangé pour que chacune reste avec lui dans une « relation très spéciale ». De fait, il pourrait même — si son pouvoir de séduction continue à s'imposer — les convaincre un jour de faire l'amour à trois.

La clé du pouvoir phallique réside, pour ce genre d'hommes, dans leur compétence amoureuse, compétence fondée sur le stéréotype d'un « sexe énorme, infatigable, équipant un homme sûr de lui, expérimenté, capable de se contrôler longtemps et assez expert pour rendre les femmes folles de désir ». Ce genre de surhomme peut, selon la légende, transformer la femme la plus timide, la plus vertueuse, en une esclave sexuelle extasiée et soumise, une de ces femmes qui chantent à leur homme : « Je t'ai dans la peau », « Je ferais n'importe quoi pour que tu restes auprès de moi », ou qui affirme :

> il peut me voler mes sous
> il peut me rouer de coups
> c'est mon homme...

— sentiments qui peuvent devenir dangereux pour elle.

Car la compétence sexuelle confère aux hommes un pouvoir,

celui de donner du plaisir, mais ce pouvoir peut aussi, dit-on, être perverti et devenir abusif. De fait, le psychanalyste Rollo May semble voir dans tous les don juans des brutes potentielles, puisqu'il estime que le stéréotype du mâle est « tellement sûr de lui et tellement actif que l'image du séducteur infatigable ne se différencie de celle du violeur que par le style et le degré ».

Ayant connu — pas au sens biblique du terme — un certain nombre de séducteurs infatigables, je dirai qu'à mon avis c'est le pouvoir qui les intéresse, pas le sexe. Mais je dirai aussi que leur différence avec les violeurs n'est pas seulement une question de style et de degré. Car cette idée implique que les femmes ne sont qu'une pâte molle entre les mains de certains hommes. Et que, même confrontées à une violence ou à une intimidation uniquement verbales, elles sont incapables de garder le contrôle d'elles-mêmes ou de la situation.

La définition du viol, la question de savoir quand une femme est responsable de ses actes et quand elle est contrainte, donne lieu à de vives controverses dans différents milieux. La situation où un homme menace, verbalement ou avec une arme, la femme qu'il convoite sexuellement pour en arriver à ses fins n'offre certes aucune équivoque, c'est le viol par définition. Mais quand une femme cède à l'homme qui l'a saoulée ou droguée pendant la soirée, à un homme qui l'intimide psychologiquement, à un homme qui exploite son insécurité profonde en lui disant : « Si tu ne me cèdes pas, je te quitte », peut-on parler de viol ? Est-elle victime d'un viol, la femme qui a fini la soirée presque inconsciente, celle qui a entendu l'homme prononcer — au moment suprême — un autre prénom que le sien, celle qui — le lendemain, la semaine suivante ou un an après — souhaite passionnément que la chose ne se soit pas passée ?

Ceux qui, comme moi, s'y opposent estiment qu'une définition du viol aussi large est humiliante pour les femmes qu'elle présente comme passives, naïves, impuissantes, sans volonté ni pouvoir de résister à la pression exercée par leur partenaire. De plus, ce genre de définition implique tacitement l'inappétence sexuelle des femmes. Et cette image de créatures impuissantes, asexuées, qu'il faut protéger de la bestialité masculine, ne rend hommage ni à ce que sont les femmes ni à ce qu'elles ont réalisé.

Et ne tient pas compte du pouvoir des femmes en matière de sexualité.

Mais ceux qui estiment que nous vivons dans ce qu'ils appellent une « culture du viol » affirment que toutes les femmes (si fortes et responsables soient-elles) vivent sous la menace permanente du viol, que la peur les oblige à censurer leur façon de s'habiller, de parler, de se comporter et que la peur leur fait considérer comme risquée toute forme d'indépendance. Ils soutiennent également qu'en dehors du viol proprement dit, perpétré par un étranger, il existe des viols conjugaux — ou du moins perpétrés dans le cadre d'une relation — où l'homme obtient ce qu'il veut « par l'intrigue, la contrainte, la force, en ne prêtant aucune attention aux efforts de la femme qui se refuse » ou « en la faisant boire jusqu'à ce qu'elle ne sache plus ce qu'elle fait. »

« Faire boire » la femme, disent-ils. Est-ce qu'elle ne tient pas son verre toute seule ?

« Les femmes ont tout le pouvoir sur le déroulement de la rencontre sexuelle... C'est très dangereux pour nous », affirment certains.

Tandis que d'autres, se fondant sur les statistiques du viol aux États-Unis — 97 464 femmes violées en 1995 selon un rapport du FBI —, répondent que ce sont les femmes qui sont en danger.

Le fait que certains hommes soient des violeurs, affirme la journaliste Susan Brownmiller dans une étude passionnante qu'elle a consacrée à ce sujet, « constitue une menace suffisante pour que toutes les femmes se sentent perpétuellement mal à l'aise ». Et si certaines ont provoqué des injustices en prétendant avoir été violées — les mensonges de la femme de Putiphar ont envoyé Joseph en prison ; les mensonges de certaines femmes sudistes ont fait lyncher des Noirs —, Brownmiller dénonce « les dangereux mythes masculins » concernant le viol :

Prétendre avoir été violée relève de l'hystérie ou de la vengeance.

Une femme ne peut pas être violée sans son consentement.

« Le viol c'est généralement ... une femme qui change d'avis après coup. »

Toutes les femmes, comme l'héroïne du roman d'Any Rand, *Fountainhead*, ont le désir profond d'être violées, et vivent « l'acte de possession brutal et arrogant » comme « une extase depuis longtemps désirée » :

> J'ai été violée... J'ai été violée par un voyou à tête rousse... Dans le puissant sentiment d'humiliation que lui donnaient ces mots, elle retrouvait le même indicible plaisir qu'elle avait connu dans ses bras.

Michael Kimmel, professeur de sociologie, estime que « pousser une rencontre amoureuse plus loin que ne le désire la femme, c'est déjà du viol ».

Mais si Freud avait rencontré Dominique il en aurait sans doute conclu que le viol est un désir commun à toutes les femmes.

La plupart des femmes n'apprécient pas d'être contraintes, quoi qu'en dise la poétesse Sylvia Plath qui écrit : « Les femmes adorent les fascistes/ Les coups de botte dans la figure. » La plupart n'ont pas, comme Anaïs Nin, « le besoin érotique secret » d'être violées. Et, malgré les théories psychanalytiques de Sigmund Freud, Helene Deutsch et Marie Bonaparte, les femmes n'ont ni « un masochisme érotogène primaire » (Freud), ni « le besoin profondément féminin d'être subjuguées » (Helene Deutsch), ni une sensibilité vaginale basée (selon Marie Bonaparte) sur « de violents fantasmes masochistes d'être battues ».

Pour les pionniers de la psychanalyse, l'agressivité refoulée produisait chez les filles un masochisme intense, aggravé par l'envie de pénis (elles ne pouvaient pas en avoir) et par leur défaite œdipienne (elles ne pouvaient pas avoir papa), sans compter « la perspective puis la réalité des menstruations, de la défloration, de la pénétration et de la parturition » — toutes choses qui étaient censées causer d'atroces douleurs. Déçues, abîmées, trompées, inférieures et condamnées à la souffrance physique, les filles — affirmaient ces théoriciens — devenaient des masochistes résignées, état qu'Helene Deutsch considère comme « le destin anatomique de la femme », et donc normal, désirable, réaliste et nécessaire.

Les psychanalystes d'aujourd'hui considèrent ces étonnantes théories comme sans fondement et démodées. Ils rejettent l'idée d'un masochisme féminin « normal ». Selon eux, rien ne prouve que les femmes éprouvent un plaisir particulier à souffrir. Ils voient même dans la femme masochiste une caricature de la féminité.

En d'autres termes, la réponse à la question perplexe du Dr Freud « Que veulent les femmes ? » n'est ni la soumission ni l'humiliation ni la souffrance. Et leur abandon sexuel n'est pas non plus un renoncement masochiste au contrôle.

Autre théorie obsolète, l'idée que l'instinct sexuel serait moins fort chez les femmes que chez les hommes — cela pour expliquer l'insistance des hommes et la résistance des femmes. Mais le fait qu'une femme se refuse à un homme ne veut pas forcément dire qu'elle manque d'enthousiasme pour la chose sexuelle. Elle peut simplement avoir autre chose en tête.

D'après Kimmel, même si les femmes estiment aujourd'hui avoir droit au plaisir, l'attitude des hommes qui veulent « la leur mettre » les oblige à jouer le rôle de « gardiennes des portes » et de celles qui décident « qui aura le droit de pénétrer dans le jardin de tous les délices et qui ne l'aura pas ». Entourées par ce que Kimmel appelle joliment « le bourdonnement incessant du désir des mâles », elles doivent faire preuve de discrimination. Et une femme — si désirante soit-elle — qui veut autre chose qu'un plaisir sans lendemain va devoir affirmer son contrôle en exerçant son droit de veto.

Non, je ne te connais pas assez bien.

Non, on ne s'aime pas suffisamment.

Non, les aventures ne me tentent pas.

Non, si tu n'as pas envie de t'engager.

Non, si tu ne m'offres pas un bijou.

Non, s'il n'y a pas quelque chose d'autre — que le sexe — pour moi.

Les femmes peuvent effectivement être aussi sexuelles que

les hommes — et certaines études tendent à prouver qu'elles le sont plus. Mais en dépit de leur sensualité et de leur capacité d'avoir des orgasmes prolongés et multiples, elles paraissent moins dominées, moins contrôlées par leurs désirs.

Pour beaucoup de femmes, la satisfaction sexuelle n'est pas le seul objectif quand elles s'abandonnent. Pour beaucoup de femmes, aussi portées qu'elles soient sur les plaisirs charnels, la satisfaction sexuelle n'est pas l'essentiel. Il y a beaucoup de femmes — et je ne parle pas des professionnelles — qui profitent du désir des hommes pour monnayer leur corps. Il y a beaucoup de femmes qui, en accord avec les hommes, pratiquent une sorte de troc sexuel :

> Illettré, tatoué, Baines convoite Ada, jeune fille savante et muette. Il a son piano. Elle veut le récupérer. « Est-ce que tu sais marchander ? » demande-t-il avant d'expliquer : « Il y a certaines choses que j'aimerais faire pendant que tu joues. » Et si elle consent à le laisser faire, elle pourra regagner son piano, touche après touche.
>
> « Soulève ta chemise », dit-il le premier jour. Et, le lendemain : « Défais ta robe, je veux voir tes bras. » Plus tard il lui propose quatre touches — non, *cinq* ! impose Ada dans un langage de signes véhément — si elle accepte de s'allonger sur le lit à côté de lui. Et plus tard, elle consent à s'allonger à côté de lui sans vêtements en échange de dix précieuses touches.

Cet arrangement se passe dans un film inoubliable intitulé *La Leçon de piano*, à une époque où une femme comme Ada n'avait pas d'autre monnaie d'échange, une époque où les hommes dominaient le monde et où les femmes les dominaient à travers leur pénis. Mais la pratique du troc n'est absolument pas limitée à l'époque révolue de l'avant-féminisme. Nos contemporaines sont expertes dans l'art de jouer de leurs charmes pour se faire offrir ce qu'elles auraient du mal à obtenir autrement.

Voici ce qu'écrit à Ann Landers une anonyme qui signe « Revenue de tout » :

> Même la plus stupide des femmes sait que la seule façon d'obtenir d'un mari un petit superflu c'est de le coincer quand il se fait tendre. Celles qui essaient de se faire payer un nouvel aspirateur ou un tapis persan en expliquant qu'elles en ont besoin n'ont rien compris à rien.

Cette femme est-elle tellement différente du personnage de Lorelei Lee qui, quelques dizaines d'années plus tôt, dans *Les hommes préfèrent les blondes*, usait de la même méthode, quoique pour un enjeu plus important :

> Tu vois, pour moi, un homme du monde qui s'intéresse amicalement à l'éducation d'une jeune fille... devrait souhaiter qu'elle ait le plus beau des diamants. Alors, j'ai été vraiment déçue quand il s'est présenté chez moi avec une petite chose ridicule, à peine visible. Je lui ai dit que c'était charmant mais que j'avais un fort mal de tête, que je devais rester allongée dans le noir toute la journée et que je le verrais le lendemain, peut-être... Mais il est revenu à l'heure du dîner avec un magnifique bracelet de diamants qui m'a rendu toute ma belle humeur.

Que l'enjeu soit un aspirateur, des diamants ou un piano, le prix du loyer ou un petit rôle dans un film, l'alchimie des femmes réussit toujours à transmuer en or le désir des hommes. De façon plus ou moins avouée, et qu'elles soient mariées, célibataires, vierges ou courtisanes, les femmes se servent de leur corps pour obtenir des hommes les cadeaux qu'elles désirent.

Mais ces cadeaux ne sont pas nécessairement matériels. Certaines femmes troquent leurs faveurs contre le clos, le couvert et la sécurité — « Le monde est si peu accueillant » — d'autres recherchent l'expérience — « J'ai l'impression d'apprendre la vie » —, d'autres encore veulent trouver dans leur partenaire un substitut du père ou de la mère — « Je vous jure qu'il est comme un père pour moi » — et dans la sexualité l'occasion de se faire dorloter, cajoler comme un enfant.

Beaucoup de femmes pensent que leur seul pouvoir en ce monde, le seul levier qui leur permette de contrôler quoi que ce soit, c'est le désir des hommes.

Lorsque le sexe est considéré comme une monnaie d'échange, il faut s'attendre à ce que toutes sortes de tractations précèdent l'acte lui-même. Il faut s'attendre aussi à ce que tout le monde n'y trouve pas son compte, en particulier les femmes qui prennent le risque de demander l'amour en échange de leur corps.

Tracy, une jeune fille de dix-sept ans, a couché avec Mark, non seulement par désir mais par amour, espérant que l'offrande de sa virginité « arrangerait les choses... renforcerait nos liens ». Mais son attente a été déçue car bientôt Mark a montré des signes d'agitation, s'est fait plus rare et est retourné finalement avec son ancienne amie qui, d'après Trudy, « accourait dès qu'il claquait ses doigts... qui aurait fait n'importe quoi pour lui... elle lui faisait même la fellation et des trucs comme ça ». Trudy espérait qu'une relation sexuelle ferait naître entre eux un véritable sentiment d'amour, serait le lasso qui, une fois passé au cou de Mark, lui permettrait de le contrôler, mais un terrible déséquilibre entre l'offre et la demande a lamentablement fait échouer sa stratégie.

Parmi les jeunes filles américaines âgées de dix-huit ans entre 1967 et 1969, presque 75 % étaient vierges. C'est-à-dire qu'elles avaient su résister aux avances pourtant irrésistibles des garçons.

« De quoi as-tu peur ? Ne fais pas l'enfant. C'est normal à ton âge. »

« Si tu m'aimais vraiment, tu le ferais. »

« C'est vraiment pénible pour un garçon d'être excité comme ça et de ne pas pouvoir se soulager. »

« C'est excellent pour le teint. »

« Je n'ai jamais désiré quelqu'un autant que je te désire. »

« Ce serait vraiment terrible si tu mourais dans un accident sans avoir connu le grand frisson. »

« Y'a rien de mieux pour se détendre. Tu verras, tu seras complètement relaxée après. »

« Tu as un corps de femme. Si la Nature t'a faite sexuée, ce n'est pas pour rien. »

« Allez, laisse-toi faire. Ça ne sera pas long. »

Et, si l'on me permet d'évoquer un vieux souvenir personnel, voilà ce que m'a dit jadis un garçon qui avait sans doute trop vu de films d'espionnage : « Ça restera un secret entre nous. Même sous la torture, je ne dirai rien. »

Malgré ces déclarations d'un romantisme échevelé, malgré les sollicitations de la chair, ces jeunes filles des années soixante n'ont pas cédé, elle ont dit « non » au coït. Mais la révolution sexuelle est arrivée et elle s'est installée. Entre 1979 et 1981, sur 400 jeunes filles interrogées, plus de la moitié avaient déjà franchi le pas l'année de leurs dix-huit ans. De plus, la sexualité étant alors considérée comme aussi agréable et aussi normale pour les filles que pour les garçons, celles qui avaient des rapports sexuels le faisaient pour elles-mêmes, pas pour leur copain. Le consentement de la fille n'étant plus considéré comme un sacrifice, n'étant plus une denrée monnayable, son « oui » (qui restait, pour la plupart des filles, pas facile à dire) perdit beaucoup de sa valeur dans le marchandage entre les deux sexes.

« Ils ne comprennent pas qu'une fille puisse dire non, dit Tracy sur le ton du regret. Et vous savez pourquoi ? Parce que tellement de filles disent oui. »

Il est vrai que dans des temps plus virginaux une fille risquait de perdre l'homme qu'elle aimait en se donnant à lui. Car si c'était, pour elle, un premier pas vers le mariage, l'homme pouvait cesser de la respecter et se dire : « Pourquoi acheter la vache quand je peux avoir le lait gratis ? » Il est vrai également qu'aujourd'hui encore les filles n'aiment pas être considérées comme des « marie-couche-toi-là ». Et pourtant, les hommes trouvent si facilement du lait gratis que les filles ont du mal — et les femmes mûres plus encore — à préserver leur valeur sur le marché du sexe. Celles qui espèrent trouver l'amour en échange de leur corps risquent fort d'être, comme Tracy, victimes de leurs illusions.

Je ne veux pas dire pour autant que le désir d'une relation amoureuse soit exclusivement féminin, que les filles rêvent d'amour alors que les garçons n'ont qu'une liste de leurs conquêtes à la place du cœur. La passion romantique, ces élans conjugués de l'âme et du corps, atteint les Roméo autant que les Juliette et les rend à leur tour (bienvenue au club) possessifs, jaloux, languissants, désespérés.

Voilà ce que dit David :

> J'ai essayé de regarder en face mon impuissance, mon incapacité de continuer à vivre, de recommencer. Mais la vérité, c'est que je n'avais ni le désir ni la volonté de recommencer à vivre. Tout ce que je voulais, c'était ce que j'avais déjà eu. L'exultation, l'amour. Je m'y sentais chez moi alors que partout ailleurs j'étais de passage... Il aurait mieux valu que Jade et moi nous découvrions plus tard, à un âge où nous aurions mieux compris la valeur de notre rencontre... J'avais du mal à admettre, et ça me faisait très peur, que la chose la plus importante de ma vie, la chose qui était ma vie, me soit arrivée quand je n'avais pas encore dix-sept ans.

En devenant des hommes et des femmes, garçons et filles apprennent qu'ils possèdent, avec la sexualité, un pouvoir qui peut aussi les posséder, le pouvoir que confèrent beauté, jeunesse, chair ferme et peau de velours mais aussi d'autres aphrodisiaques comme l'argent, la célébrité, le statut social ou la réussite ; le pouvoir que confèrent les talents amoureux, ces talents qui soumettent les rois aux caprices des courtisanes ; le pouvoir bouleversant que peut avoir un sourire esquissé, certaine façon d'incliner la tête ou de chanter faux. C'est un pouvoir auquel on succombe, abandonnant les rivages terrestres pour plonger dans les remous du plaisir et découvrir les extases de la chair. C'est aussi un pouvoir qui peut se transformer en arme, observe la psychologue Althea Horner, « une arme qu'on manie de façon à contrôler les autres ».

Les hommes ont un pouvoir sur les femmes parce que, si l'une se refuse, ils iront chercher ailleurs.

Les femmes ont un pouvoir sur les hommes puisque c'est à elles que revient la décision finale, oui ou non.

Les hommes ont un pouvoir sur les femmes parce qu'ils sont physiologiquement capables de viol.

Les femmes ont un pouvoir sur les hommes puisque, si elles le désirent, elles peuvent les accuser de viol.

Les hommes ont un pouvoir sur les femmes parce qu'ils séduisent les femmes en leur faisant des cadeaux.

Les femmes ont un pouvoir sur les hommes puisqu'elles se font offrir des cadeaux en échange de leurs faveurs.

Au vu de cette liste, on peut conclure qu'en ce qui concerne le pouvoir sexuel, les hommes comme les femmes ne disposent que d'un contrôle limité.

Il y a néanmoins des injustices qui font pencher la balance du pouvoir sexuel du côté des hommes.

Car, d'après l'enquête « Sex in America », plus les femmes vieillissent, plus il leur devient difficile de trouver des partenaires, à la fois parce qu'il y a moins d'hommes disponibles et parce que ces derniers préfèrent généralement les femmes plus jeunes. Voyons ce que dit la statistique :

Pour *cent femmes* entre trente-cinq et trente-neuf ans, de race blanche, ayant fait des études secondaires, il n'y a, aux États-Unis, que *trente-neuf hommes* d'âge et de niveau de culture équivalents qui soient également blancs et célibataires. Si l'on prend cent de ces hommes, selon les calculs des démographes, ils disposeraient donc de deux cents femmes chacun.

Pour ce qui est de la tendance des hommes d'un certain âge à choisir des femmes plus jeunes, voyons l'exemple de ce chauffeur de taxi avec sa bedaine, sa calvitie plus que naissante, ses dents pourries et ses soixante-huit ans :

> Vous trouvez ça injuste, pas vrai ? Eh bien oui, c'est injuste. Je n'ai pas envie de sortir avec des femmes de soixante ans. Et vous savez pourquoi ? Parce qu'elles ont le corps aussi ramolli que moi. Et moi, j'ai le choix. Je touche une pension confortable comme ancien pompier en plus de

ce que je gagne en faisant le taxi. Avec ça, je peux me payer des femmes jeunes. Oh, je sais bien qu'elles ne sortent pas avec moi pour mon physique. Mais les femmes de mon âge sont bien plus mal loties encore. Elles n'ont ni argent ni travail. Si vous voulez mon avis, il faut avoir quelque chose d'autre à offrir quand le corps commence à se déglinguer.

Effectivement, les femmes mûres ont beaucoup plus de mal à trouver acquéreur sur le marché du sexe. Et j'en connais d'extraordinaires. Des veuves et des divorcées pleines de charme, d'esprit et d'intelligence, des femmes équilibrées, bien dans leur peau, séduisantes qui — à cinquante, soixante, soixante-dix et même quatre-vingts ans — ont de l'allant, beaucoup d'humour et des dents solides. Et la plupart d'entre elles aimeraient bien vivre avec un homme, mais elles n'en rencontrent pas souvent. Et, si aucune de celles que je connais ne choisirait ce rustre de chauffeur de taxi, presque toutes aimeraient se caser.

Elles sont prêtes, elles attendent, et pas un homme ne se présente.

Oui, l'âge crée une inégalité. Sans compter qu'à tout âge, comme nous l'avons vu, les femmes sont plus nombreuses que les hommes à rechercher l'amour. À rechercher, non des plaisirs passagers mais une relation stable.

Quelques petites annonces extraites de la rubrique « rencontres-vie commune » :

Créative, intelligente, drôle — et belle... 40 ans, non fumeuse, cherche compagnon spirituel, talentueux, tendre et sérieux... *prêt à s'embarquer vers un avenir durable*.

Femme séduisante, tendre et sportive — cherche relation sincère — *pas sérieux s'abstenir*.

Dame 56 ans, belle, séduisante, beaucoup de classe... cherche compagnon séduisant, romantique *pour relation durable*.

> Ravissante rouquine romantique, taille 42, cherche compagnon *pour faire une longue route ensemble*.

J'ignore si ces appels poignants ont été entendus, mais mon amie Meg, elle, a eu un succès extraordinaire avec sa petite annonce. Elle disait : « Belle femme intelligente, prof. libérale, cherche amant pour la consoler, sans avenir. » Cette formule magique irrésistible, ce « sans avenir » est sans doute ce qui explique le déluge de réponses (soixante-quinze !) envoyées par des hommes ravis de n'avoir pas à s'investir.

Les auteurs de l'enquête « Sex in America » concluent : « Quand les femmes se plaignent de ce que les hommes qu'elles rencontrent ne souhaitent pas s'engager dans une relation à long terme, il semble qu'elles aient raison... Quand les hommes signalent que leurs maîtresses essaient toujours de les pousser à s'engager... ce n'est pas sans raison. » On devine un gouffre énorme entre ce que veulent les femmes et ce que veulent les hommes. Et pourtant... Et pourtant...

Pourtant, même si les hommes se cabrent souvent contre la conception féminine de l'amour, il se forme encore des couples. Le sexe-plaisir ne dure qu'un temps. Le sexe-amour ne résout pas tous les problèmes mais il peut calmer le jeu de pouvoir entre les partenaires et mettre un terme au marchandage sexuel.

Dans *La Leçon de piano*, par exemple :

> Baines tombe amoureux d'Ada, ce qui met fin à leur négociation coquineries-contre-touches-du-piano. « Ça fait de toi une putain et de moi un scélérat », dit Baines qui avoue : « Mon esprit est tout rempli de toi. Je ne peux pas penser à autre chose. Je suis malade de désir. Si tu n'éprouves rien pour moi, alors pars... pars... pars. Va-t'en. Quitte-moi. »

Elle ne le quitte pas.

Après bien des difficultés, Baines et Ada se mettent à vivre ensemble. La dernière fois que j'ai vu le film, ils étaient toujours très heureux. Si ce passage d'un érotisme torride à la félicité domestique vous apparaît comme une déchéance, vous serez surpris par cette découverte de « Sex in America » : parmi les enquêtés, « les plus satisfaits, sur le plan sexuel comme sur le plan émotionnel » étaient... « les couples mariés. »

Un petit garçon demande à son papa et à sa maman comment on fait des enfants. Les parents se lancent dans une description détaillée des organes génitaux et de leur fonctionnement, de l'ovulation et de la fécondation, mais le gamin lassé par ce cours d'anatomie les interrompt : « D'accord, d'accord... mais est-ce que c'est amusant ? »

Les parents se regardent en souriant, et le souvenir de leurs ébats de la nuit passée fait briller leurs yeux. « Oui, répondent-ils très émus à leur fils, c'est amusant. »

Mais si les relations sexuelles d'un couple peuvent être une fête des sens, la fusion extatique de deux corps et de deux âmes, même si la régularité des rapports est une source d'équilibre et de satisfaction pour les deux partenaires, le sexe reste un des problèmes courants des couples mariés. Et ce problème tient essentiellement aux enjeux de pouvoir et de contrôle que fait naître la relation sexuelle. Car dans le couple :

Qui décide de la fréquence des rapports ?

Qui décide de ce qui est faisable ou non ?

Peut-on perdre tout contrôle ?

La fréquence des rapports est effectivement une question de pouvoir. Est-ce la femme ou l'homme qui va en décider ? Si l'homme a envie de faire l'amour tous les soirs et si la femme n'en a envie qu'une fois par semaine, que se passe-t-il quand c'est toujours sa volonté à lui — ou à elle — qui l'emporte ? Quand les désirs des deux partenaires sont très différents, que se passe-t-il ?

« Je ne me refuse jamais à mon mari », dit Leona qui considère cela comme son devoir d'épouse.

« Je ne le fais que si j'en ai vraiment envie », dit Ruth qui a horreur des compromissions.

« Il a rarement envie, mais je ne dis rien », dit Caroline qui a peur de froisser son mari en réclamant.

« Je ne m'imposerais jamais à elle », dit Edward qui aimerait bien des rapports un peu plus fréquents mais dont la femme lui fait facilement sentir qu'il exagère.

Leona, Edward et Caroline, ainsi que le mari de Ruth, s'adaptent à un conjoint qui contrôle la fréquence de leurs relations sexuelles. Mais d'autres vivent beaucoup plus mal ce qu'ils perçoivent comme des demandes sexuelles excessives — ou des refus. Le partenaire qui est trop souvent repoussé peut se sentir courroucé, frustré, rejeté, il peut avoir l'impression d'être « un animal ». Le partenaire qui refuse le plus souvent peut se sentir coupable, soumis à une pression ou à la contrainte psychologique. Ne rien dire même quand on a des envies ou avoir des rapports sans désir sont parfois des solutions de compromis acceptables, parfois des catastrophes. Et parfois, comme en témoigne Edith, c'est tout simplement exténuant.

Brent, le mari d'Edith, est doté d'un appétit sexuel vorace qui demande à être satisfait tous les jours, plusieurs fois par jour si possible. Edith, qui considère qu'« une femme doit préparer une omelette pour son mari même quand elle-même n'a pas faim », est positivement éreintée à force de faire des omelettes. Et pendant que son mari continue à l'entreprendre tous les soirs, elle ne rêve que d'une bonne nuit de sommeil réparateur.

Mais, pour ceux qui penseraient que les maris sont toujours en demande et que les femmes toujours se refusent, voici ce que raconte à Ann Landers une femme qui signe « Moins que zéro » :

> Mon mari ne me désire plus. Ces dernières années, il ne m'a fait l'amour que quand je le lui demandais. J'ai essayé d'en discuter avec lui. J'ai supplié, j'ai pleuré, j'ai gardé le silence. Il m'a dit un jour qu'une femme ne devrait pas se montrer agressive, alors j'ai décidé d'attendre qu'il fasse le premier pas. J'attends toujours. Le mois prochain, cela fera deux ans que nous n'avons pas fait l'amour.

Une autre écrit : « C'était humiliant de le lui demander, mais je l'ai fait. Il m'a dit qu'il était fatigué et il s'est retourné contre le mur pour dormir. » Une femme qui signe « La folle » observe qu'« il n'est pas normal pour un homme de trente-huit ans d'être trop fatigué pour l'amour, même s'il a travaillé très dur toute la journée ». Et une autre se demande « d'où sortent tous ces hommes fatigués ? Quand j'étais célibataire, je ne rencontrais jamais d'hommes trop fatigués pour quoi que ce soit ».

La façon dont les couples règlent la question des avances et des rebuffades, disent les sociologues Philip Blumstein et Pepper Schwartz dans leur intéressant ouvrage *American Couples*, « peut être très révélatrice. Elle permet de mesurer le degré de pouvoir ou de dépendance de chaque partenaire et de voir les différentes façons dont chacun procède pour contrôler l'autre grâce au sexe ».

Le schéma traditionnel est (encore ! ! !) que les hommes prennent — plus souvent — l'initiative tandis que les femmes se refusent — plus souvent. Lorsque les rôles sont régulièrement inversés, cela donne lieu à des problèmes liés aux peurs que le mari « abdique sa virilité » ou que la femme « porte la culotte ». Si le schéma traditionnel se maintient, c'est parce que l'initiative sexuelle est associée à la domination, et que la domination est associée à la virilité. Et aussi parce que les hommes ressentent moins le rejet comme une insulte que les femmes. Pourquoi ? Quand l'épouse dit « non », le mari peut attribuer son refus au fait qu'elle a (théoriquement) moins de besoins qu'un homme. Quand le mari refuse, puisqu'il est (théoriquement) toujours prêt à passer à l'acte, la femme éprouve son refus comme un affront personnel.

(En réalité, ai-je besoin de le rappeler, l'homme n'est pas toujours prêt pour le coït, et c'est pour ça aussi, sans doute, qu'il demande quand c'est le moment pour lui.)

Étant donné tout cela, on comprend aisément que l'égalité sexuelle ressortisse à un équilibre improbable. Mais quand l'équilibre est atteint, tout va bien. Maris et femmes, disent Blumstein et Schwartz, ont une vie sexuelle plus heureuse quand ils partagent équitablement le contrôle sexuel.

En ce qui concerne les activités des couples au lit, *American Couples* révèle un fait intéressant : plus une femme a de pouvoir dans le ménage, plus elle prend souvent la position dominante pendant le coït. Et cela parce que, semble-t-il, la position haute, qui permet de mieux contrôler les mouvements, est associée à la notion de domination. Donc, quand le pouvoir est également réparti dans le couple, la femme est plus souvent en position haute.

La sexualité orale — fellation et cunnilingus — est aussi liée à des images de pouvoir. Certains la refusent ou s'y résignent à contrecœur parce qu'elle mettrait en position de soumission, d'infériorité, même. Il est vrai que certains hommes et certaines femmes considèrent cette forme d'hommage comme une preuve de leur pouvoir. À l'inverse, certains hommes et certaines femmes disent y éprouver un fantastique sentiment de puissance.

« Quand je lui fais ça, dit un mari, j'ai la sensation de la contrôler... Elle, elle ne contrôle plus rien. »

« Quelquefois, quand je le prends dans ma bouche, je me sens puissante... Donner du plaisir vous met dans une position de pouvoir par rapport à l'autre », dit une épouse.

Une autre rétablit l'équilibre en disant que la sexualité orale donne un sentiment de puissance aux deux partenaires. « Je crois qu'il aime tellement ça, dit-elle en parlant du cunnilingus,... parce que c'est le seul moment où il peut me contrôler. » Mais elle ajoute qu'elle-même se sent alors « puissante, totalement femme, dominatrice ».

Les femmes acceptent parfois des actes sexuels peu conventionnels parce qu'elles sont sous le contrôle de leur mari. Audrey, par exemple, à qui son mari a fait clairement comprendre que, si elle refusait la sodomie, il en trouverait une autre qui accepterait. Cassie, inquiète depuis que son mari a déclaré que leur vie sexuelle manquait de fantaisie, a des courbatures à force de faire l'amour dans la baignoire. Et, à la demande de son mari, Martha prend des poses obscènes, déguisée en putain, avec maquillage excessif, talons aiguilles et porte-jarretelles parce que c'est lui qui tient les cordons de la bourse et qu'il lui fait des cadeaux somptueux quand elle consent à cette mise en scène.

(Pourquoi certains hommes demandent-ils à leur femme de porter des costumes inhabituels ou des uniformes et de se soumettre à diverses perversions ? L'une des explications serait qu'il s'agit d'une revanche inconsciente. Ils recréeraient — en l'inversant — une situation d'enfance où ils étaient impuissants et soumis au contrôle agressif d'autres personnes.)

Les hommes aussi peuvent se sentir obligés de faire des choses qui ne leur plaisent pas, comme M. D, un homme dont la maîtresse, une institutrice bonne chrétienne, lui a expliqué qu'elle ne serait pas pleinement satisfaite sexuellement s'il ne gardait pas son casque intégral au lit. « C'est pas un peu bizarre ? s'étonne M. D. dans une lettre à Ann Landers. J'envisage d'épouser la demoiselle, mais je ne vais pas faire ça toute ma vie. »

Le contrôle de ce que fait un couple sexuellement peut devenir un problème quand l'homme supporte mal les conseils de sa femme — « elle me donne sans arrêt des directives : " touche-moi ici, fais-moi ça " » — et quand la femme lui reproche de ne pas tenir compte de ses instructions — « il se fout complètement de mes besoins ». Les femmes se sentent aujourd'hui plus libres de demander ce qu'elles désirent, mais un homme sexuellement peu sûr de lui (ou dont la femme exagère les « un tout petit peu plus à gauche et doucement, tout doucement ») peut trouver ses instructions humiliantes, contraignantes ou trop directives.

La fréquence et la nature de nos rapports sexuels ont un rapport certain avec le pouvoir, de même que nos angoisses liées à l'abandon, à la perte de contrôle. Certaines femmes, habituées à soigner leur image, soucieuses de paraître séduisantes et posées ont peur qu'une passion incontrôlée ne les révèle sous un jour peu flatteur, ne dévoile ce qu'elles sont en réalité, ne les humilie. Et si elles sont parfaitement capables d'avoir des orgasmes quand elles sont seules avec leur vibromasseur, elles n'en ont pas avec leur partenaire sexuel, même (ou surtout) quand c'est leur mari.

Bea, par exemple, n'a jamais d'orgasmes avec son mari qui, selon elle, a un trop petit pénis et la sollicite trop souvent. C'est du moins comme cela qu'elle expliquait son problème. Mais elle commence à comprendre qu'elle se retient de peur que son mari n'essaie de la contrôler comme sa mère l'a toujours fait et continue à le faire. Et Bea prend peu à peu conscience du fait que son mari n'est pas sa mère et n'a aucune envie de l'être.

Pour Eve, la peur de la passion amoureuse remonte à l'enfance et aux cajoleries sexuelles de son père — pour lequel elle éprouvait un désir coupable soigneusement refoulé. Aujourd'hui, dans le lit conjugal, Eve associe encore le désir sans retenue à l'idée d'un grave danger, danger qu'elle élude en ne s'autorisant pas à avoir des orgasmes.

Il y a des femmes, et des maris aussi, dit le psychanalyste David Scharff, qui ont peur de « devenir les otages... de leurs ardeurs sexuelles », qui craignent inconsciemment d'être piégés, engloutis ou vaincus par le plaisir que leur donnerait leur partenaire. Certains couples qui entreprennent une thérapie parce que les problèmes sexuels nuisent à leur entente découvrent parfois qu'une meilleure sexualité ne fait qu'empirer les choses car, pour l'un des deux ou pour les deux, l'abandon du corps aux plaisirs charnels constitue une perte de contrôle vécue comme intolérable.

Dans son exposé des « Huit étapes de l'homme », Erikson définit comme la cinquième étape de notre développement le moment où nous commençons à consolider notre personnalité. À la sixième étape, qu'il appelle « Intimité ou isolement », nous acquérons la capacité d'unir notre identité à celle de l'être aimé. La peur de nous perdre dans l'union sexuelle et l'orgasme peut nous amener à refuser ces expériences. Et si nous avons peur que la passion nous rende horriblement vulnérables, ce n'est pas sans raison. Mais on ne peut pas connaître ce que Lawrence appelle « les orgasmes sauvages de l'amour », « le chaos furieux de l'amour », sans prendre le risque de dissoudre les frontières du moi. On ne peut pas connaître les folles extases de la passion amoureuse si on ne se risque pas à abandonner tout contrôle.

Mais quand nous abandonner et quand nous reprendre ?

Quand faire quoi et à quelle fréquence ?

Comment décider si c'est la chose à faire — et avec qui ?

Comment abdiquer tout contrôle et rester en même temps responsable de nos actes ?

Comment réunir sexe et amour dans la même chambre ?

Quand suivre sans hésitation nos appétits et aller où notre corps veut nous conduire ?

Et quand, par calcul, autoprotection ou respect de soi, au nom du bon sens ou de nos angoisses, quand refréner les élans du corps et dire tout simplement « non » ?

Dans nos rapports avec le pouvoir du sexe nous pouvons

osciller constamment entre les extrêmes de l'abandon et de la retenue, nous confronter à des désirs contradictoires — être fous ou sensés, prudents ou imprudents, libres et non libres — car le contrôle sexuel qui est le nôtre et que nous exerçons à la fois sur nous-mêmes et sur nos partenaires sera toujours, ne peut être qu'imparfait.

5

Le pouvoir dans le couple

> Il est presque impossible, à notre époque, de parler d'amour, de sexe, d'union ou de mariage sans penser au pouvoir.
>
> Michael Vincent Miller, *Intimate Terrorism*

La passion sexuelle, l'abandon provisoire de tout contrôle est l'un des grands plaisirs de la vie à deux. Mais s'abandonner, ce n'est pas rien. Au lit, chacun veut avoir son mot à dire sur le nombre et la nature des rapports sexuels. Et au sortir du lit, les questions de pouvoir se posent avec une fréquence et une intensité qui risquent de nous surprendre.

Car, au moment de nous engager avec l'élu(e) de notre cœur, les mots de « contrôle » et de « pouvoir » ne nous viennent pas spontanément à l'esprit. Celui d'égalité ? Oui. Nous sommes égaux bien sûr, répondrions-nous sans hésiter si on nous posait la question. Et en cas de conflit, pourrions-nous ajouter, nous réglerons la question dans le calme et le respect de chacun. Aveuglés par l'amour, nous sommes très loin d'imaginer que des luttes de pouvoir vont nous opposer, que chacun va, consciemment ou non, vouloir, revendiquer, s'arroger le contrôle de la relation.

Certains se satisferont d'un contrôle partiel, tandis que d'autres voudront tout contrôler, mais tous nous chercherons à affirmer notre pouvoir dans le cadre de la relation.

On veut un pouvoir de décision sur la façon dont l'argent est dépensé, sur l'endroit où partir en vacances, sur le partage des tâches.

On veut avoir son mot à dire sur la vie de l'autre — sur ce qu'il fait, porte, pense et dit.

On veut aussi un pouvoir sur la gestion du temps, sur le temps passé ensemble et sur le temps passé séparément.

L'ensemble de l'entreprise maritale nous concerne et nous voulons participer à toutes les décisions.

Mais nous pouvons aussi redouter le contrôle que va exercer sur nous notre partenaire.

« C'est au sein de la famille, écrit Phyllis Rose dans *Parallel Lives*, que se forment nos attentes concernant le pouvoir et de l'impuissance, l'autorité et l'obéissance. » Quand nous formons à notre tour une relation, nous y apportons ces attentes, avec la charge de peurs, de ressentiment et de besoins qu'elles véhiculent. Mais nous sommes souvent inconscients de l'importance de notre passé dans ces questions de contrôle. Et nous ne voyons pas toujours, quand les conflits de pouvoir commencent à surgir, que nous répétons avec notre conjoint les querelles de nos jeunes années.

Je ne laisserai personne me dire ce que je dois faire.

Je ferais tout ce que tu veux si tu jures de ne pas me quitter.

Ta part de gâteau est plus grosse que la mienne.

C'est à moi — rien qu'à moi — et je ne partage pas.

Même si nous ne prononçons pas réellement ces phrases, même si nous ne reconnaissons pas la nature de nos sentiments, ce sont nos anciennes batailles pour l'autonomie, notre peur de la dépendance, la rivalité entre frères et sœurs qui se trouvent au cœur de nos luttes de pouvoir.

« Le mariage et autres formes d'union contractées à l'âge adulte, écrit le thérapeute Michael Vincent Miller, auteur d'un ouvrage provocateur intitulé *L'Amour terroriste*, ressuscitent les phases critiques des rapports avec les autres, depuis les premiers indices de séparation du bébé d'avec ses parents jusqu'aux efforts des adolescents pour affirmer une personnalité autonome tout en gardant une relation intime avec les autres. »

Dans un monde psychologiquement parfait, nous viendrions l'un vers l'autre sans désir de prendre le pouvoir, libres de nos expériences antérieures de dominance et de soumission, sans crainte d'être soit étouffé soit abandonné. Nous n'aurions nul besoin de compenser un sentiment d'impuissance ancien par une attitude autoritaire. Nous ne verrions pas l'amour comme un vulgaire esclavage, ni notre partenaire comme un père qui restreint notre liberté ou une sœur envahissante. Mais même dans le meilleur des mondes, la vie à deux empiète sur la liberté individuelle, exige qu'on cède, qu'on fasse des concessions, qu'on abdique en faveur de l'autre un pouvoir qu'on aurait préféré garder. Même dans la relation la plus parfaite, il faut lutter pour maintenir l'équilibre entre pouvoir et capitulation.

« Contente-toi d'obéir », dis-je à mon mari, Milton, (presque) sur le ton de la plaisanterie, quand je veux qu'il fasse quelque chose qui ne lui convient pas ou d'une manière qui ne lui plaît pas. « Est-ce que cela mérite une discussion ? » lance mon mari d'un ton agacé quand je proteste contre quelque chose qu'il veut me faire faire. « Pourquoi, ai-je bougonné un jour où nous étions encore en train de nous disputer à propos d'une traite à payer (ou du type de vinaigre à mettre dans une sauce), pourquoi toi et moi n'avons-nous pas épousé quelqu'un de plus docile, de plus malléable ? — Parce que, a répondu Milton, ni toi ni moi ne respecterions quelqu'un qui ferait nos quatre volontés. »

Je connais deux couples qui n'ont apparemment pas de problèmes de cet ordre. Elle lui dit : « Fais comme tu veux, ça m'est vraiment égal. » Il lui dit : « Je suis d'accord si tu es d'accord. » Ils n'ont pas d'opinion nettement arrêtée à propos de tout. Ils ne tiennent pas systématiquement à avoir raison. (Je n'ai pas encore décidé si ces couples étaient réellement adultes ou simplement dépassionnés.) Il y a aussi les couples heureux où les positions par rapport au pouvoir s'équilibrent parfaitement, celui qui rêvait d'abdiquer tout pouvoir ayant eu la chance d'épouser un « chef ». Mais, dans l'ensemble, nous avons énormément de mal à abandonner une partie de notre contrôle. Et pour certains, cet abandon peut être vécu comme une défaite, une humiliation, une faiblesse intolérable, une menace pour leur sécurité et même pour leur intégrité personnelle.

« L'amour est source d'anxiété..., dit Michael Miller. Il faut sortir de soi pour aimer quelqu'un d'autre, et cela apparaît toujours comme un danger. » Danger plus grave encore pour ceux qui ont déjà l'expérience de l'abandon ou de la trahison. Mais « l'anxiété des amoureux » suscite de toute façon des craintes concernant le pouvoir, le contrôle.

Quelles sont les décisions qui m'appartiennent ?

Quelles sont les décisions qui appartiennent à l'autre ?

Quand devons-nous prendre les décisions en commun ?

Qui aura le dernier mot ?

Qui contrôle le couple ?

Pour qu'un mariage soit réussi, estime le psychiatre John Toews, il faut à la fois « être très proche de son partenaire et sauvegarder — augmenter, même — sa part d'autonomie ». Vous ne trouvez pas cela très difficile ? Moi si. Car enfin l'autonomie suppose, d'une part, de ne pas être contrôlé par les autres, d'autre part, de faire ses choix et d'assumer seul la responsabilité de ses choix. L'union entre deux êtres est fondée, elle, sur le partage, l'interdépendance, la prise en commun des décisions. En comparant ces deux définitions, ces deux états admirables quoique conflictuels, on comprend qu'une foule de problèmes puissent se poser. On voit bien comment, incapables de concilier union et autonomie, les partenaires d'un couple peuvent s'opposer dans d'interminables discussions, perdre toute possibilité de négocier de façon constructive, en arriver à des conflits majeurs — sans compter les conflits mineurs — sur la question du pouvoir.

Le mari (qui part en voyage d'affaires) à la femme : À demain !

La femme au mari : Appelle-moi quand tu arrives.

Le mari : Je serai probablement trop occupé.

La femme : Tu peux trouver le temps de me téléphoner.

Le mari : Je ne pars que pour vingt-quatre heures.

La femme : J'aimerais bien quand même que tu m'appelles.

Le mari : Mais tu te prends pour qui, pour ma mère ?

Nous vivons tous ce genre de conflits — à la fois intérieurs et relationnels — entre union et autonomie. Mais il semble largement admis que les hommes (à cause de leur histoire) tendent à préférer l'autonomie à l'union, alors que les femmes (à cause de leur histoire) préfèrent souvent l'union à l'autonomie. Chacune de ces attitudes a ses avantages et ses inconvénients, ses points forts et ses points faibles. Mais il me semble que la préférence des hommes pour l'autonomie leur donne un avantage dans la relation amoureuse.

Dans *American Couples*, Blumstein et Schwartz parlent de ce qu'on appelle « le principe de moindre intérêt », selon lequel « la personne la moins amoureuse, dans une relation, est en position dominante parce que l'autre va faire des efforts et des sacrifices pour éviter que la relation ne se rompe. Celui qui s'engage le plus abandonne le pouvoir à l'autre, moins concerné ». Pour aller plus loin, je dirai qu'à mon avis, les femmes, étant plus déterminées à protéger la relation, sont souvent celles qui font « des efforts et des sacrifices ». Et, en choisissant l'arrangement et le compromis au nom de l'harmonie du couple, les femmes cèdent aux hommes une part importante de leur pouvoir.

Dans *The Good Marriage*, Judith Wallenstein raconte comment sa fille réagit en apprenant qu'elle est nommée professeur dans une université, poste qui l'oblige à partir loin de chez elle et qui contraint son mari, universitaire lui aussi, à interrompre une carrière brillamment commencée.

« " Tu comprends, maman ", explique-t-elle, " même si nous sommes égaux, Ed et moi, certaines choses sont plus égales que d'autres. Quand une femme envisage de faire déménager toute la famille pour son boulot, elle pense aux problèmes que ça va poser à son mari et à ses enfants. Les femmes ont la responsabilité du bonheur de tous et de chacun dans la famille, et elle se sentirait coupable de les déraciner. " Elle soupire. " Ce n'est pas juste mais c'est comme ça. Les hommes trouvent tout à fait normal que femmes et enfants s'expatrient pour les suivre. Et c'est effectivement ce qui se passe. " »

Être responsable du bonheur familial implique parfois de faire passer ses propres besoins après ceux des autres. Et même dans les couples modernes, ce sont généralement les femmes qui choisissent d'assumer ce rôle.

Car, même dans les couples modernes, il faut un « chef d'entreprise », et c'est presque toujours la femme. Le genre de contrôle dont elle dispose alors n'est pas destiné à assouvir son désir de pouvoir, il lui permet simplement de veiller à ce que tout se passe bien dans la famille. Si je regarde autour de moi, pratiquement toutes les familles où tout marche « comme sur des roulettes » sont essentiellement gérées par la femme.

La femme rappelle à son mari que ce serait gentil d'appeler sa mère pour lui souhaiter bonne chance la veille de sa coloscopie. Elle lui demande gentiment de ne pas froncer les sourcils en se raclant la gorge quand sa fille trop dodue reprend une part de gâteau. Elle rappelle aux enfants que mercredi prochain c'est l'anniversaire de Papa. Et elle suggère à son grand fils de ne pas jouer comme une brute quand son père le défie au tennis. Un sourire, un compliment, un conseil : les antennes de la mère de famille sont toujours tendues, pour éviter que l'un soit vexé ou qu'un autre continue à faire la tête. Dans l'intérêt supérieur de l'harmonie générale, beaucoup de femmes, sans jouer de leur pouvoir à des fins personnelles, assument régulièrement le contrôle de la famille.

Malgré cette propension des femmes à assurer le bon fonctionnement de la famille, *American Couples* révèle un fait inattendu : en vieillissant, les femmes ont tendance à vouloir passer plus de temps sans leur mari, alors que les maris — en vieillissant — auraient tendance à se rapprocher de leur femme. Cette contradiction apparente est facile à comprendre, dit Deborah Tannen, professeur de linguistique, quand on songe à la fatigue que cela représente d'être sans cesse en train de vouloir arranger tout le monde. Effectivement. Au bout de quelques années, on peut avoir envie de souffler et de prendre quelque distance.

Des femmes m'ont raconté le plaisir qu'elles ont — quand leur mari s'absente — à vivre comme elles l'entendent, à décider ce qu'elles veulent manger, quand elles veulent se coucher, qui elles veulent voir et où elles ont envie d'aller, à organiser leur emploi du temps. Elles savourent leur liberté, la possibilité de « passer à l'acte sans avoir à demander d'abord l'avis de leur mari ». En d'autres termes, elles sont heureuses de récupérer, pendant un petit moment, le pouvoir de gérer leur temps à leur manière, sans s'occuper des autres.

Car, si les femmes sont souvent la moitié la plus accommodante du couple, cela ne veut pas dire qu'elles n'aiment pas leur indépendance. Ni qu'elles soient des saintes ou des martyres. Ça ne veut pas dire non plus qu'elles aient moins de pouvoir. Quand un homme et une femme s'unissent, l'un des deux — par nature et par culture — est parfois nettement plus fort ou plus faible que l'autre. Il (car c'est parfois l'homme) peut être plus en demande, plus dépendant affectivement. Il (et c'est parfois la femme) peut avoir plus de facilité à gérer les choses, à prendre des responsabilités. Des facteurs extérieurs — comme la richesse, la beauté, la famille d'origine — peuvent aussi contribuer à situer les partenaires en position de force ou de faiblesse. Mais, fort ou faible, homme ou femme, si nous sommes dans une relation de couple nous voulons « quelque chose de l'autre et nous voulons le contrôle sur la façon de l'obtenir », dit Michael Miller. Fort ou faible, homme ou femme, on n'est pas dans une relation de couple sans essayer d'exercer une forme quelconque de contrôle.

Des conflits naissent souvent à propos de l'argent, même quand le couple n'en manque pas. Comme le notent Blumstein et Schwartz dans *American Couples*, il faut décider « ce qui, le cas échéant, sera l'argent personnel de chacun, ce qui sera partagé, qui tiendra les comptes, quand il faudra consulter l'autre pour les achats et à partir de quel montant ». Et quand les époux ne sont pas d'accord sur la façon de gérer l'argent, ce qui ne peut manquer de se produire, ils doivent aussi décider lequel des deux aura le contrôle final, le dernier mot. *American Couples* propose quelques aperçus, parfois surprenants, sur les relations souvent délicates entre argent et pouvoir :

— Dans les couples, mariés ou non, hétérosexuels ou homosexuels, l'argent confère le pouvoir. C'est celui qui en gagne le plus qui a le dernier mot. Mais les couples de lesbiennes constituent « une exception notable » à cette règle, exception que Blumstein et Schwartz expliquent en disant : « Les femmes n'ayant jamais, traditionnellement, gagné beaucoup d'argent, elles n'ont peut-être pas l'habitude de le considérer comme un instrument de pouvoir. Les hommes, par contre, estiment depuis longtemps qu'ils ont le droit d'exercer un contrôle puisqu'ils ont fait la preuve de leur valeur en gagnant beaucoup d'argent. »

— Quand une femme concède à son mari la décision finale en matière de finances, elle lui abandonne, peut-être inconsciemment, d'autres pouvoirs. Elle accepte tacitement que l'argent qu'il gagne lui confère des droits sur des choses sans aucun rapport avec l'argent, « lui donnant ainsi la responsabilité de décisions plus importantes pour la famille ».

— Quand, dans un couple, mari et femme estiment que c'est l'homme qui doit subvenir aux besoins du ménage, l'avis du mari est prépondérant dans les décisions importantes. La femme qui souscrit à cette formule accepte que l'homme ait un pouvoir supérieur au sien, même si elle travaille à plein temps et *même si elle gagne plus d'argent que lui.*

— Dans un couple où c'est l'homme qui subvient aux besoins du ménage, même si la femme décide des dépenses en matière de mobilier, nourriture et habillement, ce droit lui a été octroyé par son mari. Elle agit donc comme agent de son époux, sans que cela lui confère le moindre pouvoir réel.

— Les couples mariés se disputent plus souvent que les couples non mariés, gais ou lesbiens à propos de problèmes d'argent. Cela s'explique par le fait que, « dans le mariage, les biens et les revenus sont généralement communs », ce qui oblige mari et femme à discuter plus souvent. Par ailleurs, même si l'homme qui subvient aux besoins du ménage laisse sa femme effectuer les achats importants, il se garde le droit « de juger et de critiquer les prestations de sa femme ».

— Quand les deux conjoints travaillent, la femme ne verse pas volontiers son salaire dans la caisse commune. À cela plusieurs raisons, estiment Blumstein et Schwartz, « qui ont toutes un rapport avec le pouvoir ». Quand une femme a son propre compte en banque, par exemple, le mari n'est pas censé savoir combien elle dépense ni pour quoi. Une femme raconte, à propos d'un précédent mariage : « Je devais justifier toutes mes dépenses et presque m'en excuser. Maintenant que j'ai mon compte personnel... je sais que je suis responsable de mon argent et que, si je fais des folies, c'est mon problème. Je n'ai plus à donner des explications ni à me justifier. Je fais ce que je veux. »

La femme peut aussi craindre que sa modeste contribution ne disparaisse complètement dans le compte commun alors que son mari continue à décider seul des dépenses à effectuer. La mise en commun des fonds est néanmoins « monnaie courante » chez les couples où la femme gagne moins que l'homme, affirme une enquête due à la psychiatre Ann Ruth Turkel, tandis que, chez les couples où la femme gagne autant ou plus que l'homme, les comptes séparés sont plus fréquents.

Chez les couples disposant de deux revenus, le Dr Turkel a trouvé quatre styles de gestion : deux où les revenus sont mis en commun, deux où ils sont séparés. Quand les revenus sont mis en commun, c'est parfois l'homme, parfois la femme qui fait les versements les plus importants. Quand les revenus sont séparés, il y a tout de même un fonds commun pour les dépenses essentielles auquel chacun contribue, soit à hauteur égale, soit en fonction de ses revenus. Aucun de ces systèmes, dit le Dr Turkel, n'élimine complètement les causes de dispute. Car que sont exactement des « dépenses essentielles ». Pourquoi n'a-t-il (n'a-t-elle) pas un meilleur salaire ? Une fois que mari et femme ont apporté leur contribution au compte commun, comment se règle le fait qu'avec ce qui lui reste l'un est nettement plus riche et peut s'habiller chez les grands couturiers, tandis que l'autre, plus pauvre, doit se contenter de vêtements de confection ? Comment un mari supporte-t-il que sa femme jette l'argent du ménage par les fenêtres ? Et comment une épouse peut-elle accepter la pingrerie de son époux ?

— Quand une femme n'a pas de revenus personnels et que son mari gère seul les fonds communs, elle a parfois recours à des moyens détournés pour se constituer un petit pécule qui lui donne un semblant de liberté.

— Qu'ils soient mariés ou non, hétéro ou homosexuels, les couples s'entendent mieux lorsque chacun des partenaires estime avoir sa part dans le contrôle du budget. « Si l'un des deux est trop dominateur, écrivent Blumstein et Schwartz, les conflits sont inévitables. »

Pour beaucoup de couples, l'argent, à cause des rapports directs qu'il entretient avec le pouvoir, est donc la principale source de conflits. Mais il y a aussi la sexualité, les enfants, les parents et les amis, le travail, les tâches domestiques, les goûts et les habitudes personnels, la religion et la politique, il y a des dizaines et des centaines d'autres sujets de discorde propres à déclencher des guerres de pouvoir. Et ce ne sont pas nécessairement les plus forts qui gagnent ; les faibles ont aussi leurs stratégies pour s'assurer une part de contrôle. Forts ou faibles, nous disposons tous de divers moyens pour obtenir de l'autre ce que nous désirons. Des chercheurs ont identifié ces différentes techniques et établi une « taxinomie du pouvoir ». En lisant la description de ces techniques, il me semble que tout le monde — moi la première — peut y reconnaître ses propres tactiques.

Manipuler, au sens premier, veut dire : « manier avec soin en vue d'expériences », et la manipulation est « une emprise occulte exercée sur... ». On manipule pour obtenir ce qu'on veut sans confrontation, sans risquer de perdre. On manipule pour obtenir ce qu'on ne peut — ce qu'on ne veut — pas prendre par soi-même. La manipulation est considérée comme une tactique de faibles, un comportement souvent (mais pas nécessairement) équivoque, frauduleux, peu scrupuleux. Mais qui d'entre nous n'a pas, avant de demander quelque chose, choisi son moment, planté le décor, préparé un bon dîner, vérifié que son partenaire était de bonne humeur ? Et si certains peuvent qualifier de « fourbe », de « sournois », ce type de manipulation, d'autres y voient simplement une forme civilisée de contrôle.

« Si vous obtenez quelque chose parce que vous l'avez demandé, dit Deborah Tannen dans *Décidément tu ne me comprends pas*, c'est un résultat satisfaisant en termes de statut. Vous dominez les autres parce qu'ils font ce que vous voulez. Mais si vous obtenez quelque chose parce que les autres le désirent aussi ou parce qu'ils vous l'ont offert spontanément, la satisfaction est d'autant plus grande. Vous n'êtes ni dominant ni dominé, vous êtes dans un rapport d'équilibre. »

Le statut renvoie à l'autonomie de celui qui s'assume pleinement. Le rapport implique la communication, l'union avec les autres. Dans la mesure où les femmes s'impliquent davantage dans le rapport, elle préfèrent souvent éviter de demander directement. Et, pour parvenir à leurs fins, elles recourent parfois à la manipulation.

Mais c'est une tactique utilisée par les hommes aussi. Dans « The Second Shift », une étude sur la division du travail dans les couples où l'homme et la femme travaillent, Arlie Hochschild parle de « l'inégalité devant les loisirs » et souligne le fait que les femmes effectuent plus souvent que les hommes une « double journée » en s'occupant de la maison et des enfants après leur travail. À propos des différentes stratégies utilisées par les hommes pour maintenir cette inégalité, elle écrit : « Beaucoup d'hommes complimentent leur femme sur leur efficacité, sur leurs qualités d'organisatrices. » Tout en reconnaissant que ces compliments peuvent être sincères, elle remarque qu'ils sont aussi « bien pratiques » et que « féliciter une femme sur la façon dont elle gère le travail domestique peut être une façon subtile de s'assurer qu'elle continue à le faire ».

Pour manipuler l'autre, hommes et femmes peuvent recourir à la flatterie (« C'est toi qui devrais faire ça — tu t'y prends tellement bien »). Ou faire savoir ce qu'ils veulent, sans rien demander (« J'ai besoin de deux ou trois choses à l'épicerie, mais je suis tellement fatiguée »). Ou se servir d'une tierce personne qui transmettra un message indirect (« Je me demande comment ta femme s'en sort sans femme de ménage »). Ou encore, au moment d'annoncer : « Mes parents veulent venir chez nous pour Pâques », rappeler mine de rien que l'autre a une dette envers vous (« Est-ce que tes parents n'ont pas passé plus de quinze jours à la maison pour Noël ? »).

Pas question d'affirmer tout de go : « Tu me dois quelque chose. » Quand on choisit la manipulation comme outil de contrôle, on manœuvre « avec soin » et de façon « occulte ».

Supplier est aussi considéré comme une tactique de faibles. On affirme son pouvoir sur l'autre en implorant : « J'ai besoin que tu fasses ça pour moi. » On se présente comme impuissant, incapable, souffrant, malade. Si l'autre n'accède pas à nos requêtes, on peut même aller jusqu'à se suicider. « À me voir si mal en point, sous-entend le suppliant, comment peux-tu me refuser ceci ou cela, comment peux-tu me demander de faire telle ou telle chose ? »

Josh souffre d'une espèce d'allergie qui se déclare comme par hasard quand il est chez ses beaux-parents. Daniel s'abîme le dos chaque fois qu'il passe l'aspirateur. Kathy, qui ne travaille pas à l'extérieur, a besoin d'une aide à plein temps pour s'occuper du bébé, sinon elle risque la crise de panique. Et si son mari remet en cause telle ou telle de ses demandes, la crise de panique se produit instantanément.

Résultat :

Josh est très souvent excusé auprès de ses beaux-parents.

C'est la femme de Daniel qui passe l'aspirateur.

Et Kathy, pauvre petite chose délicate, obtient presque toujours ce qu'elle veut.

Comme Nicole — l'héroïne de *Tendre est la nuit* de Fitzgerald —, dont la fragilité psychologique a transformé son psychiatre de mari en une infirmière dévouée. Il consacre toute son énergie à maintenir Nicole à flot jusqu'au jour où il est lui-même détruit. Certes Nicole a réellement été très malade, mais après ? « Elle est moins malade qu'on ne le pense, dit un des personnages du roman, elle s'attache seulement à sa maladie comme à un instrument de pouvoir. »

Phyllis Rose parle de la faiblesse comme d'un « complot des femmes pour s'assurer le pouvoir » et note que « la femme dolente réclamant des soins s'avère souvent plus forte que le mâle conquérant ». Mais je connais aussi des hommes qui, sous prétexte que les conflits « réveillent » leur ulcère ou font monter leur tension (« Je sens que je vais avoir une attaque »), jouent très bien de leurs faiblesses pour dominer leur femme.

« Afficher sa faiblesse, sa vulnérabilité et sa souffrance, écrit le psychanalyste Mortimer Ostow, est une façon bien connue et souvent exploitée d'influencer le comportement humain. » Le véritable meneur de jeu n'est pas toujours celui qu'on croit. Mais il faut parfois du temps à un mari ou à une femme pour se rendre compte qu'il vit sous la tyrannie du plus faible, qu'il a beau être en position de force, satisfaire les besoins de l'autre, il est en réalité dominé, contrôlé par ces besoins.

Répéter, ou encore harceler, est un procédé qui consiste à user la résistance de son conjoint. Voici une conversation rapportée par une femme qui se qualifie elle-même de « Prix Nobel de la Peste » :

Lynne dit à son mari qu'à son avis la cuisine aurait besoin d'être rénovée.

La cuisine, répond le mari, est très bien comme elle est.

Lynne laisse passer quelques jours avant d'observer que ce serait un plaisir de manger dans la cuisine si elle était assez grande. D'ailleurs tous leurs amis ont des cuisines où ils peuvent manger.

Une semaine plus tard environ, Lynne dit que, s'ils avaient un four équipé d'une hotte aspirante, les murs de la cuisine ne seraient pas jaunis par la graisse. Elle ajoute que, sales comme ils sont, les murs ont bien besoin d'être repeints.

Huit jours passent, et Lynne fait remarquer à son mari que le dallage de leur cuisine est tellement dur que tout ce qu'elle fait tomber éclate en mille morceaux, ce qui, poursuit-elle, n'arriverait pas avec un parquet. D'ailleurs, tout le monde passe du carrelage au parquet en ce moment, et le parquet, ajoute-t-elle, serait vite remboursé par les économies de vaisselle cassée qu'il permettrait de faire.

Quinze jours plus tard, Lynne informe son mari que le réfrigérateur n'en a plus pour longtemps, que le plan de travail, à côté de l'évier, est fêlé, que la cuisine est mal éclairée et que les murs sont de plus en plus gras. Alors, ajoute-t-elle, puisqu'il faut remplacer le four, le carrelage, le réfrigérateur, le plan de travail et refaire la peinture, est-ce que ce ne serait pas le moment de rénover la cuisine ?

La *subversion* permet, tout en gardant l'air docile, l'air de dire « comme tu voudras, mon amour », de s'arranger pour n'en faire qu'à sa tête. La subversion, c'est l'art de contrôler sans en avoir l'air. On « oublie » de faire les réservations qu'on a promis de faire. On ne « voit pas le temps passer » et on arrive en retard au cinéma. On se trompe. On « comprend de travers ». On remet au lendemain. On fait des bêtises. Toujours parfaitement d'accord avec ce que désire l'autre, on se débrouille pour subvertir ses intentions.

Autre forme de subversion : on dit « Occupe-t'en, mon amour », et quand « mon amour » revient avec un tapis persan ou deux places d'avion pour Shanghaï, on fait une réflexion du genre : « Tu ne trouves pas ce tapis un peu voyant ? », ou : « On aurait peut-être pu commencer par Pékin. » Après avoir gentiment offert à l'autre de prendre la décision, on s'arrange pour la subvertir et pour reprendre le contrôle.

Le *secret* permet de faire ce que l'autre n'a pas forcément envie qu'on fasse. Il confère un pouvoir absolu sur certaines décisions, majeures ou mineures, dans la mesure où l'autre ignore que ces décisions ont été prises. On peut garder secret le fait que le bureau ferme plus tôt le vendredi, qu'on a des économies à la banque, que ce couple qu'on déteste (et que l'autre adore) a téléphoné pour nous inviter à dîner. L'autre aurait peut-être accepté l'invitation, eu des idées sur la façon d'employer l'argent ou le temps supplémentaire, mais on se réserve la possibilité de décider unilatéralement, en gardant l'information secrète.

Le secret peut aussi être une manœuvre destinée à protéger l'équilibre du couple. Exemple, cet homme qui, ayant perdu son travail, partait tous les matins avec son attaché-case de peur que sa femme n'apprenne la vérité. Le secret préservait sa position dominante dans le couple et lui donnait le temps de réfléchir (à l'abri des angoisses et de l'apitoiement de sa femme) à ce qu'il allait faire.

Tannen note que les hommes « ont une conscience aiguë de l'inversion de pouvoir que peut provoquer la divulgation de secrets. D'une part, ceux qui avouent une faiblesse risquent de se sentir dans la position du dominé. D'autre part, les informations révélées peuvent être utilisées contre eux », utilisées par l'autre pour les réduire à son contrôle.

La tactique du *fait accompli* consiste à faire ouvertement ce qu'on a envie de faire. On met l'autre devant le fait accompli, disant par exemple : « Je passe le week-end à Berlin », comme si c'était une chose convenue. Pour Angela, cela consiste plutôt à faire des achats extravagants et à dire ensuite à son mari, du ton le plus enjôleur : « Devine ce que tu m'as acheté aujourd'hui ! » Une version moins enjôleuse du même procédé donnerait : « Oui, je me suis fait plaisir. Et alors ? Est-ce que je n'ai pas le droit de me faire plaisir de temps en temps ? Et je t'emmerde. » Dans le même esprit revendicateur, Vincent s'achète une veste, une chemise, plusieurs pantalons et déclare à sa femme furieuse : « Je le gagne cet argent, non ? Alors je le dépenserai comme je l'entends. »

Le fait accompli est une façon d'affirmer son pouvoir en prenant ce qu'on veut sans explication, excuse ni permission.

La *coercition* implique l'intimidation par différentes formes de brutalité physique ou psychologique. La coercition, c'est le contrôle d'une main de fer sans gant de velours. Une conduite coercitive comporte des formes variées de négation de l'autre : interruption, critique, contradiction, dénigrement, moquerie. Une conduite coercitive, c'est aussi aboyer des ordres et crier quand ils ne sont pas obéis (« Ne sous-estimez pas, me disait un thérapeute, le pouvoir de la voix. »). La coercition peut prendre la forme de menaces — à la fois directes (« Si tu acceptes ce boulot, je te quitte ») et vagues (« Tu me le paieras »). Et dans sa forme extrême, la coercition implique des actes de violence physique.

Certains disent que « le manque d'assurance et de confiance en soi entraîne facilement l'exercice d'un pouvoir coercitif ». Oui, mais je ne crois pas que ce soit toujours vrai. Car la coercition est aussi la tactique des gens habitués à avoir tous les droits et qui ne voient dans leur partenaire qu'une « chose », une chose sans droits, une chose dont ils peuvent user comme bon leur semble. Cela donne le genre de comportements décrits, lors du procès de

O.J. Simpson pour le meurtre de sa femme Nicole et de son ami, par la sœur de Nicole :

> Alors O.J. a attrapé Nicole par l'entrejambe et il a dit : « C'est de là que sortent les bébés. Et c'est à moi. » ... Il n'était pas en colère quand il a dit ça. Il affirmait simplement une évidence. Il voulait qu'on sache que c'était à lui.

« L'individu qui use de violence envers son partenaire ou qui simplement l'en menace, écrit Michael Miller, frappe au cœur de l'individualité de l'autre, niant son libre arbitre par une attaque directe à travers le corps physique. Il traite sa victime comme une extension de lui-même, comme quelque chose qui n'existe qu'en réponse à ses besoins. » Il attaque physiquement l'autre parce qu'il estime y être autorisé.

En toute justice, je me dois de signaler que les femmes peuvent, elles aussi, exercer un contrôle coercitif, physique autant que psychologique, sur leur conjoint — coups de poing, coups de pied, remarques cinglantes, pincements des parties sensibles du corps, et pire. Dans une lettre à Ann Landers, un mari écrit que tous les trois mois environ sa femme — ils sont mariés depuis six ans — lui « lance un saladier sur la tête », lui fait « des bleus sur les tibias », le « frappe sur la bouche et lui entaille la lèvre ». Et pourquoi ? Parce que, dit-il, « j'adore lire ou regarder la télé mais elle préférerait que je parle avec elle ».

La *récompense* peut aussi être un moyen de contrôle : fais ce que je veux et je te ferai des cadeaux somptueux. Laisse-moi faire ce que je veux et je serai gentille avec toi. « Plus la pipe est bonne, plus la pierre est grosse », explique poétiquement une épouse. Tandis qu'une autre témoigne que la récompense peut être orale sans être sexuelle : « Quand il est gentil ou généreux avec moi, je lui fais vraiment plaisir en lui disant des trucs comme “ C'est merveilleux ! Tu es merveilleux ! Je t'adore ! Tu me rends tellement heureuse ! ” » Elle obtient ce qu'elle veut, dit-elle, parce que son mari se sent largement récompensé quand elle fixe sur lui un regard humide de reconnaissance. Elle obtient tout ce qu'elle veut parce qu'elle « remercie tellement bien ».

Quand l'un des partenaires se soumet à l'autorité morale de l'autre, il peut être récompensé par une simple approbation, laquelle confère un pouvoir énorme à celui qui la dispense. « Je suis le confesseur de mon mari, son miroir et son juge », explique Elisabeth qui a souvent l'occasion de contrôler ce qu'il fait parce que, malgré une réussite sociale exceptionnelle et une apparente confiance en lui, « il a perpétuellement besoin de savoir que je l'approuve ».

L'*autocratie* commence par l'affirmation de son autorité, la revendication d'une supériorité dans un ou plusieurs domaines. On peut revendiquer le contrôle du couple sous prétexte qu'on est plus intelligent, plus débrouillard, plus fort, plus vieux, plus en vue socialement. On prétend détenir des connaissances en politique, sur la nature humaine ou la diététique. On cite des statistiques, des faits. On se targue de son expérience : « Depuis le temps que je fais ceci ou cela. » On fait état de ses diplômes. On insiste pour avoir le dernier mot : « Tu ne comprends pas les enfants comme je les comprends », ou : « Tu n'as pas le nez que j'ai pour flairer une bonne affaire », bien qu'on ne soit pas toujours aussi explicite. On dit plutôt : « Ne t'occupe pas de ça. Laisse-moi faire. » On dit plutôt : « Ça serait trop long à t'expliquer, fais-moi confiance. »

Il y a des autocrates qui réduisent leur contrôle à certains domaines d'expertise, domaines que leur partenaire leur concède volontiers. Mais il y en a aussi qui s'arrogent le droit de décider de tout, depuis le restaurant où on va dîner ce soir jusqu'à l'endroit où on va passer le restant de ses jours. Mais même une autocratie aussi absolue peut être satisfaisante pour les deux partenaires, dans la mesure où ils s'entendent sur les termes, dans la mesure où l'un veut être protecteur et l'autre protégé, où l'un veut diriger et l'autre préfère suivre, où l'un veut faire l'adulte et l'autre faire l'enfant. L'arrangement se maintiendra tant que la situation de protégé, de suiveur, d'enfant, restera confortable pour celui qui l'occupe, tant qu'il ne se sentira pas étouffé, insatisfait ou révolté — comme Marilyn.

Marilyn était ravie, au début, que Larry s'occupe d'elle. Elle se sentait aimée, protégée, sécurisée. Mais les années passant, son point de vue a changé et elle a commencé à se sentir à l'étroit, dominée. Larry n'en revient pas. Il ne comprend pas de quoi se plaint sa femme. N'a-t-il pas toujours été généreux et tendre ? Mais chaque fois qu'il tente de lui rappeler : « Je te laisse faire tout ce que tu veux », Marilyn s'écrie : « Tu me *laisses* faire ?... Qu'est-ce que ça veut dire : tu me *laisses* faire ? »

La *supériorité* se fonde sur l'idée, admise par les deux parties, que l'un des partenaires est — socialement, moralement ou autre — « mieux » que l'autre. Éducation, culture, pedigree ou probité peuvent être à la base de ce statut et constituer un outil de pouvoir, le partenaire « inférieur » étant toujours fier et reconnaissant d'avoir été élu par un être « supérieur ».

Dans ce genre d'arrangement conjugal, l'étiquette de « supérieur » est souvent accordée à celui qui détient les plus hautes références : la famille de la femme remonte aux croisades, celle de l'homme est plus obscure. Elle est juive ashkénase, il est juif séfarade. Il a des diplômes, elle son certificat d'études. Il est reconnu comme un notable, elle a un passé « marqué ». C'est le ministre marié à l'ancienne manucure ; l'avocate qui défend son homme « dealer » de drogue. C'est le multimillionnaire et la call-girl du film *Pretty Woman*. C'est le mari dont les goûts vont de Shakespeare aux impressionnistes en passant par Chopin et Bach tandis que la femme préfère écouter les Spice Girls et se passionne pour *Santa Barbara*.

Le conjoint considéré comme supérieur l'est-il nécessairement ? Absolument pas. Il suffit qu'il soit considéré comme tel par les deux parties. Et tant que mari et femme seront d'accord pour maintenir ce déséquilibre qui place l'un d'entre eux dans la position d'« inférieur » sous prétexte qu'une vieille famille, des diplômes ou un statut de notable garantissent une supériorité à l'autre, ce dernier disposera au sein du couple d'un pouvoir supérieur.

Par des tactiques de *désengagement* nous punissons le partenaire qui ne nous a pas donné ce que nous voulions, lui refusant notre amour, notre approbation, notre présence. On se tait et on prend un air excédé. On quitte la pièce ou la maison. On refuse tout dialogue. On reste assis, le regard perdu dans le vide et, à la question « Qu'est-ce qui ne va pas ? », on répond : « Rien. Qu'est-ce qui te fait croire que ça ne va pas ? » Ou alors : « Si tu m'aimais vraiment, tu ne me demanderais pas ce qui ne va pas, tu le saurais. »

Dans son travail de recherche sur le mariage, le professeur de psychologie John Gottman analyse une tactique de désengagement appelée « le mur de pierre » et note — au passage — que ceux qui la pratiquent sont à 85 % les hommes. Il explique que le phénomène « se produit pendant une discussion et consiste, pour l'un des partenaires, à s'exclure en se transformant en un mur de pierre », en opposant à toute tentative de dialogue « un silence de pierre ». Selon Gottman, il est très éprouvant d'être victime de cette tactique, surtout pour les femmes dont le rythme cardiaque s'accélère quand elles sont ainsi rejetées par leur mari. La tactique du mur est une manœuvre efficace qui exprime « désapprobation, distance et mépris ». Le message qu'elle transmet : « Je me retire de toute interaction avec toi » agit comme un moyen de contrôle extrêmement efficace.

Dans la « grève de l'amour », c'est un autre message qui passe : « Très bien. Si je ne peux pas avoir ce que je veux, toi non plus. » Il peut s'exprimer directement par un refus du rapport sexuel — « j'ai ma migraine » ou « je suis trop préoccupé » —, ou indirectement quand on s'arrange pour ne pas aller se coucher au même moment. Il est parfois sous-entendu, quand le mari éjacule trop vite, quand la femme reste passive affirmant clairement sa volonté de punir le mari qui, quoi qu'il fasse, n'arrivera pas à la dégeler.

Les tactiques de désengagement nous permettent d'imposer notre contrôle en punissant notre partenaire pour ses fautes présentes et en le décourageant d'en faire à l'avenir. Notre partenaire se sent coupable, abandonné, humilié, rejeté alors qu'il suffirait qu'il nous laisse faire ce que nous voulons pour être tranquille.

La *négociation* permet d'obtenir ce qu'on désire par le marchandage et le compromis. C'est l'art de donner pour recevoir. Quand l'un des conjoints est seul à vouloir un quatrième enfant ou aller habiter à la campagne, il essaie de faire à l'autre une offre impossible à refuser. La femme pourrait, par exemple, renoncer à vivre dans la capitale si le mari acceptait ce quatrième enfant.

En dehors des négociations importantes, la vie conjugale est faite de petits marchandages quotidiens : on échange une sortie à l'Opéra contre un match de foot, les visites aux beaux-parents font l'objet d'un compromis, etc. Si insignifiantes qu'elles soient, ces questions n'en constituent pas moins le cœur de la vie du couple et, mal résolues, elles risquent d'entraîner de graves déséquilibres. Les couples bien assortis seront souvent d'accord — heureusement, car la pratique incessante de la négociation est une contrainte épuisante et sans joie. Mais comme on ne peut pas s'entendre sur tout et comme chanter en duo peut être plus agréable que chanter à l'unisson tout le temps, la négociation permet aux deux partenaires d'exercer leur contrôle sur la vie du couple.

La plupart d'entre nous préféreraient évidemment obtenir ce qu'ils veulent sans que cela soulève de problèmes, en disant simplement : « C'est important pour moi. » Mais quand, pour une raison ou pour une autre, parler sans détour ne suffit pas, nous avons tous recours (sauf ceux qui préfèrent renoncer) à des tactiques qui nous permettent de contrôler certaines situations, même si ce contrôle reste imparfait.

L'une de ces techniques peut se révéler plus efficace que les autres. Mais nous adoptons généralement celle qui convient le mieux à la circonstance. Et si l'on en croit certaines théories, le partenaire qui s'affirme ou est reconnu comme dominant dans le couple emploie un plus large éventail de ces tactiques de pouvoir. Mais il arrive qu'on soit contraint d'essayer toutes les tactiques imaginables, non par force mais par désespoir :

Même si j'étais docteur en psychologie
Même si j'étais un as de la diplomatie
Si j'étais la reine des charmeuses
et mille fois plus sexy
Que toutes les bombes sexuelles réunies
Même si j'avais une fortune à mettre sur le tapis
Et mes entrées dans les hautes sphères de la mafia
Je n'arriverais pas à persuader mon mari,
Quand nous sommes perdus,
D'arrêter la voiture pour demander son chemin.

Même si je défaillais de soif et de faim
Même si j'étais réduite au plus noir des chagrins
Et si je lui disais étouffant mes sanglots
Que nous avons déjà trois heures de retard
Que l'aubergiste aura certainement loué nos chambres
Même si j'énumérais tous mes griefs passés
Vieilles blessures, humiliations, rejets
Je n'arriverais encore pas à persuader mon mari,
Quand nous sommes perdus,
D'arrêter la voiture pour demander son chemin.

Même si je finissais par me mettre en colère
Par lui donner des noms d'oiseaux
Même si j'insinuais, pas très gentiment
Que si nous finissions par divorcer
Il ne pourrait s'en prendre qu'à lui seul
Même si en criant, que dis-je en criant, en hurlant
J'énumérais ses nombreuses imperfections
Je n'arriverais toujours pas à persuader mon mari
Quand nous sommes perdus
D'arrêter sa putain de voiture pour demander son chemin.

Confronté à de telles résistances, il est difficile de continuer à croire qu'on contrôle quoi que ce soit.

Par contre, d'après le psychologue David Kipnis, quand les tactiques utilisées sont efficaces, le résultat obtenu « donne à celui qui détient le pouvoir une plus forte sensation de contrôle ». En étudiant ce qu'il appelle « les effets métaphoriques du pouvoir » — comment l'utilisation fructueuse du pouvoir peut modifier notre vision du monde —, Kipnis a trouvé que les époux ou épouses « qui pensaient détenir le pouvoir de décision dans le ménage... avaient tendance à dévaloriser leur partenaire ». Il a aussi découvert que, parallèlement à cette dévalorisaion de l'autre, « le pouvoir de décision unilatéral était associé avec une moindre affection et une moindre satisfaction dans les rapports sexuels ».

Certaines études sur la relation entre équilibre du pouvoir et satisfaction conjugale concluent que les ménages les plus heureux sont ceux où le pouvoir de décision est partagé. Certaines études montrent aussi que les ménages les moins heureux sont ceux où la femme contrôle les décisions. Et, contrairement aux conclusions de Kipnis, d'autres études ont trouvé un assez fort taux de satisfaction dans les couples où l'homme domine, peut-être — comme cela a été suggéré — parce que cet arrangement correspond au schéma traditionnel. Et, pour conclure, sachez qu'une série d'études tend à démontrer que le bonheur d'un couple ne dépend pas tant de la répartition du pouvoir entre les partenaires que de la façon dont celui qui l'exerce manie la carotte et le bâton.

On voit parfois très clairement lequel des partenaires contrôle le couple, lequel a toujours — dans la plupart des domaines — le dernier mot. On a parfois du mal à décider qui contrôle qui. On est parfois sûr d'avoir deviné et tout étonné de constater ensuite que le partenaire qui donne en permanence, sans compter, a finalement beaucoup plus de pouvoir que celui qui reçoit et se trouve réduit à un état de complète dépendance.

Dans certains couples, la balance du pouvoir penche alternativement d'un côté et de l'autre.

Prenez par exemple Harriet et Roger. Leurs tactiques préférées sont la supplication (pour elle) et la coercition (pour lui). Il l'attaque verbalement et elle « se réduit à rien », s'excuse, demande pardon, tellement ravagée (semble-t-il) par ses critiques qu'il se sent extrêmement coupable. Alors, pour se racheter, Roger cède sur tout ce que demande Harriet qui, du coup, devient dominante. Et cet état de choses dure jusqu'à ce que Roger en ait assez d'être soumis et humilié dans sa position de dominé. Alors il se remet à la brutaliser verbalement, à la critiquer, à l'invectiver, et elle se jette à ses pieds pour supplier qu'il lui pardonne, jusqu'à ce que...

Harriet et Roger pratiquent l'alternance du pouvoir. Mais il arrive que le renversement de situation soit définitif.

À l'acte 1 de *La Maison de poupée*, d'Ibsen, voyez comme Nora « gazouille » et « trottine », comme elle joue les femmes-enfants évaporées quand elle demande à son mari de lui donner de l'argent : « Oh, si, Torvald, je t'en prie ! » Et comparez avec la femme consciente et sûre d'elle, la femme puissante qu'elle est devenue à l'acte 3. Elle dit à son mari : « Assieds-toi, Torvald — toi et moi avons beaucoup à nous dire... Non, laisse-moi parler. Écoute-moi seulement. Torvald, voici l'heure des règlements de comptes. »

Et elle met les choses au point.

Elle dit : « J'ai vécu ici comme une mendiante... je faisais des pirouettes, et c'était pour te plaire, Torvald. »

Elle dit encore : « Tu n'as plus rien à m'interdire. »

Et encore : « Je crois qu'avant tout je suis un être humain. Moi, comme toi. »

Et finalement : « Je ne peux pas rester un instant de plus chez toi. »

Torvald pour sa part commence par répondre à sa « petite alouette » sur un ton paternaliste, comme l'autocrate qu'il a toujours été : « Tu as perdu l'esprit », « tu es absurde et ingrate », « tu raisonnes et tu parles comme une enfant ». Mais il est bien obligé de reconnaître qu'elle a raison quand elle affirme : « Je ne me suis jamais sentie aussi lucide. » Et lorsque Nora le quitte pour partir bravement vers son autonomie, Torvald comprend à quel point il a besoin d'elle. L'équilibre du pouvoir entre eux est rompu — définitivement rompu.

Quelle que soit la répartition du pouvoir dans le couple, dit Phyllis Rose dans *Parallel Lives*, « celui-ci a pour base un accord, articulé ou non, entre les deux partenaires, sur l'importance relative, sur la priorité des désirs de chacun. Les couples se défont, non quand l'amour s'efface... mais quand cet accord sur l'équilibre du pouvoir est rompu ».

Mais même dans les relations les plus stables l'alternance du pouvoir existe, en fonction des variations de dépendance et de compétence, en fonction des gains et des pertes qu'apporte la vie. Et même quand le pouvoir est partagé dans un couple, chacun ne possède pas un pouvoir égal dans tous les domaines. Partager le pouvoir veut dire que les deux conjoints s'entendent sur la façon de le répartir et entendent que la répartition soit équitable. Cela veut dire qu'ils peuvent lâcher les rênes et céder le pouvoir à l'autre parce qu'ils savent que leur tour viendra, qu'ils ne sont pas exploités.

Le pouvoir est parfois équitablement partagé dans les formes traditionnelles du mariage où la femme s'occupe du foyer tandis que le mari pourvoit aux besoins du ménage. Le pouvoir affectif de la femme peut équilibrer, et même dépasser le pouvoir que donne au mari son rôle de pourvoyeur. Mais pour que l'homme et la femme s'investissent pleinement dans le partage du pouvoir, pour un égalitarisme conscient, il n'y a pas de meilleure formule que le « compagnonnage ». D'après Wallestein et Blakeslee (auteurs de *The Good Marriage*), dans cette forme de mariage, courante aujourd'hui, toutes les questions « se règlent par la négociation et le compromis », et l'équité « compte beaucoup plus que la façon dont les tâches sont réparties ».

Le compagnonnage est fondé sur « l'idée que les hommes et les femmes sont égaux dans toutes les sphères de l'existence et que leurs rôles... sont complètement interchangeables... À qui donner la priorité sur le plan professionnel ? Comment instituer un roulement ? Comment prendre les décisions financières ? Aurons-nous un compte commun ou des comptes séparés ? Gardera-t-elle son nom de jeune fille et, si oui, quel nom porteront les enfants ? Toutes ces questions... sont étudiées de près et résolues en fonction de principes — principes parfois très abstraits — d'égalité et de justice ».

Magnifique. Mais cette forme de mariage a-t-elle éliminé les guerres de pouvoir ? Non pas. Car, si l'égalitarisme est facilement admis et revendiqué, de fortes résistances souterraines empêchent souvent sa mise en application, dit Arlie Hochschild dans *The Second Shift*.

« Ma mère était merveilleuse, une vraie aristocrate, dit Nancy, assistante sociale mariée à un représentant de commerce. Mon père la traitait comme une carpette... Dès l'enfance j'ai décidé que jamais je ne serais comme elle, que jamais je n'épouserais un homme comme mon père. »

Mais Evan, bien que d'accord en théorie pour partager les tâches domestiques, a peur d'être dominé par Nancy s'il le fait. Il refuse aussi une division systématique du travail (« Je fais la cuisine le lundi, toi le mardi », etc.) qu'il trouve trop rigide. Il promet donc à sa femme qui travaille à plein temps (ils ont aussi un petit garçon) de faire sa part de ménage et de lessive mais — à la grande déception de Nancy, déception qui se mue bientôt en ressentiment puis en colère —, il en fait de moins en moins et finit par « oublier ». Après avoir essayé en vain différentes tactiques pour le rappeler à l'ordre, Nancy emploie le chantage sexuel.

Elle dit : « Quand j'étais jeune fille, je m'étais juré de ne jamais me servir du sexe pour obtenir quelque chose des hommes. Je trouve ça dégradant. C'est un manque de respect envers soi-même. Mais quand Evan n'a pas voulu assumer sa part de travaux domestiques, je l'ai fait. Je lui ai dit : " Tu vois, je ne serais pas si épuisée le soir, si peu portée sur le sexe si je n'avais pas tant de choses à faire le matin. " »

Mais Evan reste sur ses positions.

La tension qui s'installe entre eux menace de provoquer une séparation. Nancy capitule. Elle tient plus à son couple qu'à ses principes. « Pourquoi briser un ménage à cause d'une poêle pas lavée ? » se dit-elle. Puis : « Les femmes s'adaptent toujours mieux que les hommes, non ? »

La réponse à cette question est oui, en général, mais pas toujours.

Quand Adrienne, par exemple, se rendit compte qu'en ne l'aidant pas à la maison Michael mettait en péril ses ambitions professionnelles, elle refusa de se soumettre. Elle « explosa de fureur et se mit à pleurer. Pourquoi avait-il le droit de se reposer après sa journée de travail et pas elle ? ». Elle lui dit que « s'il n'était pas capable de reconnaître et de valoriser son ambition à elle autant que la sienne propre et s'il ne pouvait pas le manifester de façon symbolique en faisant sa part de travail à la maison, elle le quitterait ». Et quand Michael persista dans son refus, elle mit sa menace à exécution, et s'en alla.

Michael qui aimait sa femme et voulait qu'elle revienne fut contraint de revoir ses positions. Aujourd'hui il participe aux travaux domestiques, et leur couple est reconstitué.

Mais, en dépit des transformations sociales qui ont produit ce que Miller appelle « une espèce de femmes plus décidée, plus indépendante et plus forte », les équilibres conjugaux sont parfois très inégaux. Hochschild estime par exemple que « plus un homme se sent menacé dans son identité — parce que sa femme gagne plus d'argent que lui par exemple —, moins il prend le risque d'augmenter la menace en faisant un “ travail de femme ” à la maison ». Certains maris refusent donc de participer aux tâches domestiques « pour rétablir l'équilibre avec leur femme » quand ils sentent que celle-ci a pris « trop de pouvoir », de par son statut professionnel ou autrement.

Et les femmes participent d'elles-mêmes à ce rééquilibrage, dit Hochschild. Il cite l'exemple de Nina, belle et brillante cadre supérieur qui « *compense* le fait qu'elle gagne mieux sa vie que Peter, son mari, et blesse ainsi, sans le vouloir, sa fierté de mâle » en faisant seule la plupart des travaux domestiques. Une autre femme, docteur en médecine, qui gagne plus que son mari musicien, s'occupe presque entièrement de la maison et des enfants parce qu'elle sent que « son statut est “ trop élevé ” pour leur conception commune d'un “ juste ” équilibre ». Que doit-on en penser ? Pour Hochschild, « la conception culturelle des rôles de l'homme et de la femme est moins cruciale dans un couple que la notion d'un juste équilibre du pouvoir de l'un et de l'autre. Les femmes qui “ compensent ” ont l'impression d'être “ trop puissantes ”. Sentant que leur mari devient susceptible, sentant la fragilité de son ego, ne voulant pas le décourager ou le déprimer, ces femmes restituent aux hommes leur pouvoir en s'occupant d'eux à la maison ».

Il semble donc que, si les couples aspirent de plus en plus à l'égalité conjugale, les démêlés entre l'amour et le pouvoir persistent, dans cette forme de vie commune comme dans les autres.

Pourquoi ?

À cause de nos expériences passées de l'autorité et de l'impuissance.

À cause de la lutte qui se livre toujours en nous entre désir d'autonomie et désir d'union.

À cause du contraste entre nos illusions romanesques et les dures réalités de la vie commune.

À cause des multiples différences qui existent, même entre les partenaires les mieux assortis.

À cause des différences entre hommes et femmes.

Et parce que — comme tout le monde — chacun d'entre nous voudrait faire ce qu'il veut et pense qu'il en a le droit.

Toutes ces raisons existent, indissociables de l'amour, dans tous les couples, y compris ceux qui croient à l'égalité. Et quelle que soit la forme que prend notre union, nous en arriverons fatalement à nous demander (à des fréquences diverses) : « Est-ce que j'ai ce que je veux ? Est-ce que je ne mérite pas mieux ? Est-ce que je ne pourrais pas en avoir plus ? »

Ces questions se posent avec une acuité particulière dans les relations où on a peur « de prendre des coups si on abaisse sa garde ». Où on sent : « Si je lui donne le petit doigt, c'est tout le bras qui va y passer. » Dans les relations où on est tellement dévalué qu'on doit écraser l'autre pour se sentir mieux. Quand on se donne pour mission (en vain, la plupart du temps) d'opérer des transformations chez son partenaire. Quand on a la ferme conviction de posséder *la* juste perception de la réalité et l'intention bien arrêtée de la faire partager à son partenaire. Ou quand on vient d'une famille où le père avait toujours raison — où la mère portait le pantalon —, modèle purement patriarcal — matriarcal — qu'on est tenté de reproduire ou d'éviter à tout prix.

Mais, même sans problèmes psychologiques particuliers, les deux membres d'un couple se disputent le pouvoir et consacrent beaucoup de temps et d'efforts à essayer de faire faire à l'autre ce qu'ils désirent. Ces querelles n'occupent pas toujours le devant de la scène, elles se déroulent souvent dans les coulisses, de façon discrète et subtile. Elles ne doivent pas nécessairement être reconnues ou prises en compte. Et celui qui manœuvre pour prendre le pouvoir, ne se l'avoue pas toujours à lui-même. Toutefois, estime Althea Horner, « la relation conjugale étant un système en grande partie indépendant », elle risque de se transformer en « une serre propice à l'épanouissement de stratégies de prise de pouvoir ». Comme un de mes amis psychanalyste le disait un jour : « Le mariage est une guerre menée avec d'autres moyens. »

Plus nous sommes impliqués dans cette structure conjugale, ensemble plus vaste que la somme de ses parties, plus nous manœuvrerons avec soin lors de nos guerres de pouvoir. Plus nous sommes conscients d'utiliser des tactiques, plus notre choix des armes sera judicieux. Deux personnes déterminées à vivre ensemble n'échapperont pas au fait qu'elles sont différentes, qu'elles ont une histoire, des rêves, des craintes, des intérêts et des besoins différents. Elles n'échapperont pas non plus à la nécessité de faire des compromis quand ces différences vont se heurter. Même les plus forts doivent parfois capituler. Même les plus faibles disposent de quelques armes. Et même les couples les plus heureux vont apprendre que les joies simples du mariage ne sont pas si faciles (ou si simples) à susciter, que les joies simples du mariage sont souvent compliquées par de fortes velléités de contrôle.

6

Parent un jour, parent toujours

> En ce moment même... des fils sont en train de téléphoner à leur mère... Ils appellent de leur clinique, de leur étude, de leur banque et on les entend souvent crier dans le récepteur : « Écoute, maman, maintenant ça suffit ! »
>
> *The Wall Street Journal*

> Être parent est un processus psychobiologique qui ne s'interrompt qu'avec la mort.
>
> Therese Benedek

Que ce soit en couple ou (à la suite d'un décès, d'un divorce ou par choix personnel) comme parent unique, nous consacrons une bonne partie de notre vie à élever nos enfants, les laissant de plus en plus libres de prendre eux-mêmes leurs décisions et de faire leurs propres erreurs, renonçant progressivement à notre contrôle parental. Nous apprécions leur indépendance, respectons leur autonomie et encourageons activement la séparation d'avec nous. « C'est *leur* vie, pas la mienne », raisonnons-nous, sans être toujours d'accord avec la façon dont ils bâtissent leur avenir.

Voilà en tout cas comment devrait se dérouler le scénario à mesure que nous avançons en âge, à mesure que nos chers petits acquièrent moustache, poitrine, diplômes, mari ou femme et enfants. Nous savons qu'il vaut mieux ne pas leur indiquer le programme à suivre, leur dire ce qu'il faut et ce qu'il ne faut pas faire, leur prodiguer des conseils qu'ils ne sollicitent pas et attendre qu'ils suivent ces conseils. Nous savons qu'il serait inconvenant de vouloir contrôler ces adultes qui furent nos enfants.

Mais cela ne nous empêche pas d'essayer.

Dans un de mes romans, l'héroïne est une femme hyper-occupée et responsable nommée Brenda Kovner qui, à un moment, se persuade qu'elle a une tumeur au cerveau. Incapable de supporter l'idée que ses enfants privés de leur mère puissent s'en sortir sans ses conseils, elle écrit une série de lettres à ouvrir et à lire — après sa mort — à chacun de leurs anniversaires.

« Pleines de tendresse maternelle et de sagesse, c'est Brenda qui parle, ces lettres offraient à mes fils assez de conseils pour les guider, année après année, depuis l'adolescence jusqu'à la quarantaine : ne renonce pas ; ne te plains pas ; viens en aide aux nécessiteux ; reste fidèle à toi-même ; choisis ta femme pour ses qualités de cœur, pas pour le galbe de ses seins ; sois toujours sensible à la poésie ; prends bien soin de tes dents sinon tu le regretteras ; et n'oublie jamais que ta mère, même morte, continue à t'aimer. »

Cette prévenance maternelle d'outre-tombe peut paraître excessive, même aux plus directifs d'entre nous. Mais elle correspond aussi à une tentation souvent irrésistible. Car, pendant leur enfance et leur adolescence, nos enfants avaient énormément besoin de nous. Nous savions alors ce qui était le mieux pour eux. Et nous croyons le savoir encore. Certes ils ont grandi, vieilli, et ils en ont assez (c'est du moins ce qu'ils disent) d'être des enfants, mais nous, parents, n'avons pas le sentiment que notre tâche soit terminée. Ils ont beau ne plus être des enfants, nous restons des parents, quoi qu'il arrive.

On continue à se sentir responsable de leur bonheur.

On continue à souffrir mille morts quand ils souffrent eux-mêmes.

On veut les protéger de toute adversité, majeure ou mineure.

On se sent obligé de leur rappeler : n'oublie pas d'arroser tes plantes ; quand tu fais une lessive, sépare le blanc de la couleur ; arrive en avance à la gare si tu ne veux pas manquer ton train.

Et si quelque chose se passe mal, qu'il s'agisse de leur lessive ou de leur vie, on meurt d'envie d'intervenir, de les embrasser, d'arranger les choses.

On veut les guider, les protéger, exercer, jusqu'à un certain point, ce qu'il est convenu d'appeler un contrôle sur eux.

Remarque : Cette année j'ai reçu pour la fête des mères une carte qui représente une femme au volant d'une voiture tendant le bras en travers de la poitrine d'un garçon assis à côté d'elle. Mes fils m'ont souvent reproché, et sur tous les tons, d'être trop protectrice, mais je trouve le message de cette carte particulièrement clair. La légende est : « Pour maman, ma première ceinture de sécurité. »

Pourquoi ne serions-nous pas toujours des ceintures de sécurité pour nos enfants ?

Devenu parent de jeunes adultes, on se souvient avec nostalgie des dix premières années de ses enfants, cette période où, en dépit des luttes menées pour les rendre propres, les faire coucher à l'heure et mettre leurs moufles, on savait qu'on détenait le contrôle. (Ils ne pouvaient pas se passer de nous, nous étions les plus forts et, généralement, les plus intelligents.)

Au cours des dix années suivantes, en dépit de disputes parfois violentes à propos d'horaires ou de voiture, nous avions encore — disons la plupart du temps — le dernier mot. (Nous possédions l'argent et le pouvoir, l'autorité légale et les clés de la voiture.)

Mais, entre vingt et trente ans, même si nos enfants manquent d'expérience et ne voient pas toujours les pièges et les périls du monde, ils sont officiellement adultes et nous sommes censés les laisser prendre le contrôle de leur vie.

Nous avons parfois du mal à croire qu'ils sont prêts.

Sont-ils conscients de la nécessité de s'assurer ? Ont-ils suffisamment peur du sida ? Mangeront-ils des légumes et des fruits, attacheront-ils leur ceinture et refuseront-ils d'ouvrir leur porte à des étrangers ? Nous tremblons quand ils nous annoncent qu'ils s'installent dans un quartier « à risque », qu'ils quittent leur travail sans en avoir d'autre en vue, qu'ils vont épouser quelqu'un qui nous semble invivable. Nous sommes inquiets de certains de leurs choix et nous ne résistons pas toujours à l'envie de le leur dire, nous sommes souvent incapables, devant ce que nous considérons comme des dangers, de nous taire, de ne pas insister, de ne pas nous en mêler, de renoncer à notre contrôle parental.

Et la définition de ce que nous considérons comme des dangers peut être très large.

La psychologue Angela Barron McBride dit des parents qu'ils ont facilement le « complexe du sauveur » et craignent que leurs enfants ne fassent de « grosses erreurs ». Elle évoque leur détresse quand de « décideurs » ils deviennent, au mieux, « conseillers éclairés ». Elle décrit combien ils se sentent dépréciés, inutiles, rejetés. Elle souligne leur difficulté à admettre l'indépendance, la maturité de leurs enfants.

Bien que toutes ces observations s'adressent aux parents d'adolescents, les questions qu'elles soulèvent sont éternelles. Les mères citées ci-dessous, par exemple, toutes âgées de plus de soixante-quinze ans, témoignent de l'intérêt perpétuel que tout parent porte à la vie de ses « gosses ».

« On veut pour eux, dit Rose F., ce qu'ils ne savent pas eux-mêmes qu'ils veulent. »

« C'est bien là notre problème, dit Rita K., nous sommes trop dévouées, trop concernées, nous ne les lâchons jamais. »

« Mon fils, dit Evelyn N., me répète souvent : " Arrête de te faire du souci pour moi, maman " et moi je lui réponds : " Écoute, j'adore me faire du souci. " » Et elle ajoute : « Tout le monde a besoin que quelqu'un veille sur lui. »

Comment s'étonner, dès lors, que des hommes respectés, compétents, des hommes mûrs crient encore dans le récepteur : « Maman, maintenant ça suffit ! »

« Respecter ses enfants en tant qu'adultes, en tant qu'individus séparés, capables de prendre des décisions sur la façon de mener leur vie, voilà le pas le plus difficile à accomplir pour sortir du schéma relationnel parent-enfant », écrivent les thérapeutes Jean Davies Okimoto et Phyllis Jackson Stegall dans leur livre

Boomerang Kids. « C'est tellement difficile, ajoutent-elles, que certains parents n'y arrivent jamais tout à fait. »

Si Brenda, Rose, Rita et Evelyn sont toutes des mères juives, le désir de contrôler ses enfants n'est l'apanage d'aucun genre, d'aucune religion. Et si nous cherchons, par ce contrôle, à satisfaire des besoins éminemment personnels, nous savons aussi nous persuader que nous agissons dans le seul intérêt de nos enfants. Mais si, effectivement, nous pouvons contribuer à la santé, au bonheur ou au bien-être de nos enfants, quel mal y aurait-il à nous montrer un peu directifs ?

Exemple : Kay et Jason ne supportent pas la femme qui vit avec leur fils Jim, une journaliste belle, fragile et exigeante qui, à cause de blessures passées, considère toute famille comme « toxique » et oblige sans cesse Jim à choisir entre elle et sa famille. « Nous avons toujours été très proches, dit Jason. Nous faisions un tas de choses ensemble, y compris passer nos vacances, mais elle insiste maintenant pour qu'ils fassent des projets sans nous. » Et Kay ajoute : « S'il ne s'agissait que de nous ! Mais elle lui reproche aussi le temps qu'il passe avec sa sœur — eux qui s'adorent. Disons qu'ils s'adoraient. Jusqu'au jour où cette... salope est arrivée. » Kay et Jason voient la compagne de leur fils comme un serpent dans leur paradis familial. Ils entrevoient aussi des difficultés pour leur fils : « Cette femme va l'éloigner de tous ceux qui l'aiment, et je trouve ça tragique », dit Kay. Avant qu'il ne s'engage définitivement avec elle, ne doivent-ils pas le prévenir ?

Exemple : La fenêtre du séjour d'un de mes fils ouvre directement sur un escalier de secours. On sait qu'il est accessible aux cambrioleurs parce qu'un cambrioleur est déjà passé par là pour vider entièrement l'appartement, du poste de télé aux sous-vêtements. Si mon fils n'a pas été blessé (lui ai-je immédiatement fait remarquer), c'est parce qu'il n'était pas là. Je me suis renseignée et je sais qu'il existe un type de fenêtre qui peut être verrouillée de l'extérieur et ouverte de l'intérieur en cas d'incendie. Tout en regrettant que cette situation m'empêche de dormir la nuit, mon fils me dit que ça ne l'intéresse pas et qu'il ne veut pas que je lui en fasse cadeau. Mais il changera peut-être d'avis si je reviens à la charge chaque fois que je l'ai au téléphone. Alors, comment me taire ?

Exemple : La fille unique d'Alma, qui à trente et un ans se cherche toujours, demande à sa mère de l'accompagner chez son psy. À la fin de la séance, Alma est effarée. « Elle entretient ma fille dans sa dépendance, elle me dit que j'en demande trop à " cette enfant ", elle appelle ma fille " cette enfant ", vous vous rendez compte ? Elle l'infantilise au lieu de l'aider à grandir. » Alma voudrait donc conseiller à sa fille de changer — au plus vite — de thérapeute. Ne doit-elle pas le faire ?

Nous aimerions donner des conseils à nos enfants non seulement sur leur façon de vivre, mais aussi sur leur façon d'élever nos petits-enfants. Nous sommes sûrs que ces conseils, de bons conseils, leur seraient d'une grande utilité, mais les parents de nos petits-enfants ne nous ont (hélas) rien demandé.

Nous dirions par exemple :

Il ne faut pas prendre un bébé dans ses bras chaque fois qu'il pleure.

Une petite fille qui traverse la rue toute seule mérite une fessée.

Si cet enfant mangeait plus, il ne serait pas parmi les plus maigres de sa tranche d'âge.

On a aussi envie d'intervenir quand on voit un petit de trois ans dormir avec ses parents ou une fillette de presque quatre ans qui porte encore des couches. Et on demanderait bien à ce couple de juristes qui travaillent tout le temps et ne voient leur fils qu'un quart d'heure par semaine : « Rappelez-moi encore une fois pourquoi vous avez fait cet enfant ? » On ne le fera pas, bien sûr. Et tel grand-père de ma connaissance ne suggérera pas non plus à sa fille de sevrer son fils avant qu'il passe son bac (Ha ! Ha !) Mais quand nous sommes témoins de comportements qui nous semblent étouffants, abusifs, horriblement insensibles ou trop indulgents, ne pouvons-nous pas dire *quelque chose* ?

Certains estimeront que Kay, Jason, Alma, moi-même, tous les grands-parents, n'ont rien à dire. Mais comment se taire quand on est persuadé de pouvoir améliorer les choses en donnant son point de vue ? Car même en admettant que toute personne adulte (y compris nos enfants) a le droit de manger, de boire, de dormir comme il lui plaît, de choisir sa religion et sa couleur politique, son travail, ses amis et ses amours, de dépenser son argent et d'élever ses gosses à sa guise, on se sent obligé d'intervenir quand on voit un enfant sur le point de gâcher sa vie ou de causer des dommages irréparables à ses propres enfants.

Inutile de nous dire que ce ne sont pas nos affaires. Nous le savons très bien.

Nous savons qu'ils sont responsables de leur vie. Nous savons qu'ils doivent subir les conséquences de leurs actes. Nous savons qu'ils n'apprendront pas sans faire d'erreurs. Nous savons tout cela mais comment les regarder se casser la figure sans intervenir ? Alors, qu'ils le veuillent ou non, qu'ils nous reprochent ou non de les contrôler, nous allons peut-être — pour leur bien, pas par plaisir — intervenir dans la vie de nos enfants.

ATTENTION ! DANGER ! AU-DELÀ DE CETTE LIMITE, VOUS NE TROUVEREZ QUE DES CONSEILS. Quand j'écris à mes fils, je me sers parfois de ce genre de formule, persuadée qu'ils ne résisteront pas à l'envie de continuer leur lecture. Quant à moi, je n'ai pas résisté à l'envie de leur donner ces conseils parce que c'était dans leur intérêt.

Oui, les parents ont souvent l'impression que leurs intentions sont des plus nobles et qu'ils vont faire le bien de leurs enfants, même s'ils se trompent sur la nature de ce « bien » et poussent leurs enfants dans des directions qu'ils croient justes pour eux, parce qu'ils croient savoir ce qui convient à leurs enfants, même si leurs enfants (à leurs yeux) ne le savent pas.

Ces parents sont aussi guidés par la vanité et l'esprit de compétition car, comme le dit McBride, « l'enfant est le carnet de notes des parents », et tous aspirent à avoir 20/20. Pour cela, ils sont capables d'imposer à leurs enfants leur propre idéal de perfection, de leur indiquer clairement quelle carrière, quel conjoint, quelles qualités — et même quelle silhouette — flatteraient le mieux leur orgueil. Certains, reportant sur leurs enfants toutes leurs aspirations, tous leurs espoirs déçus, veulent voir leurs descendants réaliser leurs rêves inassouvis.

Une jeune femme qui vient d'abandonner une carrière d'avocate pour devenir enseignante me dit qu'elle a toujours détesté le droit. « Mais mon père voulait que je sois avocate. Et je ne me sentais pas capable de lui tenir tête, explique-t-elle, parce que je savais très bien qu'il me renierait si je suivais ma propre inclination. »

Elle a dû attendre, pour changer de métier, de se sentir capable de vivre avec le désaveu de son père.

Il y a effectivement des parents qui, quand leurs enfants les déçoivent, décident de les chasser de leur cœur, non qu'ils soient devenus « mauvais », mais parce que, comme le dit une mère : « ce n'était pas ce genre d'enfant que j'imaginais ». Ils tournent le dos à un enfant qui s'est marié « en dehors de l'Église » ou avec quelqu'un d'une autre race. L'homosexualité est aussi une cause de divorce entre parents et enfant, le père disant par exemple, en apprenant que sa fille était lesbienne : « Tu es morte. Tu devrais être morte. Il vaudrait mieux que tu sois morte. »

Brett, un pianiste concertiste, raconte : « Depuis que j'ai dit à mes parents que j'étais gay, ils ne m'invitent plus aux réunions de famille. Ils ne me demandent plus de passer les fêtes avec eux. Ils ne m'appellent plus. C'est dur d'être le fils idéal un jour et la honte de la famille le lendemain. C'est comme si je n'existais plus pour mes parents. » Et il conclut : « Ils m'ont aimé tant qu'ils pouvaient se vanter de mes succès, montrer mes trophées et mes photos... Ils ne voyaient peut-être en moi qu'un prolongement d'eux-mêmes — une revanche sur leurs propres échecs. »

Et ils étaient peut-être — comme d'autres parents qui rejettent définitivement un enfant — incapables d'accepter un être sur lequel ils ne pouvaient plus avoir de contrôle.

Contrôler l'existence de nos enfants, c'est peut-être un moyen de continuer à nous sentir importants en nous raccrochant à ce que certains considèrent, dit la psychothérapeute Ruth Caplin, comme « le rôle le plus important de notre vie ».

Ruth Caplin évoque « la dépendance flatteuse de nos enfants, leur respect pour notre savoir et notre expérience, la certitude partagée qu'ils ne peuvent pas vivre sans notre ministère ». Elle note que les « mères à plein temps » ont le plus grand mal à renoncer à ces gratifications et que certaines vont continuer à « administrer » la vie de leurs enfants devenus adultes — et souvent exaspérés par leur sollicitude. Elles leur diront : « Tu devrais te faire couper les cheveux ; c'est le moment d'aller chez le dentiste ; tu es pâle, ma fille, maquille-toi un peu ; serre-moi ce nœud de cravate, tu veux ? » Elles arriveront chez eux avec leurs gants de caoutchouc et leurs produits d'entretien pour briquer la cuisinière, ranger les placards, changer les meubles de place — cherchant à retrouver ce bonheur idyllique des premières années où « ils » avaient tant besoin d'elles, où ils ne les quittaient pas d'une semelle, où ils s'extasiaient devant tout ce qu'elles faisaient.

Même les mères à temps partiel regretteront ce temps-là, le temps où elles étaient « Maman », l'unique, l'irremplaçable maman. Celle qui faisait les pansements et beurrait les tartines. Celle des « Je veux Maman ! » ou « Maman est rentrée ! ». Celle qui devait réagir instantanément dès que le cher petit avait besoin d'elle. Même si cette dépendance et ces sollicitations incessantes étaient parfois étouffantes, elles apportaient en contrepartie d'énormes satisfactions. Comme le disait une de mes amies : « Mon fils est bien la seule personne au monde qui ait glapi de joie en me voyant rentrer dans une pièce. »

Comment ne pas avoir la nostalgie de ces choses-là ?

La septième étape de l'homme, selon Erikson, se caractérise par l'opposition entre « générativité » et stagnation, la générativité étant « essentiellement l'intérêt pour la génération suivante et son éducation » et la stagnation un « appauvrissement personnel » lorsque cet enrichissement par les autres n'a pas lieu. Pour Erikson, la personne adulte a donc besoin de se sentir utile. Mais la question que beaucoup de parents, les mères surtout, doivent se poser, dit Ruth Caplin, c'est : « À quel moment une chose qui vous appartenait en propre cesse-t-elle de faire partie de vous — d'être votre responsabilité, votre gloire, votre souffrance —, échappe-t-elle à votre contrôle ? »

La psychanalyste Therese Benedek parle du « surinvestissement des mères dans la vie de leurs enfants mariés » comme d'une réaction de défense et de compensation au fait qu'elles ne se sentent plus utiles. Au lieu de se retirer discrètement quand leur enfant prend son envol, dit Benedek, ces mères continuent à se croire indispensables et deviennent souvent, de ce fait, des intruses dans le nouveau foyer de leur enfant.

Récemment, j'ai assisté à la scène suivante dans un aéroport :

La grand-mère descend de l'avion, se précipite vers son petit-fils, un bambin de six ans qu'elle prend dans ses bras. « C'est merveilleux de te revoir. Je t'adore, mon chéri. Je... mais qu'ont-ils fait à tes cheveux, c'est un vrai massacre ! » Sur ce, le fils s'avance, furieux et lance : « Maman, je te prierai de la boucler. Tu ne vas pas commencer ! »

Je ne sais pas si cette mère se sentait inutile, dévalorisée, si elle est intervenue en réaction à un sentiment de dépression. Mais je sais que le fait d'avoir un travail à temps plein n'empêche pas nécessairement les parents de critiquer ou de conseiller leurs enfants adultes. Ils risquent même de leur réclamer la même obéissance qu'à leurs employés, s'ils en ont, ou de compenser l'humiliation d'une position professionnelle subalterne par un comportement parental dominateur. Par ailleurs, certains parents considèrent leurs enfants comme leur propriété, non comme des êtres à part entière jouissant des mêmes droits qu'eux. Comme le fait remarquer l'analyste Harold Blum, il n'y a « pas de commandement qui dise “ Tes fils et filles honoreras ”, pas de commandement qui demande aux parents de respecter leur progéniture ». De ce fait, certains parents s'arrogent le droit de dicter leur conduite à leurs enfants adultes et ne comprennent jamais qu'il serait temps de renoncer à les contrôler.

Voici quelques exemples extrêmes :

Le multimillionnaire qui confie à son fils aîné les rênes de l'entreprise familiale, mais exige d'être consulté sur tout et licencie son fils quand celui-ci ose prendre une initiative personnelle. Il lui fera même un procès !

La mère qui, à l'insu de son fils, fait passer dans la rubrique « Rencontres-Mariages » d'un journal une petite annonce vantant les qualités de son rejeton — comme seule une mère peut le faire — et invitant des jeunes filles à le contacter.

Et le père qui convoque dans son bureau la fiancée de son fils pour lui intimer l'ordre de le quitter : « Votre famille est trop pauvre et vos cuisses trop grosses, lui dit-il. J'estime que mon fils peut trouver mieux. »

La plupart des parents directifs ont des façons de faire plus délicates, plus subtiles. Ils ne demandent pas, ils suggèrent. Ils soulignent les avantages qu'il y aurait à suivre leurs conseils. Mais que leur main de fer soit ou non gantée de velours, ce qu'ils veulent, c'est être obéis. C'est garder le contrôle.

Et dans certaines situations, nous aussi.

Dans certaines situations.

Car, aussi sincère que soit notre décision de respecter l'autonomie de nos enfants, nous sommes parfois certains d'avoir raison. Et aussi sincèrement que nous essayions de les traiter en adultes, ce sont tout de même nos enfants. Et aussi sincèrement que nous voulions respecter leur liberté, nous sommes parfois trop bouleversés par leurs façons de faire.

Prenez Joseph Brazzi, par exemple. Son fils unique est le premier Brazzi qui ait fait des études supérieures, le premier Brazzi qui soit propriétaire de sa maison, mais c'est aussi le dernier des Brazzi puisque sa femme et lui ont décidé de ne pas avoir d'enfant. Joseph parle : « Je leur fais gentiment, poliment remarquer qu'ils risquent de le regretter plus tard. Mais en réalité je n'ai qu'une envie c'est de leur dire, ni gentiment ni poliment : " Foutez-vous au lit et faites-moi un petit-fils. " »

Même quand nous sommes d'accord sur presque tous les sujets, certaines décisions prises par nos enfants nous paraissent regrettables, comme l'explique Jane Adams dans son roman *I'm Still Your Mother* :

« Nous avons sensiblement les mêmes positions politiques, les mêmes valeurs, le même style de vie, mais nous ne sommes pas de la même génération... Et quand elle prend des décisions qui vont avoir des conséquences sur toute sa vie — qu'il s'agisse de son métier, de son mariage, de ses enfants ou de sa santé —, je me rends compte que c'est aussi difficile pour moi de ne rien dire — surtout quand j'estime qu'elle a tort — que ça devait l'être pour ma mère. »

C'est très difficile, pour nous tous.

C'est plus facile quand nos enfants ne vivent pas à proximité de chez nous. Car enfin, si nous ne savons pas ce qu'ils font, comment pourrions-nous nous inquiéter ? Mais dès l'instant où ils reviennent vivre sous notre toit (fût-ce pour deux jours), la tentation est forte de reprendre une attitude directive, surprotectrice, hyperparentale. Et si un enfant s'installe chez nous pour une période assez longue, nous risquons de régresser sérieusement.

Voici quelques exemples d'échanges que j'ai eus avec un de mes fils revenu vivre chez nous après avoir quitté la maison.

« Prends un pull, s'il te plaît. Je sais qu'il fait chaud dehors, mais à l'intérieur du théâtre tu vas geler.

— Non, maman. »

« Guacamole, chips et crème glacée, c'est un repas sans queue ni tête.

— Arrête, maman. »

« Je ne veux pas me mêler de ce qui ne me regarde pas — je veux simplement savoir si tu dors ici ce soir. Sinon comment saurai-je, au cas où tu ne serais pas rentré à quatre heures du matin, s'il faut appeler la police ou pas ?

— Maman, je t'adore, mais je crois qu'il faut que je quitte cette maison. »

Que ces tendances directives soient permanentes, partielles ou exceptionnelles, nous utilisons, pour contrôler nos enfants, les mêmes tactiques qu'avec notre conjoint. Parmi les outils de contrôle les plus efficaces utilisés par les parents, il y a l'argent et la culpabilité.

On utilise par exemple la stratégie dite « du carnet de chèques » qui permet de maintenir ses enfants sous sa dépendance et de leur faire faire ce qu'on veut qu'ils fassent. Même si on signe le chèque sans rien demander en échange, le message sous-jacent — et inconscient le plus souvent — est bien : « Fais ce que je veux.

Continue à avoir besoin de moi. Laisse-moi te dire comment vivre ta vie. »

« J'ai entretenu Paula, dit le père d'une jeune fille de vingt-six ans, jusqu'au jour où j'ai pigé pourquoi : je pensais que si elle n'avait plus besoin de moi elle n'aurait plus de raison de me fréquenter. Je lui ai payé ses études à condition qu'elle ne les fasse pas trop loin de chez nous ; plus tard, je n'ai pas voulu qu'elle vive dans l'appartement que ses moyens lui permettaient de louer. Je lui ai dit qu'elle n'y serait pas en sécurité et je l'ai convaincue de prendre un appartement plus cher, qu'elle ne pouvait pas louer sans mon aide. »

Un autre parent : « Quand vous faites un chèque à votre enfant, demandez-vous pour qui vous le faites. Si c'est pour vous, pas pour lui, ne le faites pas. »

L'argent est un moyen de contrôle très efficace, qu'on le donne ou qu'on le refuse, qu'on le prête pour rien ou à 7 %, qu'on l'offre à un enfant et pas à l'autre, selon l'usage qu'il veut en faire. On peut par exemple dire oui pour l'achat d'un nouvel ordinateur et non pour une liposuccion, oui pour des études supplémentaires sanctionnées par un diplôme et non pour un tour du monde qui permettra à l'enfant de se trouver, oui pour l'achat d'un logement proche du nôtre, non si le logement est à l'autre bout du pays, oui s'ils font ce que nous voulons et non dans le cas contraire.

Le père de Matty, par exemple, l'a traitée de « bonne à rien » quand elle a déclaré qu'elle voulait être artiste. Il a accusé sa psychothérapeute de l'avoir influencée et annoncé qu'il ne paierait plus les séances si Matty ne trouvait pas « un autre genre de thérapeute ».

On peut aussi, selon qu'on laisse un héritage ou des dettes, du liquide ou des titres, continuer à manipuler financièrement nos enfants par-delà la tombe. Une jeune femme se plaint : « Il m'a lâché son argent au compte-gouttes tant qu'il était vivant. Maintenant qu'il est mort, je me retrouve avec un compte bloqué et deux tuteurs qui me lâchent l'argent au compte-gouttes. »

La thérapeute Heidi Specer, auteur d'un guide pour les parents d'enfants en thérapie et spécialiste de la question, écrit : « Si le parent a un besoin inconscient (ou conscient, ajouterais-je) de contrôler ou de manipuler son enfant adulte, cette tendance se manifeste souvent par rapport aux questions financières. »

Contrôler financièrement ses enfants implique qu'on ait de l'argent. Mais les contrôler par la culpabilité, tout le monde peut le faire. Sans en arriver aux extrêmes de certaines blagues (« Épouse qui tu veux, ça ne me regarde pas. Maintenant, excuse-moi cinq minutes, je vais me pendre »), on le fait de façon plus ou moins directe, plus ou moins appuyée, plus ou moins cruelle.

« Moi je suis d'accord, mais ton père va en être malade. »

« Je ne suis pas fâché... Je suis simplement déçu. »

« Ne venez que si cela vous fait plaisir, mais rappelez-vous que nous ne sommes pas éternels. »

« Je ne dors plus depuis que tu t'es installée dans cet appartement. »

Nous admettons volontiers que ce genre de contrôle est un peu excessif. Mais il nous semble parfois inévitable.

Car, autrement, comment les faire venir à nos anniversaires ?

Comment les persuader de réfléchir encore à l'orientation qu'ils veulent prendre ?

Comment leur faire installer cette fenêtre anti-cambrioleurs dans leur séjour ?

Culpabiliser nos enfants pour les angoisses qu'ils nous causent — je ne dors plus, je ne mange plus, ma tension est si basse que je marche dessus — est évidemment un moyen de contrôle. Autre tactique, leur faire sentir : « ma vie est tellement vide », et ne leur laisser aucun doute sur le fait que les enfants sont censés la combler par des coups de fil et autres attentions quotidiennes. On peut aussi les culpabiliser par la désapprobation, quitte à ne la manifester que par un froncement de sourcil, une moue, une grimace. Il y a enfin l'artillerie lourde de la culpabilisation, qui a encore ses adeptes.

Alfred, d'origine allemande, veut avoir tous ses enfants autour de lui pour la Pâque et il ne manque jamais d'accueillir leurs excuses — « Je dois plaider demain matin », ou « C'est le jour où je dois accoucher » — en soupirant très fort : « Et c'est pour entendre ça que j'ai survécu à Auschwitz ? »

Autre version de cette pratique, celle d'une mère irlandaise qui, chaque fois que sa fille « n'en fait qu'à sa tête », lève les yeux au ciel et, s'adressant à l'Auditeur invisible, gémit : « Si son père est mort jeune, c'est peut-être pour que lui soient épargnés des moments comme celui-là. »

Mais la culpabilité est une arme à deux tranchants : tantôt nous la dirigeons vers nos enfants, tantôt nous la retournons contre nous-mêmes dès que nos fils et nos filles ont des problèmes. Persuadés que notre contrôle sur leur éducation a été absolu, nous revendiquons l'entière responsabilité de leurs erreurs, insistant pour prendre sur nos épaules les fautes qu'ils peuvent commettre, nous reprochant éternellement leurs souffrances et cherchant désespérément à comprendre ce que nous avons bien pu faire de mal :

> Gros câlins, vitamine C, chaque soir une histoire
> avant de s'endormir,
> J'ai fait tout ce qu'il fallait.
> Alors pourquoi, lorsque je tends la main vers lui,
> évite-t-il tout contact ?
> Pourquoi, quand je veux le regarder,
> se ferme-t-il si fort,
> s'éloigne-t-il si loin, si loin de moi
> Que mon cœur saigne ?
>
> Fêtes de l'école, matches de foot,
> goûters d'anniversaires, ponctuellement
> j'étais là, jamais je n'en ai manqué un seul.
> Et pourtant je le vois trébucher dans le maquis
> de ses idées,
>   noires.
> Perdu dans son propre brouillard,
> Déguisé en rebelle.
> Ne voulant ou ne pouvant pas revenir.
>
> Je n'ai jamais pensé être une mère parfaite.
> J'ai fait des erreurs. Qui n'en a pas fait ?

Mais Dieu, j'ai tant aimé être sa mère.
Oh, Dieu, mon Dieu, que j'aimais cet enfant !

Que j'aime cet enfant.

Patience, rires, vacances à la plage,
chatouilles, chansons,
Où me suis-je trompée ?
N'ai-je vraiment rien compris ? Suis-je en train
de réécrire le poème ?
De mentir, un peu, beaucoup,
Pendant que quelque part un enfant terrifié pleure
Et que moi j'attends, j'espère, et je prie
pour qu'il retrouve enfin
son chemin.

Quelle erreur avons-nous faite ? Sommes-nous passés à côté de la recette infaillible qui garantit des enfants heureux et en bonne santé ? Nous savons bien que nous sommes coupables — nous ignorons seulement de quoi. Certes nous comprenons (en théorie) que nous ne sommes pas les seuls créateurs de nos enfants. Certes nous comprenons (en théorie) que leur nature profonde, les tentations et les périls du monde ont leur part dans ce qu'ils sont devenus. Nous le comprenons en théorie mais nous avons souvent du mal à le croire quand quelque chose va de travers dans la vie de nos enfants. Nous avons du mal à croire qu'en dépit de tous nos efforts nous n'avons pas réussi à les contrôler complètement.

« La plupart des mères appartenant à la classe moyenne, écrit Philip Slater dans *The Pursuit of Loneliness*, croient sincèrement que, si elles avaient bien fait leur travail, tous leurs enfants seraient heureux, créatifs, intelligents, gentils, généreux, courageux, spontanés et bons — chacun à sa manière, bien sûr. »

Et si les individus que nous avons produits ne sont pas parfaits, si, en plus d'être imparfaits, ils sont en danger, c'est certainement parce que nous avons fait une erreur quelque part.

Nous avons fait une erreur, et la voilà schizophrène.

Nous avons fait une erreur, et il est dans une secte.

Nous avons fait une erreur, et il s'est suicidé à vingt ans.

Nous avons fait une erreur, et elle est devenue alcoolique.

Nous avons fait une erreur, et il n'arrive pas à garder un travail.

Nous avons fait une erreur, c'est pourquoi toutes ces petites filles et tous ces petits garçons que nous adorions sont devenus des adultes en difficulté.

George McGovern, ex-sénateur, ex-candidat à la présidence des États-Unis, a écrit un livre sur sa fille Terry dont la courageuse bataille contre l'alcoolisme s'est terminée à quarante-cinq ans, le jour où, ivre, elle a trébuché sur une congère et est morte gelée. Convaincu du caractère génétique de l'alcoolisme, maladie qui court dans sa famille, McGovern ne continue pas moins à se demander : « Qu'aurais-je pu faire de mieux ? Aurais-je dû m'occuper d'elle plus souvent, plus activement, quand elle était petite fille puis adolescente ? » Il dit aussi : « Quand votre enfant souffre de troubles graves et meurt, vos amis auront beau vous assurer que vous n'êtes pas responsable, ils n'arriveront jamais à vous en persuader tout à fait. Les regrets et le chagrin ne vous laisseront jamais en repos, même si vous reconnaissez, intellectuellement, que ce n'est pas votre faute. »

D'autres pères et mères expriment le même tourment :

« Je reprends tout depuis le début et je me demande : " Qu'est-ce que j'ai bien pu faire ? " »

« Je m'accuse toujours, je crois toujours que c'est ma faute. Quelque chose que j'ai fait ou que je n'ai pas fait. »

« Je me demande " Est-ce moi qui ai causé la perte de ma fille ? " »

« En quoi ai-je péché ? »

Oui, en quoi avons-nous péché ? En divorçant ? En étant un père absent, une mère trop absorbée par son travail ? En étant déprimé, centré sur nous-même, trop laxiste ou pas assez ? Et si nos enfants souffrent aujourd'hui à cause de nos fautes passées, ne sommes-nous pas tenus de nous racheter ?

Certains parents espèrent se racheter en couvrant leurs enfants d'or et d'argent. D'autres renoncent à toute vie personnelle pour être toujours à la disposition de leur progéniture. Il en est même qui, comme Claudia Rolling, mère d'un tueur en série condamné pour cinq meurtres, offrent leur vie pour sauver leur enfant. Expliquant que son fils n'était que le produit d'un milieu violent, cette mère supplia le juge : « Prenez-moi. C'est moi qui n'ai pas su faire ce qu'il fallait pour lui. »

Mais n'est-ce pas le cas de tous les parents ?

« Je me suis longtemps battue avec ma culpabilité, écrit Anne Roiphe dans *Fruitfull* à propos de sa fille devenue alcoolique, héroïnomane puis séropositive. Et j'ai presque réussi à lui faire mordre la poussière. » Comme le père de cette jeune fille était lui-même alcoolique, Anne Roiphe raconte que pendant un moment elle s'est raccrochée « à l'image d'une programmation génétique comme à un canot de sauvetage qui me permettait de surnager dans l'océan de ma culpabilité ». Mais elle finit par penser : « Les gènes sont peut-être une excuse, une sorte de semi-alibi, mais ils... n'expliquent pas tout. » Et elle conclut : « Je ne suis pas responsable. Je ne suis pas la seule responsable. »

Nous sommes donc capables, nous parents, de reconnaître que nous avons fait des erreurs tout en admettant les limites de notre contrôle, de notre influence sur la vie de nos enfants. Mais que faire quand ces enfants devenus adultes nous rendent responsables de leurs difficultés, estimant que nous aurions pu faire d'eux des individus heureux et bien portants — et que nous n'avons pas su ?

Terry, dit McGovern, « avait du mal à accepter la responsabilité de sa propre vie... et il fallait qu'elle trouve une raison plus profonde pour expliquer son alcoolisme ». D'après lui, en cherchant cette explication, « elle s'est fabriqué l'image mentale d'une enfance exagérément malheureuse dans une famille exagérément insensible ».

D'autres enfants, les vôtres peut-être, peuvent reprocher à leurs parents toutes leurs difficulés d'adultes. Parfois, encouragés par un thérapeute à exposer leurs griefs, ils énumèrent un à un tous les défauts de leur éducation et nous accusent de tous leurs maux.

Nous les avons opprimés. Nous les avons étouffés. Nous les

avons surprotégés. Nous les avons culpabilisés. Nous préférions leur petite sœur. Nous ne les avons pas encouragés. Ou bien, comme l'a dit une jeune fille à ses parents, nous étions parfaits. Et c'est vraiment insupportable de vivre avec des parents parfaits. Voilà, si je ne me trompe, ce qu'on appelle une cause perdue d'avance !

Certains nous reprocheront : tu ne voulais pas me donner le dessert tant que je n'avais pas terminé ma purée, c'est pour cela qu'aujourd'hui, à vingt-sept ans, je suis obèse, chômeur, malheureux et seul.

Rosie n'est pas d'accord. Certes, elle a suralimenté sa fille quand elle était petite, mais, dit-elle, « ce n'est pas ma faute si elle a vingt kilos de trop maintenant. Il y a bien vingt ans que je ne la nourris plus. Mais, si j'accepte ses reproches, elle n'a plus besoin de se priver du moindre éclair au chocolat ».

Quand nos enfants nous reprochent notre conduite passée, sachons qu'ils parlent de ce qu'ils ont vécu. Si leur version des faits n'est pas toujours objective, c'est leur vérité. Écoutons-les avec sympathie, sans éprouver le besoin de nous défendre. Disons-leur que nous sommes désolés qu'ils souffrent. Essayons de leur expliquer les problèmes que nous avions à l'époque. Et excusons-nous si c'est nécessaire, bien sûr. Mais ne laissons pas nos enfants adultes transférer sur nous le poids de leurs responsabilités, nous accuser des chagrins et des problèmes qu'ils traversent.

Je ne nie pas, bien sûr, qu'il existe des parents monstrueux, incroyablement destructeurs, mais ce n'est pas de ces parents-là que je parle. Je parle de ceux qui, malgré tous leurs défauts, restent corrects et font du mieux qu'ils peuvent. Pour ces parents-là, le message est clair : la vie de nos enfants adultes, avec ses chagrins et ses problèmes, n'appartient qu'à eux.

Car, même si nous nous sentons coupables (s'ils nous rendent responsables) des difficultés qu'ils connaissent, ils doivent commencer à comprendre que ce sont leurs difficultés — leur divorce, leur faillite, leur dépendance à la drogue. Ils doivent savoir qu'en les laissant résoudre leurs problèmes tout seuls au lieu de nous précipiter à leur secours, nous leur manifestons amour, respect et considération. Bien. Mais que faire s'ils ne résolvent pas leurs problèmes ? S'ils ne peuvent pas les résoudre ? Et s'ils nous demandent de les aider ?

Si...

... un fils qui n'a plus d'assurance complémentaire se retrouve à l'hôpital. Allons-nous l'aider à payer la note ?

... une fille ne gagne plus assez d'argent pour payer son loyer. Allons-nous l'aider ?

... un fils bousille sa voiture, mais sans voiture il ne peut plus aller travailler. Allons-nous l'aider à se racheter une voiture ?

... une fille nous demande de garder son bébé pendant qu'elle prend un cours de puériculture. Allons-nous jouer les nurses ?

... un fils qui se drogue est au bout du rouleau et demande à revenir habiter chez nous. L'accueillons-nous à bras ouverts ?

... une fille alcoolique se remet à boire pour la nième fois. Essayons-nous pour la nième fois de l'en sortir ?

« Je ne pense pas que Terry s'en sortira, dit à son père Susan McGovern, tant que toi et maman continuerez à la tenir à bout de bras. » Mais comment savoir ce qu'il faut faire ? Pendant un moment, sur les conseils d'un professionnel, les McGovern limitèrent les contacts avec Terry « en espérant que cette mise à distance l'obligerait à affronter sa dépendance à l'alcool ». Aujourd'hui, l'ex-sénateur regrette amèrement cette décision et « tous les coups de fil que je n'ai pas donnés, toutes les lettres que je n'ai pas écrites ». Car, dit-il, « je ne crois pas qu'on puisse jamais manifester trop de compassion, de compréhension, d'aide et d'amour aux malades et aux mourants. Or les alcooliques sont malades à en mourir ».

Son attitude sur ce douloureux sujet n'en est pas moins nuancée, puisqu'il parle des limites qu'il aurait pu imposer à sa fille : « Rétrospectivement, nous aurions certainement dû lui dire : " D'accord pour te payer cette cure de désintoxication mais à la condition qu'après le traitement tu ailles directement en post-cure et que tu y restes au moins un an. Tu en profiteras pour prendre un travail à mi-temps pendant quelques semaines puis tu trouveras un travail à plein temps. " »

McGovern estime donc que lui et sa femme n'auraient dû

offrir à leur fille qu'un soutien *conditionnel.* Mais si elle avait refusé d'accepter leurs conditions ?

Shelley continue à aider son fils de vingt-six ans parce qu'elle l'estime perturbé. Elle dit : « Quand ton gosse n'arrive vraiment pas à s'en sortir, ce n'est plus un choix de l'aider, c'est un devoir. Tu ne vas pas arrêter du jour au lendemain sous prétexte qu'il a atteint sa majorité. »

Effectivement, quand un enfant souffre d'un handicap sérieux, physique ou mental, il est difficile de dire : « Je l'aide jusqu'à tel point — mais pas plus loin. » Il appartient à chaque parent de décider ce qu'il doit et ce qu'il peut faire. Quand la situation est moins paroxystique, les experts conseillent presque tous de laisser nos enfants gérer eux-mêmes leurs problèmes — et leur vie —, de leur proposer notre aide mais de ne pas nous substituer à eux.

Quant à moi, je ne veux pas me substituer à mes fils — je veux simplement que, de leur plein gré, ils fassent exactement ce que je leur dis de faire. Mais les experts estiment que ce ne sont pas des choses à dire.

Ils estiment qu'il vaut mieux écouter que sermonner, poser des questions que donner des réponses, qu'il faut s'abstenir de reproches, envisager toutes les possibilités, accepter et respecter les décisions prises par nos enfants. Mais quand on voit son fils diabétique « oublier » de prendre son insuline, quand on voit sa fille amoureuse prête à donner tout son argent à un bon à rien, quand on voit son fils récemment divorcé négliger cruellement son petit garçon, quand on les voit sur le point de faire une bêtise, quand on les voit tristes ou menottes aux poignets, on peut avoir envie — très envie même — d'intervenir. On peut faire l'impossible pour reprendre le contrôle.

Et comment s'en empêcher ?

Dans leur livre *Mother, I Have Something to Tell You*, Jo Brans et la sociologue Margaret Taylor Smith ont analysé les réactions de mères « traditionnelles » à des conduites « inattendues », « hors norme » et souvent « inacceptables » de leurs enfants adultes. Impressionnées par la capacité de ces mères à « maintenir des liens affectifs forts et tendres tout en se libérant d'une culpabilité excessive », elles ont identifié six étapes dans leur processus d'adaptation :

Étape n° 1 : le choc. La mère se sent responsable, elle éprouve un irrésistible sentiment de culpabilité.

Étape n° 2 : l'attention. La mère apprend à voir « l'enfant réel dissimulé sous l'image de l'enfant idéal qu'elle projetait sur lui ».

Étape n° 3 : l'action : La mère « cherche de l'aide pour elle-même... pour son enfant et pour les autres membres de la famille », chacun ayant besoin de comprendre et de s'adapter.

Étape n° 4 : le détachement. La mère reconnaît « les limites de sa responsabilité... et libère l'enfant des projections qu'elle faisait sur lui ».

Étape n° 5 : l'autonomie. La mère « retourne à la seule vie dont elle soit entièrement responsable — la sienne ».

Étape n° 6 : la relation. La mère établit « des liens nouveaux avec l'enfant et (ou) avec le monde ».

Confrontées à un large éventail de « chocs », allant de l'anorexie aux menaces de suicide en passant par la maladie mentale, le crime, les sectes et les drogues, ces mères ont été obligées de découvrir qui étaient vraiment leurs enfants et de s'en occuper. La plupart d'entre elles ont agi, ont multiplié les efforts pour aider leurs enfants. Et même celles qui ont échoué — la moitié d'entre elles estiment avoir échoué — ont apparemment atteint un certain détachement, elles ont appris à ne plus être persuadées que tout dépend d'elles, qu'elles sont responsables de tout.

Ce détachement — à la fois affectif, physique et financier — est atteint, disent les auteurs, lorsqu'une mère reconnaît que « son enfant n'est pas elle-même », et qu'elle ne peut « ni contrôler ni comprendre » ce qui lui arrive. Idéalement, le détachement de la mère « libère l'enfant de la vie qu'elle avait projetée pour lui » et lui permet de définir et de contrôler lui-même sa propre façon de vivre. Et dans les cas où l'enfant est tellement malade qu'il aura toujours besoin de soins et de soutien financier, la mère peut rechercher des satisfactions en dehors de sa relation avec l'enfant.

Même quand un enfant adulte ne s'en sort pas, ne peut pas et ne pourra jamais s'en sortir, la mère peut se détacher affectivement de lui.

« Il a toujours beaucoup de problèmes, dit une mère dont le fils de trente-deux ans vient de sortir de prison. Maintenant il va pouvoir s'en occuper lui-même. »

« Je ne cesse pas de croire en lui, dit la mère d'un fils alcoolique. Mais je ne vais pas le laisser détruire ma vie. »

« Nous sommes simplement humains, après tout. Et seul Dieu peut faire des miracles. Pas nous », dit cette mère dont le fils s'est fait sauter la cervelle à vingt-six ans.

Nous ne sommes pas Dieu, nous ne pouvons pas répondre de la vie de nos enfants mais nous pouvons nous efforcer de bien vivre la nôtre. Nous pouvons, tout en restant les parents aimants de nos enfants, nous tourner vers autre chose, un travail, des distractions, des intérêts, dont ils ne fassent pas partie. Arriver à vivre avec eux des relations *non maternelles* satisfaisantes, disent Brans et Smith, c'est « la grâce fabuleuse de l'autonomie ».

Les auteurs de *Mother, I Have Something to Tell You* disent aussi que les mères qui ont conquis leur autonomie l'accordent plus volontiers à leurs enfants, encore que ce soit plus facile quand il s'agit d'un style de vie hors normes que lorsqu'il s'agit de drogues, de délinquance, de sectes et autres menaces à la santé physique et mentale des enfants. Devenue autonome, une mère acceptera plus facilement le mariage interracial de sa fille, l'homosexualité de son fils, le projet de sa fille d'avoir un enfant sans père, le désir de son fils de devenir moine bouddhiste. Elle sera prête à accepter les choix non conventionnels de ses enfants et de nouer avec eux des « relations respectueuses d'égal à égal ».

Mais même autonomes, même respectueux, beaucoup de parents ont bien du mal à conserver leur détachement. Car, comme le dit Ellen Galinsky dans *Between Generations*, « certaines fois, quand les parents et les grands enfants se retrouvent, ils parlent — ou ils se taisent — dans un esprit de communion presque parfait... Mais la fois suivante, l'un dit quelque chose qui fait réagir l'autre (du genre : tu devrais faire un régime ou arrêter de fumer ou t'habiller autrement ou habiter un appartement plus petit) et... »

Et ils nous disent qu'on essaie de les contrôler.

Et on se dit qu'on fera mieux la prochaine fois.

Et on se dit que leur vie ne nous appartient pas, qu'ils sont adultes, qu'il est temps pour nous de lâcher prise.

Et on se dit qu'ils doivent faire leurs propres erreurs et en subir les conséquences.

Et on essaie de se persuader qu'il ne leur arrivera rien de mal.

On se rappelle aussi qu'ils ont subi d'autres influences que la nôtre, qu'on n'est pas entièrement responsable de ce qui leur arrive, qu'on ne peut pas toujours les relever quand ils tombent, qu'ils doivent apprendre à se relever tout seuls.

« Arrête de m'aider comme ça, maman, disait un garçon de trente ans. Chaque fois que tu m'aides, j'ai l'impression d'être un incapable. »

Ce n'est pas le but recherché. Mais nous voulons néanmoins les aider. Car en tant que parents nous sommes prisonniers d'un paradoxe : nous voulons aimer nos enfants aussi longtemps que nous vivrons, mais nous devons aussi apprendre à reconnaître, à admettre les limites de ce que nous pouvons et de ce que nous devons faire pour eux, les limites de notre contrôle.

7

Directeurs et/ou dirigés

> Travailler pour et avec d'autres gens implique nécessairement de faire faire à d'autres ce qu'on veut et d'accepter que les autres nous fassent faire ce qu'ils veulent. Cette situation constitue une source permanente de tensions et de conflits de pouvoir potentiels.
>
> Deborah Tannen, *Talking from 9 to 5*

Guerres d'influence et conflits de pouvoir opposent fréquemmemt parents et enfants, maris et femmes, dans l'intimité de l'arène familiale. Mais la volonté de pouvoir s'exerce également dans la sphère sociale, en particulier dans les temples de l'ambition et de la hiérarchie que sont les lieux de travail. Que nous cherchions à nous hisser au sommet par n'importe quels moyens ou que nous préférions garder un profil bas et rester à notre place, nous nous trouvons confrontés à des enjeux de pouvoir. Et quelle que soit la place que nous occupions dans la hiérarchie, nous abordons notre vie professionnelle avec toutes sortes de besoins conscients ou inconscients, toutes sortes d'angoisses qui vont déterminer notre mode de comportement (de réussite ou d'échec) dans le monde du travail. Et c'est par rapport au contrôle, dans l'exercice de l'autorité, la soumission à l'autorité ou le refus de s'y soumettre que vont se manifester ces besoins et ces angoisses.

Un été, quand j'étais jeune fille, j'ai délaissé le confort de la vie familiale pour m'engager comme serveuse dans un hôtel de la côte. Je travaillais douze heures par jour, sept jours par semaine et j'étais logée sous les toits, dans une chambre minuscule et étouffante. Au milieu de la saison, quand j'ai annoncé à mon esclavagiste de patronne que je démissionnais, elle a mis les poings sur ses hanches et s'est écriée : « Me faire ça à moi ! Moi qui t'ai traitée comme ma fille, comme ma propre fille ! Moi qui t'ai tirée du ruisseau pour t'apprendre le métier de serveuse. »

Et le plus étrange, c'est qu'elle croyait vraiment ce qu'elle disait.

Non, le plus étrange, c'est que je me suis sentie coupable, ingrate, comme si j'avais effectivement été sa fille.

Abraham Zaleznik, psychanalyste qui a enseigné à l'école de commerce de Harvard, considère comme très importantes ces deux questions : « Qu'attendent les gens des figures d'autorité ? » et « Quels sont leurs fantasmes conscients et inconscients concernant le pouvoir ? ». Il estime que les réponses à ces questions sont aussi pertinentes pour les apprentis que pour les grands patrons, car elles « sont à la base de la mauvaise utilisation du pouvoir, de l'abus de pouvoir et des déceptions professionnelles ». Au cours de notre enfance, dit Zaleznik, nous apprenons à connaître la nature du pouvoir et certaines leçons peuvent nous propulser vers la réussite, tandis que d'autres nous rempliront de peurs et de désirs sans rapport avec notre réalité professionnelle qui saboteront nos rêves de réussite. Sans être forcément conscients du pourquoi ni du comment de nos comportements, nous allons utiliser ou refuser le pouvoir dans notre travail pour reproduire ou compenser des événements de notre passé.

Ce que nous reproduisons souvent, c'est ce que nous ont transmis nos père et mère et qui, même modifié par d'autres expériences, reste gravé en nous, notamment des idées sur nos compétences, sur les risques liés à la responsabilité, sur le plaisir ou l'humiliation de la soumission à l'autorité, sur la culpabilité, la rivalité, la colère et l'amour. La psychologue Althea Horner note que le milieu professionnel étant « une situation qui comporte patrons et employés, directeurs et subalternes », il peut s'y produire « des luttes de pouvoir du type parents-enfant ».

Si par exemple, comme Tom, nous avons tendance à voir les employeurs comme des parents autoritaires auxquels nous sommes décidés à ne pas céder, nous allons prendre l'habitude de nous rebeller contre leur pouvoir et nous faire mettre régulièrement à la porte.

Si au contraire nous ressemblons à Mel qui ne s'est jamais révolté contre ses parents, nous nous laisserons maltraiter par nos patrons sans rien dire et nous serons malheureux partout où nous travaillerons.

Nous pouvons aussi sourire à notre patron avec la plus grande complaisance et en faire le moins possible.

« Votre objectif, en tant qu'employé », affirme le dessinateur humoristique Scott Adams dans son *Guide de l'employé de bureau*, est de « soutirer le maximum d'argent possible à cette entité froide et tyrannique qui se fait passer pour un employeur afin de mieux vampiriser vos forces vives ».

C'est exactement ce que fait Velma, pour régler ses comptes avec une mère (pardon, une patronne) dominatrice : elle arrive tard, part tôt, se fait « porter pâle » le plus souvent possible et prend régulièrement deux heures et demie pour déjeuner.

Mais se révolter contre son employeur comme si c'était un père ou une mère répressif n'est pas la seule attitude qui évoque des problèmes d'enfant dans la vie professionnelle.

Malcolm, par exemple, est un garçon capable et intelligent mais qui ne prend jamais d'initiative, préférant laisser toutes les décisions à son patron, dans l'espoir secret que celui-ci va récompenser sa passivité et son dévouement en devenant le père aimant qu'il n'a jamais eu.

Holly, elle, se cantonne dans des postes inférieurs à ses capacités parce qu'elle est terrifiée par les responsabilités. Dès son plus jeune âge, on l'a entretenue dans l'idée qu'elle n'avait pas les qualités nécessaires pour diriger.

Quant à Tyler, il profite de ses talents naturels et emploie des ruses sournoises pour tenter de liquider son vieux patron et de prendre sa place.

Chacun d'entre eux a transféré dans le monde du travail des besoins et des angoisses liés, en partie, à des questions de pouvoir et de contrôle inconscients. Ces besoins et ces angoisses peuvent constituer des obstacles à la satisfaction professionnelle et susciter de graves problèmes dans le monde du travail.

Ces problèmes ne se posent pas seulement aux degrés inférieurs de l'échelle hiérarchique mais aussi aux degrés plus hauts et jusqu'au sommet où l'on trouve des patrons en grande difficulté, incapables d'exercer correctement le pouvoir dont ils disposent. Carlton, par exemple, est en train de couler sa boîte parce que, voulant à tout prix se faire aimer, il ne peut ni renvoyer ni rétrograder ni réprimander des employés médiocres ou incompétents. Stanley est, lui aussi, au bord de la faillite, mais pour une autre raison. Il se sent perpétuellement menacé (comme autrefois par un frère cadet plus brillant) par les jeunes cadres qu'il emploie, si bien qu'il bloque leur avancement, étouffe leur créativité et les pousse dans les bras de la concurrence.

Je ne veux pas dire que nous arrivons tous sur notre lieu de travail avec le besoin d'être aimé ou de rivaliser avec un cadet. Je ne veux pas dire non plus que l'absence d'initiative professionnelle signifie toujours qu'on se cherche un père. Nos expériences passées n'expliquent pas toujours notre comportement dans le travail. Il arrive qu'on soit mal à l'aise en situation de pouvoir parce qu'on est mal à l'aise, tout simplement. Mais quand nos expériences passées nous suivent à notre insu, tant que nous n'en prenons pas conscience elles continuent à projeter une ombre sur nos attitudes et nos attentes relatives au monde du travail.

Carlton a peur du pouvoir, Stanley a peur de perdre son pouvoir et Dana rend ses subordonnés complètement fous parce qu'elle est incapable de déléguer la moindre parcelle de responsabilité.

Au bureau des expéditions, elle vérifie que le courrier est correctement trié. Dans les toilettes, elle s'assure qu'on a livré le savon qu'elle a commandé. Elle passe ensuite de bureau en bureau, écoute les conversations téléphoniques, réagit par des signes de tête ou des petits mots griffonnés pour orienter le cours de la conversation et va même jusqu'à ordonner, d'un doigt passé à la base du cou, que son employé mette fin à la communication.

Dana n'a pas vraiment besoin d'une équipe d'hommes et de femmes compétents, ce qu'il lui faudrait c'est une douzaine de clones d'elle-même qui pensent, parlent, écrivent, soient... exactement comme elle. Seuls des clones pourraient la rassurer et la délivrer de sa peur de déléguer. Dana est un exemple d'un type humain assez fréquent dans le monde du travail, les compulsifs de l'autorité.

Alan appartient à cette catégorie. Avocat brillant et reconnu, il veut toujours faire accélérer le travail, imposer ses points de vue à ses associés, et il s'emporte contre sa secrétaire à la moindre erreur. Alan se sent indispensable parce qu'il se voit comme « éminemment qualifié et donc obligé de prendre tout en charge et de faire profiter les autres de son savoir et de son expérience, qu'ils le veuillent ou non ». La vie, pour Alan, c'est le mouvement, mouvement qu'il impulse et entretient par un comportement hyperdirectif.

George, un autre compulsif de l'autorité, est fier de lui et sûr que s'il s'était montré moins exigeant, moins directif, il ne serait jamais arrivé là où il est. Il admet : « Bon, j'y vais peut-être un peu fort, je pourrais sans doute relâcher un peu la pression », mais s'empresse d'ajouter : « Je suis efficace, non ? Et je ne me laisse couillonner par personne ! »

Les compulsifs de l'autorité, selon la définition du psychologue du travail Gerald Piaget, sont « des gens qui contrôlent trop, trop souvent, ou quand c'est inutile ». S'il est parfaitement normal pour vous, pour moi, pour tout le monde, estime-t-il, de vouloir exercer un certain contrôle « afin de rendre notre vie aussi belle et bonne que possible et d'aider ceux qui nous entourent, les compulsifs du pouvoir ne peuvent pas s'arrêter, ils sont dépendants, ils ont perdu le contrôle de leur désir de contrôler ».

Les compulsifs de l'autorité peuvent, comme Dana, Alan et George, être sûrs d'eux, sûrs de détenir la vérité, mais ils peuvent aussi, comme Irene, être motivés par l'angoisse et l'insécurité. Ce qui ne les rend pas moins pénibles à supporter.

Directrice des relations publiques pour une chaîne de grands magasins, Irene, qui ne laisse rien au hasard, joue les mouches du coche : elle répète pour la nième fois des instructions que les membres de son équipe connaissent par cœur, elle vérifie qu'ils n'ont omis aucun détail, les obligeant à la tenir informée minute par minute de ce qu'ils font. Elle leur demande même de se surveiller mutuellement, de s'épier et de lui rapporter leurs observations. Elle crée autour d'elle un climat qui « n'améliore pas le moral », disent ses employés.

Si on pouvait pénétrer dans la tête d'Irene, on l'entendrait se répéter : « Un seul faux pas et tout est fichu », tant elle craint que la moindre erreur fasse fuir ses clients, tant elle craint d'être renvoyée et de s'écrouler moralement. Pour être sûre que ce scénario catastrophe ne se réalise pas Irene contrôle tout de façon compulsive.

D'autres « égotistes souffrant de complexes d'infériorité » contrôlent pour ne plus se sentir inadéquats, pour acquérir une certaine légitimité (ou du moins se prémunir contre le ridicule et le rejet). D'autres encore parce qu'ils aiment « l'ivresse du pouvoir » que leur procure le simple fait de contrôler. Et certains contrôlent de façon préventive pour empêcher les autres de les abuser, de les exploiter, de les contrôler.

Dans la vie quotidienne aussi, nous rencontrons de ces compulsifs du pouvoir (ils sont partout) qui rêvent de contrôler non seulement leur propre vie mais également la nôtre. C'est le mari ou la femme qui revendique un droit de veto sur toutes les décisions du couple, la belle-mère toujours pleine de bons conseils et de critiques sournoises, les amis qui vous déclarent avec assurance que vous devriez aller chez le coiffeur, que c'est cette croisière-ci que vous devez choisir, pas celle-là, l'amie qui, arrivant chez vous, change la disposition des meubles du salon, range vos armoires, vous appelle tous les jours quand vous avez le malheur de lui confier un de vos problèmes pour vous proposer vingt solutions (et qui vérifie le soir si vous avez bien suivi ses conseils).

À l'inverse de ces tyrans domestiques, les compulsifs du pouvoir qui sévissent sur les lieux de travail ont quelque droit sur nous, surtout s'ils sont nos patrons, bien que certains employés (la nourrice parfaite, les super-secrétaires, les archivistes qui sont seuls à connaître le système d'archivage) s'arrogent un pouvoir sur leurs employeurs. Et si nous sommes sous les ordres de patrons comme Dana, Alan ou de George, si nos supérieurs sont des fascistes et si nous tenons à garder notre place, nous serons à la merci de compulsifs du pouvoir.

Mais nous pouvons aussi nous demander si nous ne sommes pas nous-mêmes une Dana, un Alan ou un George, si nous n'avons pas tendance à abuser du pouvoir (si petit soit-il) que nous confère notre place pour nous conduire en redoutables petits chefs.

Que notre mode de contrôle soit compulsif, occasionnellement compulsif ou simplement normal, nous allons avoir recours à des techniques plus ou moins avouées pour manipuler nos collègues de travail. Interrogés sur les tactiques les plus fréquemment utilisées pour obtenir ce qu'ils veulent de leurs subordonnés, de leurs patrons et de leurs collègues, des cadres supérieurs ont établi la liste suivante :

a) « Je lui ordonne simplement de faire ce que je demande. »

b) « Je demande très humblement ce que je veux. »

c) « J'explique pourquoi je demande ce que je veux. »

d) « Je propose quelque chose en échange (si vous faites ça pour moi, je ferai quelque chose pour vous). »

e) « Je m'assure le soutien informel de supérieurs. »

f) « Je menace d'une évaluation des performances. »

Note : Il est probable que les tactiques (a) et (f) soient surtout utilisées avec des subordonnés, que les tactiques (b) et (c) servent avec les supérieurs et les tactiques (d) et (e) avec les collègues, mais plusieurs d'entre elles sont interchangeables.

À une époque, j'avais une collègue qui devait, de temps en temps, me fournir des informations. Elle excellait à se les procurer mais, dès qu'il s'agissait de les transmettre, elle était à peu près nulle. Je devais lui faire répéter, reformuler, clarifier tout ce qu'elle me disait. Pour obtenir ce que je voulais sans la froisser, j'ai décidé de jouer les idiotes, incapables de comprendre quoi que ce soit, et je lui faisais répéter dix fois les mêmes choses en disant : « Je ne sais pas ce qui m'arrive : je n'arrive pas à piger ce truc-là. » J'avais vraiment l'air d'une demeurée mais je parvenais toujours à mes fins. Et je suis prête à soutenir que, contrairement aux apparences, c'était bien moi qui contrôlais la situation.

La plupart des tactiques utilisées en famille peuvent être

transportées sur les lieux de travail : intimidation, subversion (rétention de certaines informations), répétition (dans le but d'user la résistance des autres), flatterie (dite aussi « cirage de pompes ») et récompense (distribution d'augmentations, de promotions et de primes). Il y a aussi le coup de force (prise de pouvoir soudaine et plus ou moins durable) et l'abus de confiance (dire à chacun de ses collègues que les autres sont favorables — sans les avoir consultés — à notre projet). Le sabotage existe aussi (accumuler les erreurs et prendre des pauses-café interminables) de même que la transgression (passer par-dessus la tête de ses supérieurs pour s'adresser directement au grand patron) bien que ce non-respect de la voie hiérarchique puisse être mal vu.

Une de mes amies m'a raconté comment, pendant qu'elle travaillait dans une administration, elle s'était fait détester en sautant sept échelons de la hiérarchie pour accéder directement au chef de projet, parce qu'elle voulait « gagner du temps, ne pas attendre plusieurs mois que chaque service donne son avis ». Mais elle comprit bien vite que ce mépris de la hiérarchie n'était pas une bonne façon de se faire des amis ni d'influencer les gens. Par ailleurs, son absence de coopération ajoutée à la non-consultation de tous les services ne facilita pas la réalisation du projet.

Mais cette technique est parfois efficace. De même que celle qui consiste à susciter la culpabilité, le doute et l'angoisse. Et, pour ceux d'entre nous qui sont de vrais salauds, il y a aussi l'humiliation publique, qui peut aller de la simple remarque — « Là, tu t'es vraiment planté ! » — à l'ironie cinglante — « C'est vraiment le mieux que vous puissiez faire ? » — à la consternation feinte — « Je n'arrive pas à croire que tu aies dit ça ! » — ou encore à la goujaterie — « Merci de votre intervention. Point suivant ! » Certains utiliseront même la menace, la menace directe et précise, qui, comme l'affirme l'humoriste Scott Adams, peut fouetter les énergies et augmenter la productivité. Imaginez, dit-il, « que vous jetiez deux plongeurs dans une mer infestée de requins. L'un des deux est décidé à devenir le meilleur éviteur de requins du monde tandis que l'autre est motivé par la peur d'être mangé. Lequel des deux nagera le plus vite ? ».

Les patrons peuvent aussi contrôler leurs employés, affirme

Adams, en les invitant à révéler leurs faiblesses afin de les piquer ensuite au défaut de la cuirasse. Exemple :

Vous : Il semble que vous n'ayez pas les compétences techniques nécessaires.
L'employé : Euh, dans mon propre domaine je suis considéré comme un expert, mais j'aime me tenir au courant en suivant une formation continue.
Vous : Vous admettez donc que vous avez des lacunes dans votre domaine.
L'employé : Euh... oui. Je veux dire NON ! Je ne dirais pas ça comme ça.
Vous : Il semble que vous ayez également un problème de communication.
L'employé : Que voulez-vous dire ? Je m'y perds...
Vous : N'avez-vous jamais envisagé une aide psychologique ? Notre entreprise organise des stages...

Dans le monde du travail vu par Adams on trouve, parmi les techniques des petits chefs : « faire systématiquement porter le chapeau aux inférieurs hiérarchiques — tout en s'attribuant le mérite de leurs bonnes idées ». À propos du renvoi, l'arme ultime de l'employeur, il note : « Ce n'est jamais drôle de mettre quelqu'un à la porte... Par contre il peut être follement amusant de tourmenter ses employés jusqu'à ce qu'ils partent d'eux-mêmes. »

Bien que la plupart des études concernant les lieux de travail s'intéressent à la façon dont les « directeurs » contrôlent les « dirigés », une enquête sur les techniques organisationnelles au sein de l'entreprise a montré que « tout le monde influence tout le monde » du haut en bas de l'échelle hiérarchique. En d'autres termes, si les patrons contrôlent les employés, les employés s'efforcent tout autant de contrôler le patron. Et si leurs stratégies diffèrent, leur but est toujours le même : contrôler leur environnement professionnel. Les employés veulent fixer eux-mêmes leurs délais — « Je peux faire ça pour le 27 mars ou tout de suite » ; limiter leur charge de travail — « Je crois que je n'en supporterai pas plus » ;

résister à la nouveauté — « D'accord, je classe ça comme vous voulez, mais je ne suis pas du tout sûr de pouvoir le retrouver ensuite ». Ils s'arrangent aussi pour décourager la critique en boudant, en soupirant, en pleurant, en quittant rageusement la pièce, quand ils ne se rebellent pas.

Malgré leur position subalterne, les employés font donc tout ce qu'ils peuvent pour exercer un certain pouvoir sur leurs conditions de travail. Les collègues aussi, ces gens qui sont sur le même échelon hiérarchique et qui, pour défendre leur territoire, pour se faire remarquer ou pour toute autre raison, se livrent à des manœuvres de prise de pouvoir.

Vaughn, un responsable de budget, fait un exposé lors d'une réunion. Il voudrait que tout le monde adhère à son idée mais, quand il regarde Ned, il le voit hocher la tête et, quand il lui demande son avis, Ned répond : « Sans commentaire. » Vaughn continue à parler, Ned à hocher la tête. Il dit même qu'il ne veut « pas casser la baraque à Vaughn ». Mais au troisième tour de table il vote (« à contrecœur ») contre le projet de Vaughn. On croirait plus volontiers qu'il était pour s'il n'avait pas hoché la tête pendant toute la réunion.

Ned sabote Vaughn sous le couvert de l'amitié. Autre réunion de travail, autre scène : pendant le discours de sa collègue Deirdre, Charley regarde sa montre, demande, d'une voix d'enfant geignard : « C'est bientôt fini ? » et lance de temps à autre une remarque acide du style : « Mais qui t'a fourni tous ces chiffres ? Ton astrologue ? » Tout son comportement indique qu'il prend Deirdre pour une idiote et son intervention pour une perte de temps.

Ned et Charley emploient tous les deux la technique du dénigrement systématique pour se faire valoir aux dépens de leur collègue. Lucy, elle, humilie ses collègues en privé, en les persuadant d'une voix délicieusement douce que leurs données sont fausses, leurs projets sans intérêt, qu'ils n'ont pas vraiment compris le problème et que la seule qui ait un projet valable à présenter au patron, c'est (devinez qui ?) Lucy.

Lucy veut se distinguer. Être la première parmi les égaux. Être la reine du quatorzième étage. Elle écrase ses collègues du haut de son savoir (« J'ai étudié la question à fond ») ou de son mépris (« Ils ont déjà essayé cette solution et ça n'a rien donné ») ; elle maquille parfois la vérité (« Quatorze études sont là » — il n'y en a qu'une en réalité — « pour appuyer mon point de vue ») et va même jusqu'à occulter les informations qui ne vont pas dans son sens.

Lucy, Charley et Ned veulent battre leurs collègues. Justin veut simplement tenir les siens à distance, mais, quand il écarte leurs commentaires, leurs intrusions, la moindre suggestion, c'est avec une violence excessive. Ses explosions de rage — « Crétins ! Imbéciles ! Bande d'incompétents » — sont célèbres dans le magazine où il travaille et assez virulentes pour décourager tout le monde, sauf les inconscients et les provocateurs, de marcher sur ses plates-bandes. C'est la technique de l'intimidation.

Dans la panoplie des tactiques de guérilla entre collègues, il y a aussi le colportage de rumeurs hostiles, la rétention d'informations, l'appropriation du mérite d'un autre. On m'a même raconté que la compétition entre deux commerciaux avait poussé l'un d'eux à saboter l'ordinateur de l'autre en effaçant son disque dur.

Mais les tactiques de prise de contrôle ne sont pas toujours brutales. Les faibles, dans l'entreprise, ont aussi leurs méthodes. Camille, par exemple, arrive toujours à faire faire son travail par les autres en usant de la supplication et de la flatterie. Elle se plaint : « J'ai vraiment le dos au mur. Je ne peux tout simplement pas finir à temps. Et toi [mon collègue si compétent, si brillant et si serviable] tu es le seul (la seule) sur qui je puisse compter pour m'aider. » La pauvre Camille a toujours des impératifs familiaux ou des indispositions mystérieuses qui la déstabilisent et l'obligent à crier « Au secours ! ». Mal organisée dans son travail, chaotique dans sa vie privée, Camille réussit toujours à persuader un de ses pairs qu'il fera le travail bien plus vite et bien mieux qu'elle. Son arme, c'est sa faiblesse.

Mais entre collègues la volonté de contrôle n'est pas toujours motivée par la rivalité ou l'insuffisance, elle peut aussi avoir un but positif : encourager l'autre à s'améliorer, alléger la tension pendant une réunion, gagner quelqu'un à une cause. Quoi qu'il en soit, dans les milieux professionnels la plupart des hommes et des femmes (y compris vous et moi) s'efforcent d'affirmer leur pouvoir, de façon égoïste et altruiste, dans le sens vertical et horizontal.

Selon certaines études, au même échelon du pouvoir, hommes et femmes tendraient à utiliser les mêmes tactiques de contrôle. Mais Deborah Tannen n'est pas de cet avis. Dans *Talking from 9 to 5*, elle affirme que les hommes et les femmes s'expriment dans des styles très différents, des styles qui affectent fortement « leur crédibilité, leur influence et leur efficacité ».

D'après elle, quand les femmes parlent, elles ne cherchent pas autant que les hommes à se mettre en valeur, parce qu'elles redoutent les conséquences négatives que pourrait avoir un style d'expression « plus affirmatif, plus sûr de soi, qui revendique le travail accompli pour s'assurer reconnaissance et promotion ». Dans un monde où les hommes non agressifs sont qualifiés de « perdants » et de « poules mouillées » tandis que les femmes non agressives sont qualifiées de « féminines » ; dans un monde où les hommes agressifs sont « battants » mais les femmes agressives « dominatrices » ou « arrogantes », les femmes ont tendance à atténuer leurs certitudes et les hommes à atténuer leurs doutes. Les femmes sont aussi plus enclines à poser des questions (et à demander leur chemin), à avouer qu'elles ne savent pas et à reconnaître leurs erreurs.

Et, comme elles se vantent moins souvent de leurs talents et de leurs succès, leur promotion risque d'en souffrir, tant il est vrai qu'il ne suffit pas de bien faire si le patron ne s'en rend pas compte. Alors qu'un homme dit facilement « je » en parlant d'un travail collectif, les femme ont tendance à dire « nous » à propos de projets qu'elles réalisent seules. En s'efforçant de rester discrètes, de ne pas se mettre en avant, de ne pas paraître arrogantes, les femmes courent le risque de masquer leurs compétences.

Cette tendance peut s'exprimer de différentes façons. Prenez par exemple Carol et Ron qui travaillent ensemble dans une station de radio et doivent, chacun à son tour, se parler bas pendant que l'autre s'adresse aux auditeurs. Ron ne baisse pas la voix pour faire à Carol des remarques et des suggestions alors qu'il le fait pour lui demander conseil. Carol, au contraire, parle doucement quand elle doit aider Ron. « En baissant le ton, dit Tannen, Carol minimise l'importance de ses remarques pour ne pas rabaisser Ron », tandis que Ron « ne parle pas seulement tout haut mais intervient souvent pour demander : “ Vous me suivez ? ” ou : “ C'est compris ? ” » — expressions paternalistes qui laissent entendre que l'auditeur n'est pas forcément une lumière.

Si le style d'expression des femmes est moins assuré que celui des hommes quand elles s'adressent à leur patron et à leurs collègues, il l'est également quand elles parlent à leurs subordonnés. Une étude a montré que quand les hommes devaient adresser une critique, ils avaient tendance à ménager leurs supérieurs, tandis que les femmes ménageaient plus fréquemment les gens qui travaillaient sous leurs ordres. C'est ainsi que Marge, pour signaler à sa secrétaire qu'elle a fait une erreur, s'adresse à elle en riant et minimise l'importance de la faute — « Oui, c'est *dur* de travailler ici » — ce qui lui permet de faire passer le message sans que sa secrétaire se sente humiliée. Comme elle, toutes les femmes ayant participé à cette étude avaient « une conscience aiguë du pouvoir inhérent à leur autorité et s'efforçaient en permanence de manier ce pouvoir avec précaution ». En permettant à leurs subordonnés de sauver la face, elles évitaient de tomber dans l'autoritarisme.

C'est souvent le désir d'être aimées qui pousse les femmes haut placées dans la hiérarchie à rester discrètes et à traiter leurs subordonnés en égaux. Ce même désir peut aussi les inciter à clamer haut et fort que, malgré leur statut, elles ne sont pas parfaites. Comme l'explique la directrice d'une œuvre de charité : « Je suis respectée par mes supérieurs et par mes collègues d'autres organismes de charité, je suis bien payée, j'ai du pouvoir et, par-dessus le marché, j'ai un bon mari. Si en plus j'étais mince, je ne tiendrais pas une minute. »

Deborah Tannen observe que la tendance des femmes cadres à exagérer leurs insuffisances et à ménager tout le monde leur permet effectivement d'exercer le pouvoir en étant aimées. Mais le risque qu'elles courent, à force de minimiser leur pouvoir, c'est que les autres se mettent à en douter, les traitent sans respect ou essaient de leur voler le pouvoir.

D'un autre côté, les femmes qui parlent comme des hommes peuvent s'attirer des ennuis dans le monde du travail. Une interne a par exemple déclaré récemment qu'elle était victime de discrimination dans l'hôpital où elle travaillait, qu'elle n'avait pas bénéficié de la promotion qu'elle méritait parce qu'elle était caustique, exigeante, parce qu'elle élevait facilement la voix et employait parfois des mots grossiers. Selon elle, les autres médecins du même hôpital pouvaient, en toute impunité, se montrer caustiques, exigeants et grossiers, la seule différence étant qu'il s'agissait de médecins hommes.

Voilà donc l'impasse dans laquelle se trouvent les femmes de pouvoir dans le monde du travail : quand elles parlent comme des femmes, elles sont plus aimées que respectées, quand elles parlent comme des hommes elles sont plus respectées qu'aimées. Les hommes, qui se trouvent moins souvent confrontés à ce genre de dilemme, ont beaucoup moins de conflits dans l'arène professionnelle.

Certes nous connaissons tous des femmes qui réussissent en se comportant « comme des hommes » dans leur travail. Nous connaissons aussi des hommes discrets dans la réussite et capables de poser des questions. Il existe des exceptions, mais elles n'invalident pas les tendances générales décrites par Deborah Tannen.

Il est clair que notre façon de nous exprimer peut nous propulser au sommet ou nous tirer vers le bas, sapant notre position et notre autorité professionnelles. Notre façon de nous exprimer peut nous faire gagner, ou nous faire perdre, influence, promotions et pouvoir. Si le pouvoir est, comme le dit Deborah Tannen, « l'aptitude à influencer les autres, à se faire écouter, à imposer ses façons de faire plutôt que de faire la volonté des autres », nous pouvons en conclure que « la façon de parler crée le pouvoir ».

Mais le milieu professionnel est peut-être en train de modifier sa conception du pouvoir, d'adopter des façons de l'exercer plus « féminines », plus démocratiques, plus coopératives. Selon Shoshona Zuboff, psychologue à l'école de commerce de Harvard,

« il y a eu dans la direction d'entreprise une longue période de domination hiérarchique où n'étaient récompensés que les cadres manipulateurs, les bagarreurs sans scrupules. Mais cette hiérarchie rigide a commencé à s'écrouler dans les années 1980... Le bagarreur sans scrupules symbolise l'entreprise ancienne manière ; le virtuose des relations interpersonnelles annonce l'entreprise de demain ».

On assiste aujourd'hui à l'émergence d'une nouvelle profession, le « coaching » de cadres. Les coaches sont engagés par la direction des entreprises pour parfaire la formation de cadres professionnellement valables mais complètement dépourvus du sens des relations humaines. Ils s'occupent de cadres plus très jeunes, formés à un style de direction autoritaire et peu habitués à travailler avec une pléiade d'employés des deux sexes, d'origines raciales variées. Ils s'occupent aussi de cadres plus jeunes — des femmes, parfois — qui ont besoin d'une remise au point parce que, comme le dit Carolyn, une administratrice, « on a eu des dictateurs comme patrons, pas des mentors », ou parce que, avoue une autre femme, « les gens me trouvaient casse-pieds ».

Si, d'après certains bénéficiaires de cette formation, la frontière entre ces stages et la psychothérapie est assez floue, les coaches eux-mêmes distinguent nettement les deux : la psychothérapie tend à relier un comportement présent à des problèmes antérieurs, alors que cette formation consiste à dégager ce qui se passe mal au présent pour y remédier immédiatement. Il est vrai que certains chefs d'entreprise souffrent encore de conflits enfantins mal résolus, et il arrive que les coaches leur conseillent de suivre une psychothérapie, mais le but de ces stages est surtout pratique. Il consiste à encourager les cadres à fonctionner en équipe, à écouter les autres, à ne pas rabaisser leurs employés et à les laisser gérer leur travail comme ils l'entendent, mais aussi à les décourager de donner des ordres de façon autoritaire et sans explications.

« Autrefois, si vous étiez bon, dit un coach, vous pouviez vous permettre d'être désagréable. De nos jours, les gens refusent de travailler avec vous. » C'est là qu'interviennent les coaches, sans toutefois perdre de vue les réalités de l'entreprise. « Si un psychologue conseillait à son patient de dire tout ce qu'il a sur le cœur, celui-ci risquerait de se faire virer. »

Le film *Jerry Maguire* aborde cette question sur le mode plaisant en montrant le sémillant Tom Cruise renvoyé de son poste après avoir conseillé à la direction de se montrer plus ouverte aux problèmes des employés. Ses collègues l'applaudissent en public mais se moquent de lui en privé, démontrant ainsi le fossé qui sépare réalité rhétorique et réalité économique.

Zaleznik exprime quelques doutes à propos des attitudes plus souples, plus conciliantes adoptées par les cadres. Il observe que sous son image de « brave type » le patron peut dissimuler les intentions les plus sournoises, détourner l'attention « de la réalité vers un mythe collectif » tout en poursuivant des objectifs autocratiques. En d'autres termes, le patron nouveau style peut être « sympathique, agréable à fréquenter, aimable même » — tout en gardant la même volonté de contrôle que le patron d'autrefois.

Est-ce donc une folie de vouloir être, et encourager les autres à être, des patrons plus sensibles, plus humains ? Et la démocratisation du pouvoir présente-t-elle vraiment des avantages ?

En 1978, un pilote s'apprêtait à atterrir quand il s'aperçut que le train d'atterrissage était bloqué. Il brancha le pilote automatique et se mit à réparer le mécanisme pendant que l'avion tournait au-dessus des pistes. Tout à sa réparation, le pilote ne se rendait pas compte que le réservoir d'essence se vidait, inexorablement. Ses copilotes voyaient bien l'aiguille de la jauge descendre vers le zéro, mais ils se taisaient parce qu'ils connaissaient le tempérament explosif et dictatorial de leur chef. Malgré leur inquiétude, ils préféraient donc ne pas risquer de le mettre en colère. Résultat, l'avion s'écrasa au sol et dix personnes périrent parce qu'un homme avait complètement terrorisé ses subordonnés, parce que son pouvoir étouffait toute possibilité de communication constructive, toute liberté d'expression.

Commentaire de Daniel Goleman qui rapporte ce fait divers : « Le cockpit est un microcosme de toute structure de travail. Mais sans les conséquences dramatiques qu'entraînent les erreurs de pilotage, les effets destructeurs d'une moralité douteuse, d'un autoritarisme arrogant, d'une passivité craintive de la part des subalternes, ... peuvent passer inaperçus. »

Il y a pourtant des conséquences et des risques.

Considérez par exemple le cas de cette interne qui doit donner un médicament à un patient mais ne se souvient plus du dosage. Elle se souvient par contre que le médecin qui peut la renseigner a horreur des internes qui posent trop de questions. Craignant que sa demande ne lui vaille une pénalisation, sachant que plusieurs pénalisations risquent d'entraver sa carrière, elle dose le médicament à son idée.

Elle ne s'est pas — ou pas trop — trompée, ce jour-là, mais si elle s'était trompée ?

Les tenants du « nouveau management » citent des études qui concluent aux avantages de l'humanisation des conditions de travail : gain de productivité et diminution du nombre d'erreurs, d'accidents et de délais non respectés.

En prenant la peine de formuler leurs critiques avec tact et dans un esprit constructif, par exemple, les patrons peuvent éviter de susciter l'agressivité ou la rancune chez leurs subordonnés et les inciter à mieux faire. Autre facteur positif, la réduction du stress sur le lieu de travail, car le stress interfère avec l'apprentissage et « rend les gens stupides », affirme un conseiller en management. D'autres études montrent que le travail en équipe ou en groupe donne de meilleurs résultats que la compétition, découverte qui devrait inciter les chefs d'entreprise à repenser leurs tactiques de pouvoir et à promouvoir la coopération entre leurs employés.

L'exercice autoritaire du pouvoir, observe A. Horner, « induit chez les gens apathie et résistance, alors que, dans les situations de pouvoir démocratique, on constate plus d'originalité, moins d'agressivité et plus de productivité dans le travail ».

Dans son étude exhaustive du pouvoir, le psychologue David McClelland abonde dans le même sens. « L'esclavage, écrit-il, est la forme de travail la plus inefficace que l'homme ait jamais inventée. Si un leader veut prendre de l'envergure, il doit permettre à ceux qui le suivent de sentir qu'ils possèdent un pouvoir, qu'ils sont capables d'accomplir certaines choses par eux-mêmes. »

Un de mes amis, propriétaire extrêmement prospère de plusieurs compagnies, m'explique la façon dont il gère son organisation : « Tu peux exiger de tout contrôler, mais les gens qui supporteront un tel absolutisme seront de qualité moyenne. Pour garder les meilleurs éléments, il faut leur donner la liberté de prendre des décisions et de s'organiser comme ils l'entendent. Si tu veux diriger une entreprise de premier plan, il faut savoir renoncer à une partie de ton pouvoir. »

Mais même les patrons qui revendiquent un pouvoir absolu, qui méprisent toute forme de gestion « humanisée », vont maintenant devoir s'incliner devant une restriction apportée à leur pouvoir : ils ne pourront plus, désormais, faire impunément des avances sexuelles aux femmes qui travaillent pour eux. Bien qu'ils puissent encore favoriser la promotion des femmes qui leur plaisent et retarder celle des autres, ils ont intérêt à ne pas confondre « attirance » avec « licence ». Car, si le harcèlement sexuel est encore pratiqué sur les lieux de travail, il n'est plus aussi bien toléré qu'auparavant.

Plus question, donc, d'écouter les conseils de Scott Adams :

« Vous n'avez plus besoin d'être beau ou spirituel pour que les gens vous remarquent, écrit-il dans son manuel à l'usage des chefs d'entreprise aujourd'hui dépassé. Vous pouvez, même physiquement répugnant, vous taper vos jolies employées en usant de manœuvres d'intimidation subtiles. » Après avoir reconnu que c'est illégal, il poursuit : « Ce n'est pas pour bénéficier d'une place de parking réservée que vous êtes arrivé à un poste de dirigeant, mais pour pouvoir faire des propositions salaces à qui vous plaît sans risquer d'être dénoncé. »

J'ai fait l'expérience de ce genre de situation quand, jeune journaliste, j'ai été désignée pour interviewer un écrivain célèbre. Il m'a reçue, il m'a assurée qu'il répondrait à toutes mes questions mais il a commencé par me demander d'une voix douce si je ne voulais pas coucher avec lui d'abord. La chose était formulée plus crûment encore, mais dans mon rôle de journaliste intrépide je ne pouvais pas me montrer offusquée. Je lui posai donc ma première question, qu'il écouta en silence avant de m'en poser quelques-unes de son cru : si on passait au lit ? et est-ce que j'aimais être fessée ? J'aurais aimé réaliser cette interview, lui dis-je, mais étant donné les circonstances, je préférais y renoncer puisque je n'arrivais pas à le détourner de son sujet favori. Il était d'une impudeur totale, mais c'était dans les années soixante, et je ne me sentais pas le droit de me plaindre. Ni à lui ni à personne.

Mais en 1991 une femme professeur de droit déposa une plainte contre un candidat à la Cour suprême qui lui avait tenu des propos graveleux.

Et en 1993, une femme qui avait travaillé à la campagne d'un sénateur de l'Oregon accusa ce dernier de l'avoir « serrée de près, prise dans ses bras et serrée contre lui » pour l'embrasser en lui mettant la langue dans la bouche.

Et en 1996, 15 000 plaintes pour harcèlement sexuel ont été enregistrées aux États-Unis, ce qui prouve que cette pratique, si elle est moins bien vue que par le passé, continue à causer bien des souffrances dans le monde du travail.

Si beaucoup de femmes, craignant de perdre leur emploi et leurs moyens de subsistance, subissent encore les attentions déplacées de leur patron sans rien dire, beaucoup les refusent et portent plainte. Certains hommes, par réaction, soutiennent qu'ils sont victimes d'injustices, que les femmes (vindicatives ou hystériques) les accusent à tort ou grossissent délibérément des propos ou des attitudes innocentes, risquant de briser leur carrière. En 1992, par exemple, un professeur d'histoire de l'université du Maine a perdu son poste à la suite d'une plainte déposée par une de ses élèves qui l'accusait de lui avoir « touché l'épaule pendant la projection d'un film, de l'avoir aidée à enfiler son manteau et de se montrer plus qu'amical quand il l'invitait à boire un pot ».

Le professeur contre-attaqua, gagna son procès et retrouva son poste, mais ce genre d'histoires glace le sang de tous les hommes. Comme me le confiait un cadre : « Je ne touche plus à ma secrétaire et j'évite tout compliment personnel. Je ne prends plus aucun risque. Imaginez que je lui dise : “ Vous avez bonne mine, ce matin ”, elle peut prendre ça pour de la flatterie ou m'accuser de lui faire des avances. »

N'oublions pas que les femmes sont beaucoup plus souvent

victimes de harcèlements qu'elles n'accusent à tort, et qu'elles sont souvent pénalisées — certaines sont même renvoyées — quand elles portent plainte. Souvenons-nous aussi que la plupart des hommes ne profitent pas de leur position de pouvoir pour pratiquer le harcèlement sexuel, nuire aux femmes, leur manquer de respect ou les menacer. Mais, parce qu'il existe encore quantité d'hommes qui ont du mal à « piger » certaines choses, il n'est pas inutile de leur proposer des stages pour les aider à s'adapter. Et, afin de décourager ceux qui continuent à abuser de leur position dans l'entreprise pour contraindre les femmes sexuellement, il est nécessaire d'appliquer des sanctions appropriées.

Dans le monde du travail, hommes, femmes, dirigeants et dirigés, tout le monde est confronté à des problèmes de pouvoir. Et ces problèmes seront plus faciles à gérer si nous savons ce que nous faisons, si nous reconnaissons nos abus de pouvoir, notre peur de revendiquer et d'assumer le pouvoir, les contraintes imposées à notre pouvoir par la loi, par nos conflits passés, par ceux qui travaillent avec nous. Sur notre lieu de travail — comme partout ailleurs — nous devons apprendre quels pouvoirs nous avons, quels pouvoirs nous n'avons pas, savoir à quel moment les revendiquer et à quel moment les abandonner. Au travail comme partout ailleurs, on ne réussit que si on sait prendre le contrôle mais aussi le lâcher.

8

Victimes et survivants

Un couteau sous la gorge contraint la victime à reconnaître le pouvoir de l'agresseur et son contrôle de la situation.

P.G. Zimbardo

Je marcherai toute la nuit. Je ne mourrai pas du cancer. Rien ne m'obligera à danser dans le noir.

Reynolds Price, *The Dream of Refusal*

On se fiance, on se marie, on élève ses enfants, on va travailler tous les jours, on passe de bons moments et de fichus quarts d'heure mais, à chaque instant, on risque le gros coup dur — je ne parle pas ici des pertes inévitables — celui qui frappe à l'improviste et peut se présenter sous forme d'atteintes à notre intégrité physique ou mentale. Qu'il s'agisse d'un événement mineur, comme un vol à main armée, ou majeur, comme une infirmité définitive, nous risquons à tout moment de nous retrouver dans le rôle peu enviable de victime. Ce rôle de victime — c'est-à-dire de personne dont la vie se trouve profondément affectée par une expérience négative et souvent imprévue —, nous avons tendance à considérer qu'il est réservé aux autres. Mais, même quand on croit diriger sa vie, quand on affirme la primauté du libre arbitre, on apprend un jour ou l'autre que personne n'est complètement à l'abri de la délinquance, de la violence, des accidents, des désastres naturels et des maladies graves.

Car tout le monde peut devenir une victime, tant il est vrai que notre contrôle est essentiellement limité, imparfait.

Des études ont montré que la plupart d'entre nous, tant qu'il ne leur est rien arrivé de fâcheux, entretiennent trois idées préconçues et souvent inconscientes :

Je suis invulnérable.

Le monde dans lequel je vis est compréhensible.

Mon être a une certaine valeur.

En d'autres termes, connaître les statistiques concernant la criminalité, les accidents de voiture, le cancer ne nous empêche pas de vivre sans crainte d'être agressé ou violé, de passer à travers un pare-brise ou de finir dans un fauteuil roulant. Et, si nous sommes prêts à reconnaître que la vie est souvent injuste et toujours imprévisible, nous avons aussi tendance à nous comporter comme si nous estimions que les gens n'avaient que ce qu'ils méritent — et vice versa. Mais le jour où il nous arrive malheur, notre confort moral vole en éclats, notre monde n'a plus ni ordre ni signification, et l'image positive que nous avions de nous-mêmes est anéantie par d'irrésistibles sentiments d'impuissance, de faiblesse, d'indignité. Il ne nous reste que la peur.

Le malheur va encore frapper — il y aura une autre agression, un nouveau tremblement de terre, une récurrence de la maladie.

La vie n'a aucun sens, n'obéit à aucune loi connue.

Je suis victime du destin, désigné pour mon infortune par des forces qui échappent totalement à mon contrôle.

Mais, si personne ne choisit d'être une victime, on peut choisir de le rester. L'insupportable sentiment d'impuissance ressenti devant un coup du sort ne se prolonge pas nécessairement au-delà des faits. Il y a, bien sûr, des situations où ces deux dernières affirmations ne s'appliquent pas, où le coup porté au corps, au cerveau, à la psyché ou à l'âme enlève à la notion de « choix » tout son sens. Mais, en dehors de ce genre de catastrophes absolues, nous avons assez de ressort pour rebondir. Si nous ne sommes pas tous égaux devant le malheur, certains modes de pensée ou d'action peuvent nous aider à sortir de l'état de victime.

Et j'ai appris, à ma grande surprise, que la plupart d'entre nous veulent en sortir.

Je parle de surprise parce que j'entends dire partout que les gens préfèrent être considérés comme des victimes. Il paraît même que nous vivons dans une culture qui valorise l'état de victime. Mais diverses études sur nos réactions à des événements tragiques dessinent une tout autre image. Elles concluent que, pour la plupart, nous n'aimons pas être considérés — ou nous considérer nous-mêmes comme des victimes.

Car, en plus de sa propre souffrance, la victime doit supporter la façon dont les autres la traitent — mépris, rejet ou même hostilité — et qui provoque en elle le pénible sentiment d'être faible, pitoyable, sans mérite, imparfaite. Il est malheureusement vrai que tout individu prend peur quand des catastrophes frappent des hommes comme lui. Mais il a la ressource de se convaincre que ces gens-là ne sont pas exactement comme lui et, pour s'en convaincre, il va se persuader que la victime est — a toujours été, certainement — méprisable. Quant aux victimes, elles n'ont pas envie de rester marginalisées et stigmatisées, tant par les autres qu'à leurs propres yeux, c'est pourquoi elles font tout leur possible pous se « dé-victimiser ».

Et ce n'est pas facile.

Car il y a parfois des conséquences physiques à assumer, blessures ou infirmité qui, au même titre que la perte de biens matériels, peuvent être terriblement décourageantes. Et il peut s'y ajouter des conséquences psychologiques : angoisse et dépression, choc et confusion, phobies, culpabilité et obsessions liées à l'événement traumatique. Il y a aussi la nécessité de lutter pour reprendre confiance en soi et en la vie. Dans ce but, les victimes trouvent des façons cohérentes et positives de se raconter leur drame. Certains récits de victimes sont même tellement positifs et optimistes qu'ils peuvent « laisser supposer, disent certains chercheurs, qu'il n'existe pas de victimes ».

Dans ces récits, on trouve par exemple l'idée que « ça aurait pu être pire ». Victime d'un vol, la personne a eu de la chance, elle n'a pas été brutalisée. Ou alors elle a été volée et brutalisée mais pas violée. Ou encore, comme me le racontait une de mes amies dévalisée par deux drogués, frappée à coups de revolver et violée, « je suis heureuse de m'en être sortie vivante ».

Dans une étude réalisée par la psychologue Shelley Taylor et son équipe auprès de femmes soignées pour un cancer du sein, on trouve les déclarations suivantes :

D'une femme à qui on a enlevé une tumeur : « Mon opération a été relativement bénigne. Ce doit être horrible pour les femmes à qui on enlève un sein ! »

D'une femme qui vient de subir l'ablation d'un sein : « Ça n'a rien de tragique... Si le truc s'était répandu dans tout mon corps, je n'aurais pas dit la même chose. »

D'une septuagénaire : « Celles qui me font vraiment pitié, ce sont les jeunes. Perdre un sein quand on est jeune, ça doit être terrible. Moi j'ai soixante-treize ans, à quoi pourraient bien servir mes seins ? »

D'une jeune femme mariée : « Si je n'étais pas mariée, je crois que cette opération m'aurait vraiment achevée. J'ai du mal à imaginer comment on peut sortir avec un gars en sachant qu'on a ce truc-là et sans savoir comment le lui dire. »

Cette étude montre que les femmes se comparent volontiers à plus malheureuse, non à plus heureuse, qu'elles. « Certaines, à l'article de la mort, écrivent les auteurs, se félicitaient d'avoir atteint la paix spirituelle alors que la plupart des gens n'y arrivent jamais. »

Et quand ces femmes comparent l'ablation d'un sein à d'autres formes d'amputation, elles s'estiment heureuses :

« Il peut arriver pire que ça, dit l'une d'elles. Vous pouvez perdre un bras, vous pouvez perdre une jambe, vous pouvez perdre un œil ou une oreille, c'est mille fois plus handicapant. »

Je pense à certaines personnes de ma famille qui se posent perpétuellement en victimes et n'admettraient jamais qu'il ait pu leur arriver quelque chose de pire. Parmi les championnes toutes catégories, laissez-moi vous présenter Ida (c'est un pseudonyme) :

Tout ce qui m'arrive
Ida l'a déjà subi ou souffert
mais en pire
Avec des complications
Et son chirurgien considère comme un miracle qu'elle s'en soit sortie

Ses avocats ont demandé plus d'un million de dommages et intérêts
Son pharmacien a failli s'évanouir en lisant son ordonnance
Et son mari jure qu'il n'a jamais vu un tel courage
Car (et ne croyez pas qu'elle se vante) elle n'est pas du genre à se plaindre
Voyant cela, l'infirmière était ravie de lui apporter le bassin
Sa fille a pris l'avion pour venir lui rendre visite
Et des gens dont elle n'avait aucune idée se battaient pour lui offrir leur sang
Et son assureur en avait les larmes aux yeux
Car (et ne croyez pas qu'elle se vante) tout le monde l'adore
C'est tellement vrai que ses sœurs lui téléphonent de l'autre bout du pays au tarif de jour
Et que son spécialiste l'a pratiquement obligée à accepter qu'il l'appelle chez elle
Que la femme de ménage a insisté pour travailler
le dimanche
Et que ses cousins ont annulé la réunion annuelle
du Club des Cousins
Elle a reçu une foule de cadeaux
(elle serait gênée d'en préciser le nombre)
envoyés par ses amies de tous les coins du pays
Car tout le monde, oui tout le monde, se mourait d'inquiétude pour Ida,
Ida qui souffre
Comme d'autres
Se réjouissent.

Contrairement à ces gens qui se complaisent dans leur rôle de victimes, les femmes de l'étude précitée ne prennent aucun plaisir à leur souffrance. Au contraire, elles affirment non seulement qu'elles ont eu plus de chance, mais aussi qu'elles réagissent mieux que d'autres.

« Il y en a qui sont complètement anéanties. Pourtant, elles ont moins de problèmes que je n'en ai eu. »

« Je ne trouve pas qu'elles s'en sortent aussi bien que ça. Et je ne comprends pas, parce que moi ça va. »

« Il me semble que je m'en suis très, très bien tirée, étant donné les circonstances. Je sais que certaines femmes n'ont tout simplement pas assez de force. »

Taylor et ses collègues ont découvert avec surprise que les exemples auxquels se comparaient ces femmes n'étaient pas réels mais fictifs, inventés pour l'occasion pour « faire paraître leurs réactions encore plus exceptionnelles ».

En se considérant comme chanceuses (ça aurait pu être pire) ou équilibrées (je m'en sors très bien), les victimes réussissent à minimiser leur drame.

Pour se « dé-victimiser », elles peuvent aussi se dire qu'elles souffrent pour un but élevé, un but qui les dépasse — et qu'elles ne distinguent pas toujours clairement. On constate qu'en cherchant une réponse à la question « Pourquoi moi ? » beaucoup de gens arrivent à la conclusion que le tremblement de terre ou l'attaque à main armée dont ils ont été victimes leur a plus ou moins permis d'évoluer dans le bon sens.

« J'ai l'impression d'être consciente pour la première fois. »

« Une meilleure compréhension de moi-même, voilà l'un des plus grands changements que j'aie vécus. »

« J'ai eu le bonheur de découvrir la force qui est en moi... Et je me suis tourné vers l'introspection. »

« Je profite beaucoup plus de chaque jour, de chaque instant qui passe. »

Une femme de quarante-neuf ans au dernier stade du sida me dit : « Depuis que j'ai ce virus, j'ai pris le temps de m'intéresser aux beautés de la nature. Ces arbres, ces tulipes, ils étaient là depuis toujours, mais maintenant je les remarque. »

Une femme qui souffre de la sclérose en plaques depuis vingt-trois ans écrit à un journal : « La maladie nous a rapprochés, ma famille et moi. Et nous faisons les choses immédiatement au lieu de reporter... La sclérose en plaques est une maladie pénible, mais il y a pire. Je considère que j'ai de la chance. »

Et un homme qui a eu la polio déclare : « Je sais que maintenant je suis beaucoup plus concerné, beaucoup plus touché par les autres. Mes proches peuvent me demander d'accorder à leurs problèmes tout mon esprit, tout mon cœur et toute mon attention. Jamais je n'aurais appris cela si j'avais continué à m'agiter sur les courts de tennis. »

Victime d'une inondation, un homme considère que la catastrophe a représenté un avantage non seulement pour lui mais pour l'ensemble de la communauté. Il dit : « Je ne connaissais même pas mes voisins, avant. Il n'y avait pas ce qu'on appelle une vie de quartier. Mais ces deux derniers jours, j'ai fait la connaissance de tout le monde. On se serre les coudes et on essaie de s'entraider, c'est bien agréable. »

Même les victimes d'incestes — jusqu'à 20 % d'entre elles, dans certaines études — arrivent à dégager un aspect positif de l'horreur qu'elles ont vécue dans l'enfance. Voici ce que dit l'une d'entre elles : « J'ai appris par la suite que rien ne pouvait m'arriver de pire. Et je sais maintenant que je peux surmonter à peu près n'importe quoi. »

C'est constructif, je l'admets, de trouver un aspect positif à des expériences négatives. C'est noble et admirable, c'est une preuve de maturité. Mais, avant de nous relever quand nous sommes effondrés, avant de panser nos blessures, avant de voir les avantages que nous apporte l'épreuve, il me semble qu'il faut commencer par pleurer, jurer, insulter le ciel, réclamer le retour à notre ancienne vie. Et je ne pense pas que nous devions nous réjouir des merveilleuses opportunités que nous apportent les inondations, le sida, la sclérose en plaques ou le cancer.

Certains d'entre nous estiment d'ailleurs qu'ils n'en ont vraiment pas besoin.

« J'en ai marre de ces gens qui s'extasient sur les bienfaits de leur maladie, dit la poétesse Nikki Giovanni qui a eu un cancer du poumon en 1995. Je ne crois pas être devenue plus douce ou plus gentille. S'il faut passer à deux doigts de la mort pour apprécier la vie, vous perdez votre temps. »

Et elle poursuit : « Je suis contente de ne pas être morte mais je ne crois pas qu'un être cosmique m'ait envoyé le cancer pour changer ma vie. Si c'est le cas, il y a des méthodes plus discrètes pour attirer mon attention. Il aurait pu me parler à l'oreille. J'apprends très vite. »

Quoi qu'il en soit, la tendance des victimes semble être de donner un sens à ce qu'elles ont subi et d'en minimiser l'impact. Certains peuvent aussi, comme David Gelernter, professeur de sciences à Yale, refuser farouchement le statut de victime.

« Tout être doué d'un minimum de santé mentale préférerait se défoncer le crâne à coups de parpaing plutôt que de se considérer comme une victime », dit Gelernter qui parle d'expérience. En 1993, il a reçu et ouvert un paquet piégé, cadeau du célèbre « Unabomber », et l'explosion lui a coûté deux doigts de la main droite, endommagé l'ouïe et la vue, laissé des cicatrices sur tout le corps. Mais plutôt que de « réclamer les droits auxquels toute victime peut prétendre », comme le lui conseillait un journaliste de la télé, Gelernter a refusé de laisser la bombe définir les termes de son existence. Il a choisi de réagir.

Il a commencé par banaliser son accident : « Tout le monde a sa part de coups durs, dit-il. J'ai été blessé d'une façon particulièrement dramatique, mais des milliers de personnes innocentes sont blessées dans des accidents de la route tous les jours. »

Ensuite, il a insisté sur les aspects positifs de son expérience, se félicitant de « l'extraordinaire gentillesse de diverses communautés... et même d'étrangers du monde entier ». Sans aller jusqu'à prétendre que cette bombe était un bienfait, Gelernter affirme : « Être grièvement blessé et s'en remettre est une expérience qui permet de clarifier certaines choses par rapport à sa vie. En ce qui me concerne, j'ai cessé de croire qu'un jour ou l'autre je décrocherais le gros lot. Comme le dit le Talmud, “ un jour ou l'autre ”, ça n'existe pas. »

Certaines victimes trouvent aussi du réconfort dans le sentiment de leur responsabilité.

« Je n'avais pas attaché ma ceinture. »

« J'avais bu un coup de trop. »

« J'aurais dû me rendre compte que ce type était bizarre. »

« Avec tous les soucis que je me faisais, pas étonnant que j'aie un cancer. »

Autrement dit, l'accident, le viol ou la maladie ne sont pas le fait du hasard et auraient pu être évités car : « C'est moi qui suis cause de mon malheur. »

Même quand il existe objectivement un responsable, la victime peut insister pour prendre la faute à son compte. C'est le cas de cet homme, paralysé depuis que son ami s'est endormi en conduisant sa voiture. Comment explique-t-il que ce soit sa faute ? Il dit que son ami voulait partir tard, que lui-même aurait préféré partir plus tôt mais qu'il n'avait pas insisté. « Si j'avais insisté et qu'il ait refusé, alors ça aurait été sa faute. »

Des travaux de recherche sur cette forme de culpabilisation ont permis de dégager deux faits inattendus. Le premier est que, loin de vouloir accuser hommes, choses ou circonstances, les victimes sont nombreuses à exagérer leur propre responsabilité. Le second est qu'en s'accusant elles-mêmes ces personnes (même handicapées à vie) ne paraissent pas plus atteintes que les autres, au contraire, elles s'en sortent mieux. Mais il y a une nuance, et elle est d'importance. L'autoaccusation n'a des effets positifs que quand la faute concerne un moment d'absence, un comportement stupide ou imprudent mais contrôlable. Si par contre la faute est attribuée à un vice essentiel (donc immuable) de leur nature, les victimes ne se sentent pas mieux mais plus mal. En d'autres termes, mieux vaut se dire « J'ai fait une erreur » que « Je suis un incapable ».

Personnellement, j'ai du mal à voir l'autoaccusation comme un plus car, comme la plupart des gens, je n'aime guère reconnaître mes torts. Il me serait donc difficile d'admettre qu'une erreur de ma part ait bouleversé ma vie. (Et plus difficile encore de vivre avec le sentiment d'avoir gravement causé du tort à quelqu'un d'autre.) Pourquoi donc certaines victimes préfèrent-elles s'en prendre à elles-mêmes ? Les chercheurs donnent une réponse qui me paraît sensée, ils disent qu'il est souvent plus vivable, moins effrayant, de se sentir incompétent et coupable qu'impuissant et sans contrôle.

Il apparaît par exemple que les femmes qui réagissent le plus mal à un viol, celles qui éprouvent une « peur totale », sont celles qui n'avaient aucune raison de se méfier, étant donné les circonstances, et qui ne peuvent donc être tenues pour responsables de ce qui leur est arrivé puisque, selon elles, cela n'aurait pas dû se produire.

« En allant chez le médecin à 19 h 30 pour des douleurs dans le dos, comment pouvais-je me douter... »

« On n'imagine pas qu'on peut se faire violer à 10 heures du matin. »

« J'ai toujours cru qu'en étant deux (à marcher dans la rue) on ne risquait rien. »

« On nous répète qu'en voiture on est plus en sécurité qu'à pied, et c'est dans mon véhicule, au volant de ma voiture, que j'ai été agressée. »

Parce que ces femmes considèrent leur conduite comme innocente (elles n'ont pas cherché les ennuis), elles ne voient pas ce qu'elles pourraient faire pour éviter que la chose se reproduise. À l'inverse, les victimes qui s'estiment responsables peuvent continuer à croire qu'elles exercent un certain contrôle sur leur vie, que le monde est juste et que les malheurs n'arrivent pas par hasard. Rassurées, elles se disent qu'en agissant, en se comportant autrement, elles peuvent se mettre à l'abri des imprévus.

Voilà ce que disent certaines études et qui, je le répète, me paraît sensé. Mais jusqu'à un certain point seulement car la culpabilité peut aussi entretenir la victime dans son état.

Rain, qui a été agressée et violée à l'âge de dix-sept ans, s'inscrit en faux contre une vision positive de la victimisation. Vingt ans après qu'un homme l'a attaquée sur le quai d'une gare, traînée dans un escalier et violée après lui avoir fracassé la tête contre le sol, elle estime qu'elle aurait eu moins de mal à s'en sortir si tout le monde — y compris elle-même — n'avait pas accusé la victime.

Rain s'est réveillée, après deux semaines de coma, avec fractures, douleurs permanentes, paralysie et commotion cérébrale. Aujourd'hui, elle marche avec un appareil orthopédique, ne peut pas se servir de sa main droite et perd parfois le fil de ses pensées. Mais les atteintes psychologiques ont été plus graves encore. Elle a traversé une phase de boulimie — « Je m'étais complètement perdue, mais je pouvais encore contrôler la quantité de nourriture que j'ingurgitais » — et vécu une longue relation de violence et de soumission — « Je ne savais pas que je méritais mieux ».

Rain sort aujourd'hui avec un collègue de l'école pour sourds où elle est orthophoniste, mais elle traverse encore des phases de dépression et pense que sa vie « ne sera plus jamais la même », car la jeune fille qu'elle était « est morte assassinée il y a vingt ans ». Elle dit aussi : « Pendant quinze ans, mon père m'a répété, dès que je sortais de son champ de vision : “ Arrange-toi pour que ça ne recommence pas ”, et je me demandais chaque fois ce que je pouvais faire pour que ça ne recommence pas. »

Dans le cas de Rain, la réponse n'est pas évidente. Mais il y a des situations où la victime, qu'elle s'estime ou non responsable, peut prendre des mesures concrètes : faire installer un système de sécurité chez soi quand on a été cambriolé ; apprendre une technique de combat quand on a été agressé ; changer de région, comme l'a fait une de mes amies, après un tremblement de terre.

« L'action directe, écrivent les psychologues Ronnie Janoff-Bulman et Irene Hanson Frieze, peut donner à la victime l'impression de contrôler son environnement et minimiser d'autant son sentiment de vulnérabilité. »

L'action directe, cela peut consister à se documenter sur le sujet qui nous concerne, en lisant ou, depuis peu, en consultant Internet ; à entreprendre un travail sur soi-même en suivant un programme d'aide psychologique, groupe de soutien ou thérapie individuelle et/ou un entraînement physique.

Christopher Reeve, par exemple, acteur qui fut Superman à l'écran, a repris le rôle dans la vie depuis qu'une chute de cheval l'a rendu tétraplégique et qu'il fait tout pour s'en sortir. Il s'exerce à rester le plus longtemps possible sans aide respiratoire — « Je ne vais pas rester dépendant d'une machine jusqu'à la fin de mes jours » — et fait de la gymnastique pour maintenir ses jambes en forme car, explique-t-il, « je crois dur comme fer que d'ici à dix ans je marcherai à nouveau ». Malgré sa situation catastrophique, Christopher Reeve a donc refusé d'être catastrophé, de rester comme il le dit « avec mon moteur au point mort. Il faut se pousser, faire des choses, aller de l'avant ». Et il ajoute qu'il s'est investi dans son processus de guérison avec le même esprit de compétition que s'il s'agissait simplement d'« une autre forme de sport ».

Certains agissent aussi de façon à empêcher les autres de les considérer comme des victimes. En cachant leur infirmité, comme le faisait le président Roosevelt ; en refusant les propositions d'aide — « Je n'ai besoin de rien, merci, tout va bien » ; en faisant des blagues ou en parlant de leur problème avec humour ; en continuant à avoir des activités dites « normales » ou en refusant — après avoir surmonté des obstacles apparemment infranchissables — qu'on les traite comme s'ils avaient fait quelque chose d'exceptionnel.

Voyez l'exemple de John Craven qui, en août 1971, a été pris par une lame de fond pendant qu'il nageait au large. La colonne vertébrale brisée entre la troisième et la quatrième cervicale, il est resté paralysé depuis le cou jusqu'aux pieds. Il travaillait à l'époque comme physicien à la CIA, mais il a dû passer dix ans dans une institution à la suite de son accident. Il possède maintenant son propre appartement où une infirmière vient tous les jours l'assister. Confronté à la question : « Est-ce que ça vaut la peine de continuer à vivre ? », il a décidé de « tirer le meilleur parti d'une situation difficile ».

Et Craven s'est remis à travailler pour la CIA. En écrivant, sur une machine à écrire d'abord, puis sur un ordinateur, avec une baguette tenue entre les dents, il a franchi gaillardement tous les échelons de la hiérarchie pour appartenir aujourd'hui au Senior Intelligence Service. En 1996, Craven a même été nommé « scientifique de l'année » par la CIA, en récompense des découvertes qu'il avait faites dans son domaine.

N'oubliez pas que, quand il travaille à l'ordinateur ou parle au téléphone (un téléphone qui fonctionne à la voix), c'est presque toujours d'un lit d'hôpital. N'oubliez pas qu'il tape au maximum quinze mots par minute — c'est fatigant pour les mâchoires de tenir une baguette bien droite. N'oubliez pas que, comme il l'a confié à un journaliste, si une mouche se pose sur son nez, il est obligé de faire appel à quelqu'un pour la chasser. Et n'oubliez pas qu'il est tétraplégique.

Qu'en dit-il lui-même ? Il dit : « On nous raconte des histoires larmoyantes sur le sort d'" Untel qui a triomphé dans des circonstances impossibles ". Moi, je ne veux pas de ce genre de mélo. Je ne veux me présenter ni comme un être pathétique ni comme un héros des temps modernes. Je crois que beaucoup de gens feraient aussi bien que moi dans les mêmes circonstances. Les hommes sont bien plus résistants, bien plus costauds qu'ils ne le croient eux-mêmes, jusqu'au moment où il doivent le prouver. »

Certains, c'est sûr, mais pas tous.

Il y a ceux qui restent dans leur rôle de victime.

Vous vous êtes peut-être déjà demandé — si la vie vous a jusqu'ici épargné ses coups les plus rudes — comment vous réagiriez en cas d'épreuve. Je me pose moi-même la question chaque fois que je fais une mammographie, une analyse de sang, chaque fois que je vais consulter pour des vertiges, un bouton, une douleur, sachant que le résultat de la radio ou de l'analyse peut changer radicalement ma vie. Un jour, j'ai vu une femme d'âge mûr sortir du bureau de mon médecin et danser dans le couloir en chantonnant : « Je n'ai rien, je n'ai rien, tout va bien ! » Oui, mais la prochaine fois ? « La vie est fragile », comme dit une de mes amies, française, et la prochaine fois, nous n'aurons peut-être pas envie de chanter. La prochaine fois, nous serons peut-être réduits à l'état de victime et alors, aurons-nous le courage d'en sortir ?

Comment se fait-il que certains d'entre nous se sentent totalement démunis, complètement désespérés, devant l'adversité ? Et comment expliquer que d'autres soient capables de réagir, de sortir de l'état de victime ? Jusqu'à un certain point, bien sûr, la réponse dépend de la nature et de l'importance de l'événement qui nous frappe. Elle dépend aussi des moyens financiers et du soutien affectif dont nous pouvons disposer. Elle dépend encore de notre âge, éventuellement. Mais ce qui compte le plus c'est notre confiance en nous, le fait que nous nous considérions comme efficaces, compétents, capables de façonner notre vie par nos actes et par nos choix personnels.

Dans les moments difficiles, la confiance en soi permet de se dire — quand on a raté un examen, perdu son emploi, été lâché par l'être aimé — que la prochaine fois on étudiera davantage, qu'on va retrouver du travail et rencontrer l'âme sœur. Cette même confiance peut aussi, à la suite d'un événement dramatique, inattendu, nous aider à ne pas nous laisser enfermer dans le statut de victime.

Ceux qui décident de ne pas céder à la victimisation doivent parcourir le dur chemin qui sépare la « victime » du « rescapé », ces deux mots, je l'avoue, me faisant frémir. Si Gelernter et Craven n'ont pas publié leurs mémoires, l'éditeur Norman Cousins, frappé par une maladie incurable, a écrit, avec *Anatomy of an Illness*, un véritable antidote au désespoir. Il y témoigne en effet qu'on peut accroître ses chances de guérison en mobilisant ses forces, en reprenant le contrôle.

En 1964, Cousins est atteint de spondylite ankylosante, maladie qui provoque la désintégration des tissus conjonctifs de la colonne vertébrale. Ses chances de guérison sont minces. Mais Cousins, qui n'est pas du genre passif, prend immédiatement l'offensive, fait équipe avec son médecin, participe activement à son traitement et met en œuvre toutes les ressources de son intellect pour découvrir les causes de sa maladie (un empoisonnement aux métaux lourds), ce qui a pu le rendre fragile (la fatigue des surrénales) et ce qu'il peut faire pour combattre son mal (remettre en état son système endocrinien, en particuler les surrénales).

Cousins se souvient d'avoir lu que la rage refoulée, la frustration et autres tensions émotionnelles peuvent fatiguer les surrénales, que les émotions négatives peuvent avoir un impact négatif sur les fonctions organiques. Il décide d'explorer la possibilité inverse : « que les émotions positives aient un impact positif sur les fonctions organiques ». Que « l'amour, l'espoir, la foi, le rire et la volonté de vivre aient une valeur thérapeutique ». Il élabore donc une stratégie de guérison fondée sur l'espoir que même « un degré relatif de contrôle de mes émotions aurait un effet physiologique salutaire ».

Cousins accentue ainsi son contrôle.

Sa stratégie consiste d'abord à se débarrasser de certains médicaments qui peuvent, selon lui, nuire à son organisme, et à prendre de fortes doses de vitamine C car il a lu que l'acide ascorbique pouvait contribuer à calmer l'inflammation et à « nourrir » les surrénales. Il s'arrange ensuite pour quitter l'hôpital, dans la mesure où l'atmosphère des hôpitaux n'est jamais favorable aux « battants ». Mais l'aspect le plus novateur de son programme de guérison, ce sont les plages de rire qu'il introduit dans son régime quotidien (il regarde des films comiques et lit des livres humoristiques).

Car il est persuadé que le rire est bénéfique pour la chimie de l'organisme. Et il a raison, semble-t-il, puisqu'il découvre que « dix minutes de rire à gorge déployée avaient un effet anesthésiant et me procuraient deux bonnes heures de sommeil sans douleur ». Il découvre aussi que les analyses de sang faites après qu'il a ri sont meilleures que celles faites avant, et que les avantages médicaux du rire peuvent être scientifiquement mesurés, par la vitesse de sédimentation.

Et Norman Cousins attribue son extraordinaire guérison à l'association rire-vitamine C. Mais il pense aussi que son traitement a réussi parce qu'il était sûr de guérir. Et il accepte très bien que sa guérison soit due à l'effet placebo.

Le placebo (en latin, je plairai) est un acte thérapeutique inutile ou une fausse médication que le patient reçoit de son médecin et qu'il croit efficace. L'effet placebo se produit lorsque, en dépit de son innocuité, le placebo produit un effet curatif sur le patient, avec des modifications biochimiques mesurables et un large éventail de résultats positifs. « Le placebo, dit Cousins, est la preuve qu'il n'existe pas de séparation réelle entre l'esprit et le corps. »

Un placebo n'aura pas d'effet sur le malade qui doute de son authenticité et de son efficacité ; sur celui qui n'a pas confiance dans son médecin ou ne possède pas un « robuste appétit de vivre ». Mais le placebo lui-même, l'objet physique, n'est pas nécessaire pour que l'effet placebo se produise, car l'esprit, affirme Cousins, « peut remplir sa fonction ultime et affirmer son pouvoir sur le corps sans l'illusion d'une intervention matérielle ».

En d'autres termes, nous n'avons pas besoin d'un médicament ou d'un soin factice pour inciter notre corps à se soigner lui-même. L'esprit peut transformer la volonté de vivre, « notion poétique, en une réalité physique, en une force agissante ».

Cousins ne prétend pas que la mobilisation des émotions positives entraîne toujours la guérison ou la suppression des symptômes. Il ne conseille pas non plus d'abandonner son traitement médical s'il est sans danger et d'une efficacité avérée. Non, Cousins dit seulement que nous devons, avec notre médecin traitant, reconnaître et stimuler les pouvoirs du « médecin qui réside en nous », cette « tendance naturelle de l'esprit humain à la perfectibilité et à la régénération ». Et il conclut : « Protéger et chérir cette tendance naturelle, ne serait-ce pas le plus bel exercice de la liberté humaine ? »

La thèse que défend Cousins dans ce livre est donc qu'en acceptant la responsabilité de leur guérison les victimes de maladies ont une meilleure chance de guérir. Le chirurgien Bernie Siegel, auteur de *L'Amour, la Médecine et les Miracles* [1], est du même avis. Il ajoute même (ce que j'ai du mal à admettre) que si les malades se sentent un tant soit peu responsables de l'apparition de leur maladie, ils auront l'impression de mieux contrôler leur processus de guérison. Il dit aussi qu'au lieu de chercher à guérir, les malades doivent s'efforcer d'atteindre la paix spirituelle qui, selon lui, crée pour le corps un environnement propice à la guérison. Relaxation, méditation, hypnose et visualisation (l'évocation d'images mentales positives) peuvent contribuer à créer cet environnement salutaire et provoquer l'émergence d'une « personnalité de vainqueur », cette personnalité qui fait les « patients exceptionnels ».

Les patients exceptionnels, écrit Siegel, possèdent entre autres caractéristiques une capacité d'amour inconditionnel pour les autres et pour eux-mêmes, amour qui, pense-t-il, « est le plus puissant stimulant connu du système immunitaire ». Les patients exceptionnels refusent l'impuissance et le désespoir, refusent

1. Éditions Robert Laffont, collection Réponses/santé, 1989.

d'être des victimes ou des statistiques. Ils participent, très activement, à leur traitement, ils s'informent, posent des questions et sont disposés à changer. En persistant à affirmer « leur dignité, leur personne et leur pouvoir, quel que soit le cours que prenne la maladie », les patients exceptionnels de Siegel prennent leur vie en charge, améliorent leur qualité de vie, prolongent leur temps de vie — et réussissent parfois une guérison « miraculeuse ».

Siegel parle de patients exceptionnels, et l'endocrinologue Deepak Chopra parle de « génies de la liaison corps-esprit », ces malades qui, en accédant à un niveau de conscience entièrement nouveau, sont capables de ce qu'il appelle « la guérison quantique ». Il affirme, avec plus d'optimisme que de preuves, me semble-t-il, que si le diabétique réussit à contrôler son diabète, le cancéreux son cancer et le cardiaque son cœur ou toute autre maladie, c'est parce que :

> il effectue un spectaculaire changement de point de vue. Il sait qu'il va être guéri et il sent que la force nécessaire est en lui mais pas limitée à lui — elle s'étend au-delà des frontières de sa personne, à toute la nature. Il sent soudain : « Je ne suis pas limité à mon corps. Tout ce qui existe autour de moi fait partie de moi. »

Si l'on en croit Chopra, cette brusque accession à un degré supérieur de conscience serait grandement facilitée par la médecine ayurvédique, médecine traditionnelle orientale qui se fonde essentiellement sur trois techniques de guérison. Tout d'abord, la méditation, qui emporte l'esprit « hors de ses frontières » vers une « zone libre » où la maladie n'existe pas. Ensuite, la « technique de la béatitude » qui implique une attention active, laquelle produit une conscience tellement efficace, d'après Chopra, qu'il n'y a « aucune raison intrinsèque pour qu'elle ne guérisse pas n'importe quelle maladie. » Mais, pour plus de certitude, il y a encore la « technique du son primordial » où le patient concentre toute son attention sur l'organe, la tumeur ou l'articulation qu'il veut guérir.

Chopra et Siegel donnent de nombreux exemples de guérisons miraculeuses et de rémissions. Ils parlent de personnes vivantes et en bonne santé alors que leur maladie aurait dû les tuer depuis des années. De douleurs envolées et de tumeurs résorbées. De personnes guéries après s'être dit : « Je ne resterai pas malade un jour de plus » ; ou avoir « décidé de ne pas se laisser tuer par le cancer » ; ou parce que, après « s'être délesté de sa rage et de sa dépression, son esprit, comme un ballon allégé d'un poids inutile, s'est élevé — et ses tumeurs ont commencé à régresser. Elle était guérie ». Ils nous content l'histoire de ce quadragénaire qui, grâce à la méditation et à la technique de la béatitude, vit encore « comme si le sida n'était plus là » quatre ans après avoir développé cette maladie. Ils nous parlent d'une femme de quatre-vingt-huit ans qui n'a plus jamais eu de crise d'angine de poitrine après avoir pratiqué la technique du son primordial.

Beaucoup de gens — dont moi — estiment que Deepak Chopra et Bernie Siegel vont un peu trop loin. Mais si la lecture de leurs livres m'inspire certaines réticences, je ne rejette absolument pas le principe de la liaison corps-esprit. Car, au-delà de l'anecdote, séduisante mais pas toujours convaincante, différents travaux plus ou moins rigoureux ont été faits par des chercheurs de bonne réputation, dans le dessein d'étudier les effets de notre état mental sur notre santé physique.

Ainsi : À la fin des années soixante-dix, le psychiatre David Siegel de la Stanford University et son collègue Irving Yalom ont organisé un groupe de soutien pour des femmes souffrant de cancers du sein métastasés et ils ont constaté que les femmes ayant participé à des thérapies de groupe bihebdomadaires vivaient deux fois plus longtemps que le groupe de contrôle — c'est-à-dire une moyenne de 36,6 mois pour les premières et de 18 mois pour les autres.

Ainsi : Dans les années quatre-vingt, le psychiatre Redford Williams de la Duke University a mis en évidence, après diverses études, une forte corrélation entre hostilité chronique et maladies cardiaques. Dans une étude sur presque 2 000 sujets masculins, par exemple, ceux qui manifestaient les taux d'hostilité les plus forts risquaient 1,5 fois plus de mourir d'une maladie cardiaque

que ceux dont le degré d'hostilité était faible. Sa conclusion : « L'hostilité est un indicateur de mortalité plus fiable qu'aucune autre cause spécifique. »

Ainsi : En 1986, une organisation nommée Blue Cross-Blue Shield a étudié 2 000 adeptes de la méditation en Iowa et trouvé que, comparés aux non-adeptes, ils étaient hospitalisés 87 % moins souvent pour des maladies cardiaque et 50 % moins souvent pour des tumeurs.

Ainsi : En 1988, le docteur Dean Ornish a fait suivre à vingt-deux malades cardiaques dans un état grave un programme qui comportait : un régime pauvre en matières grasses, des exercices physiques quotidiens, des séances de méditation, thérapie de groupe et autres techniques « conçues pour aider les gens à identifier et à dépasser leur sentiment d'isolement ». Son programme était fondé sur la théorie suivante : se sentir coupé de la relation à soi-même et aux autres peut engendrer le stress et, souvent, des maladies de cœur, alors que « tout ce qui permet une réelle proximité et donne le sentiment d'être relié aux autres peut aider à guérir ». Deux ans plus tard, Ornish constatait des améliorations sans précédent chez dix-huit de ses patients alors que dans le groupe de contrôle l'état de la majorité des patients avait empiré. À propos de son travail avec ces patients, Ornish parle d'« opération à cœur ouvert psychologique ».

D'autres études tendent à prouver que l'isolement peut être un danger et la relation un bienfait pour la santé. D'autres encore, parfois contradictoires, affirment qu'il existe un lien entre traits de caractère et maladies. Différentes théories tentent d'expliquer comment les émotions se traduisent en manifestations physiques. Mais au-delà de ces divergences, une chose est sûre, c'est que, par un processus encore mystérieux, l'esprit semble avoir une influence sur la santé du corps.

L'esprit peut dire au corps de produire des symptômes. Des recherches ont montré que les malades à personnalités multiples présentaient parfois des symptômes qui disparaissaient quand le sujet changeait de personnage, tel personnage manifestant par exemple le déficit en insuline qui caractérise le diabète, des réactions allergiques au jus d'orange ou aux poils de chat, alors qu'un autre personnage — quand il devenait dominant — ne manifestait aucun symptôme de diabète ni d'allergie.

L'esprit peut dire au système immunitaire de se bloquer. Le psychologue Robert Ader et l'immunologiste Nicolas Cohen ont donné à un groupe d'animaux un immunodépresseur — substance qui bloque la réponse immunitaire en empêchant la production d'anticorps — associé à de la saccharine. Quand ils supprimaient l'immunodépresseur, quand les animaux ne recevaient donc que la saccharine, leur système immunitaire était tout de même bloqué.

L'esprit peut produire des dommages physiologiques. L'absorption d'une substance appelée méphénesine provoque chez certaines personnes nausées, vertiges, palpitations et autres effets secondaires. Or les mêmes effets ont été constatés quand on a donné aux mêmes personnes un placebo à la place de méphénesine.

L'esprit peut dire au corps de ne pas ressentir la douleur. Karen Olsen, professeur de pédiatrie, s'est fait opérer du doigt — a subi une intervention chirurgicale de trois quarts d'heure — sans autre anesthésie qu'une séance d'autohypnose. « Je me suis simplement concentrée sur l'image de la ferme de mon enfance, explique-t-elle, et je me suis sentie très à l'aise pendant toute l'opération. »

Tous ces exemples et ces travaux de recherche prouvent qu'il serait illusoire de traiter le corps et l'esprit comme des entités séparées. Ils démontrent que l'esprit et le corps « dialoguent » ensemble, même si leurs échanges échappent généralement au conscient. Ils suggèrent néanmoins qu'il est possible d'agir — d'agir consciemment — pour accroître les pouvoirs guérisseurs de notre esprit et acquérir un plus large contrôle du fonctionnement de notre organisme.

Pouvons-nous en conclure que, bien entraîné, notre esprit réussirait à guérir notre corps en le pensant, en le voulant, en bonne santé ? Est-il possible de vaincre la maladie en exerçant consciemment un contrôle sur notre système immunitaire ? Pouvons-nous — et c'est la question que tout le monde se pose — vaincre le cancer par la pensée positive ? Certains chercheurs sérieux sont prêts à admettre que c'est théoriquement possible, mais s'empressent d'ajouter que nous n'avons pas encore la preuve que ce soit faisable.

« Il existe des cas bien documentés de rémission spontanée de cancers, dit le Dr Michael Lerner, mais... la probabilité qu'une personne souffrant d'un cancer du sein, du pancréas ou du poumon soit capable, grâce à ses ressources intérieures propres, de stopper l'évolution de son cancer et de l'éliminer à tout jamais — cette probabilité-là est plus qu'incertaine. »

Le Dr Margaret Kemeny, psychologue formée à la psycho-neuro-immunologie, ajoute qu'il n'existe actuellement aucune donnée permettant de prouver qu'une cellule cancéreuse, par exemple, puisse être tuée par l'évocation d'une image où une cellule tueuse l'attaque et la détruit. Elle dit : « Rien dans la façon dont nous comprenons la physiologie ne nous incite ... à spéculer sur le fait que penser à un processus physiologique quelconque... puisse atteindre la cellule cancéreuse et l'altérer. »

Et puis il y a ces gens — comme ma sœur, qui s'est vaillamment battue contre son cancer, en pratiquant la pensée positive, en refusant d'être une statistique, et qui n'avait pas la moindre intention de mourir —, ces gens qui combattent leur maladie avec toutes les ressources dont ils disposent et qui perdent la bataille. Leur mort est une réfutation silencieuse de cette affirmation inconsidérée de Bernie Siegel : « Il n'y a pas de maladies incurables, il n'y a que des gens incurables. »

Dans *La Maladie comme métaphore*, Susan Sontag propose une réfutation pas du tout silencieuse de ces théories triomphalistes annonçant la victoire de l'esprit sur la matière. Elle considère qu'il est scandaleux d'accuser les malades d'avoir provoqué leur maladie, de leur suggérer qu'ils avaient secrètement envie d'être malades et de leur dire que s'ils ne réussissent pas à guérir, c'est qu'ils n'ont pas assez de volonté. Rejetant l'hypothèse d'une quelconque « relation scientifique entre cancer et sentiments douloureux », elle refuse d'admettre que les cancéreux aient pu se rendre malades parce qu'ils étaient déprimés, insatisfaits, parce qu'ils s'apitoyaient sur leur sort, refoulaient leur hostilité, leur désespoir ou souffraient d'isolement affectif.

Sontag note que différents commentateurs ont attribué les cancers de Napoléon, Ulysses Grant et Hubert Humphrey « à leur défaite politique et à la réduction de leurs ambitions ». Elle cite William Reich qui disait que le cancer de Sigmund Freud s'était déclaré au moment où cet homme « mal marié » et « génitalement très frustré » s'était résigné à renoncer « à ses plaisirs personnels, à ses joies personnelles ». Elle rapporte les déclarations de Norman Mailer prétendant que, s'il n'avait pas « exprimé un nœud meurtrier de sentiments » en poignardant sa femme, il aurait contracté le cancer et serait « mort dans l'année ». Elle cite enfin W. H. Auden qui, dans un poème intitulé « Miss Gee », propose cette description du cancer :

Les femmes sans enfant l'ont
Et les hommes à la retraite ;
Comme s'il fallait quelque exutoire
Au feu de leur créativité réprimée.

Susan Sontag rejette avec dégoût toutes ces théories. Elle pense que rendre les malades responsables, non seulement de leur maladie mais aussi de leur guérison, constitue à la fois une charge trop lourde et une cruelle illusion, l'illusion de pouvoir modifier des réalités sur lesquelles l'homme n'a en fait que peu ou pas de contrôle.

Entre les théories de Siegel et celles de Sontag on doit pouvoir trouver un juste milieu. On peut certainement affirmer que nos états mentaux influencent notre état physique, sans nous sentir coupables le jour où nous tombons malades. Car, si nos émotions jouent un rôle dans l'émergence d'un cancer, d'autres facteurs — puissants et multiples — interviennent également. Et même si nous pouvions (chose impossible) diriger nos émotions et nos pensées contre la maladie, nous n'avons aucun moyen de contrôler les autres facteurs.

Aux questions « Est-ce moi qui me suis donné le cancer ? » et « Suis-je responsable de ne pas guérir ? », deux spécialistes de la guérison corps-esprit répondent.

Le psychologue clinique et chercheur Lawrence LeShan, qui a consacré plusieurs dizaines d'années à étudier les pouvoirs d'autoguérison de malades du cancer, écrit : « *Pensées et sentiments ne peuvent ni causer le cancer ni le guérir...* Quiconque prétendrait que le malade du cancer est responsable de sa maladie et/ou de ne pas s'en remettre... ne doit absolument pas être écouté. »

Et Andrew Weil, médecin diplômé de Harvard, grand maître de la médecine alternative, affirme : « Je rejette l'idée que les gens se donnent eux-mêmes le cancer en n'exprimant pas leur rage et autres émotions. Et je rejette résolument l'idée que l'absence de guérison donne la moindre indication sur l'état d'esprit de la personne ou sur son développement spirituel. » Après avoir rappelé qu'il y a eu parmi les saints tellement de victimes du cancer qu'« on pourrait presque considérer cette maladie comme un des risques du métier de saint », il conclut : « Gardez cela présent à l'esprit pour ne pas être tenté de croire que la guérison dépend de l'illumination et de la sublimation des émotions négatives. »

Ce n'est donc pas notre faute — nous ne sommes pas coupables — si nous avons le cancer. Et ce n'est pas non plus notre faute si nous ne guérissons pas du cancer — d'une maladie cardiaque, de l'arthrite ou de toute autre maladie. Bien que notre état psychologique — ainsi que nos gènes, notre environnement, nos habitudes de vie — puissent sans aucun doute affecter l'état de notre corps, il y a des limites au pouvoir que nous pouvons exercer mentalement sur notre santé physique. Mais, après avoir renoncé à une culpabilisation déplacée et à des espoirs de guérison absurdes, nous pouvons trouver des moyens pour prendre la responsabilité, un contrôle relatif, de notre santé.

Nous savons par exemple qu'à notre insu, sans que notre esprit s'y emploie consciemment, notre corps peut être conditionné à répondre d'une certaine façon à certains stimuli, comme le montre l'expérience d'Ader avec la saccharine et l'immunodépresseur. L'étape suivante, selon Karen Olness (le médecin qui s'est fait opérer sans anesthésie), c'est « de se prendre en charge, de se dire d'accord, si je dois être conditionné, au moins que ce soit sous mon contrôle ». Grâce à différentes techniques d'autorégulation, nous pouvons agir sur nos symptômes, douleurs et angoisses. Ces techniques — biofeedback, autohypnose, visualisation, méditation, etc. — ne sont absolument pas réservées à une élite, elles sont accessibles aux gens ordinaires comme vous et moi.

« Je pense que toute personne, dans la mesure où elle est motivée, peut parfaitement apprendre à s'autoréguler », dit le Dr Olness. Elle ajoute que les techniques d'autorégulation sont particulièrement utiles aux jeunes souffrant de maladies chroniques. « Ils n'ont aucun contrôle sur le déclenchement de leurs crises ou sur leur hospitalisation — mais le fait d'apprendre ces stratégies leur donne quelque chose à contrôler et la possibilité de participer à leur propre guérison. »

Ces techniques d'autorégulation sont-elles vraiment efficaces ?

Oui, conclut une conférence d'évaluation technologique réunie, sous l'égide du Bureau des médecines alternatives de l'Institut national de la Santé (OAM) en octobre 1995, pour examiner cette question. Un panel indépendant de vingt-deux personnes a rapporté que les techniques de relaxation (concentration sur la répétition d'un son, d'un mot, d'une phrase ; refus de toute pensée négative ; position confortable dans un endroit tranquille) peuvent faire baisser la tension, ralentir le rythme cardiaque et la respiration, et qu'elles « sont efficaces pour le traitement de différentes douleurs chroniques, lombalgies, arthrite et maux de tête, notamment ». Les mêmes personnes ont aussi attesté l'efficacité de l'hypnose sur diverses affections dont la colite, les nausées provoquées par la chimiothérapie et les douleurs chroniques dues au cancer. Elles ont également démontré que biofeedback et relaxation pouvaient soulager l'insomnie.

Les exemples les plus spectaculaires de guérisons et de rémissions « auto-induites » n'ont pas été évaluées dans ce rapport. Mais ils risquent de l'être un jour puisque la mission principale de l'OAM est d'estimer la valeur des résultats obtenus par les médecines alternatives. Et cette mission est d'autant plus importante qu'*un Américain sur trois* utilise ces thérapies pour se soigner. Il faut donc savoir lesquelles sont efficaces, lesquelles ne le sont pas et recueillir plus d'informations sur la façon dont ça marche quand ça marche.

Ce qui semble d'ores et déjà certain, c'est que les techniques d'autorégulation permettent au malade « de sentir qu'il dispose d'un certain pouvoir, qu'il est moins impuissant et qu'il peut exercer un certain contrôle sur sa douleur ». Se prendre en charge peut donc être bénéfique pour la santé. Et en dehors de ces techniques on peut aussi recourir à des tactiques individuelles de prise en charge comme l'exercice physique, une nourriture équilibrée, arrêter de fumer, prendre des décisions importantes (pas nécessairement en rapport avec son état de santé) concernant sa vie personnelle. Un grand nombre d'études ont montré que la personne malade — que tout le monde, en fait — se sent beaucoup mieux physiquement dès lors qu'elle dispose d'un certain contrôle.

Ainsi : Dans des études comparatives entre des malades cancéreux en phase terminale qui recevaient leur morphine d'un médecin ou d'une infirmière et des malades qui se faisaient eux-mêmes leurs injections, on a montré que ces derniers, ceux qui contrôlaient, souffraient moins, tout en consommant moins de morphine.

Ainsi : À l'école de médecine de l'université du Wisconsin, des enfants grands brûlés ont été divisés en deux groupes. Le premier était complètement pris en charge par le personnel infirmier, tandis que les enfants du second groupe avaient appris à changer eux-mêmes leurs pansements. Dans ce dernier groupe, les enfants avaient moins de complications et réclamaient moins de médicaments que ceux du premier groupe.

Ainsi : Des chercheurs qui s'interrogeaient sur les effets de la responsabilité et de la perte de responsabilité chez les pensionnaires d'une maison de retraite ont donné à un groupe une grande liberté de choix dans divers domaines (disposition de leur chambre, organisation de fêtes, réclamations) et prévenu un autre groupe que le personnel serait entièrement responsable de tout ce qui concernait leur bien-être. Ils ont aussi donné à chacun une plante verte, mais seules les personnes du premier groupe avaient le droit de s'en occuper elles-mêmes, les autres devant laisser ce soin au personnel d'entretien. En trois semaines, 71 % des personnes entièrement soumises à un contrôle extérieur allaient plus mal, alors que 93 % de celles qui géraient elles-mêmes leur vie étaient visiblement plus actives, plus heureuses et intellectuellement plus alertes. Dix-huit mois plus tard, une étude de suivi permit de constater que dans le premier groupe 30 % des personnes étaient mortes alors que dans le deuxième, 15 % seulement, c'est-à-dire la moitié, avaient succombé.

Ainsi : Lors d'une expérience, on a administré à quarante étudiants une série de décharges électriques de six secondes en leur demandant d'appuyer sur un bouton dès qu'ils sentaient quelque chose. Ensuite, on a dit à la moitié des étudiants que, s'ils réagissaient assez vite, ils pouvaient réduire la durée des décharges à trois secondes. En réalité, ils n'avaient aucun contrôle sur la durée des décharges qui passait de toute façon à trois secondes. Mais cela ne les a pas empêchés de se sentir moins stressés par ces décharges dont ils croyaient contrôler la durée que les étudiants de l'autre groupe qui recevaient exactement les mêmes décharges mais n'avaient pas l'impression d'y être pour quelque chose.

Cette dernière étude permet de préciser un aspect important des rapports entre contrôle et santé : quand on croit contrôler — *que ce soit vrai ou non* —, on se sent mieux.

Et des recherches ont confirmé que l'illusion du contrôle pouvait produire un effet placebo et jouer un rôle positif dans le maintien de la vie. Ou, comme le disent ironiquement les auteurs de l'étude sur les décharges électriques : « Le bonheur, puisqu'on ne peut pas contrôler son destin, c'est d'être persuadé qu'on le contrôle. »

Comme l'a montré l'étude réalisée dans la maison de retraite, le fait de se prendre en charge peut tirer la personne vers la vie. À l'inverse, une perte de contrôle absolue peut se révéler fatale. Le psychologue Bruno Bettelheim parle des *Muselmänner*, ces prisonniers des camps de concentration nazis qui « finissaient par croire ce que leur répétaient les gardiens — il n'y avait aucun espoir pour eux, ils ne sortiraient du camp que les pieds devant », et qui, persuadés « de n'avoir aucune influence d'aucune sorte sur leur environnement », devenaient des cadavres ambulants et mouraient rapidement.

Il existe d'autres formes de mort, comme le « syndrome de mort subite », qui peuvent être attribuées au désespoir et à l'impuissance, à une absence de contrôle réel ou supposé. Des expériences sur des animaux ont permis d'établir un lien entre mort subite et incapacité de contrôle. Mais sans aller jusqu'à l'opposition extrême vie-mort, il apparaît que dans l'ensemble, il vaut mieux avoir un contrôle que se sentir impuissant. Plusieurs études témoignent des bienfaits du contrôle, même illusoire :

Les gens qui croient avoir une capacité de contrôle sont moins perturbés par les événements stressants que ceux qui croient ne pas en avoir.

Les gens qui croient avoir une capacité de contrôle sont plus heureux que ceux qui croient le contraire.

Les gens qui croient avoir une capacité de contrôle prennent mieux soin d'eux-mêmes que ceux qui croient ne pas en avoir.

Les gens qui croient avoir une capacité de contrôle ont moins tendance à se prendre pour des victimes — mais aussi à le devenir — et surtout à le rester que ceux qui croient ne pas en avoir.

Voyez par exemple les résultats surprenants de cette étude comparative entre habitants de l'Illinois et habitants de l'Alabama : en Illinois, les gens sont plus enclins à penser qu'ils sont personnellement responsables de leur destin qu'en Alabama. Si bien que, quand une tornade est annoncée, les habitants de l'Illinois sont cinq fois plus enclins à prendre des mesures préventives que ceux de l'Alabama. Et bien évidemment les accidents mortels dus aux tornades sont plus nombreux en Alabama qu'en Illinois.

Cela ne veut pas dire que la croyance en Dieu soit nécessairement incompatible avec la croyance en sa propre responsabilité. L'écrivain Reynolds Price, qui fut soutenu par une puissante vision mystique tout au long d'un douloureux calvaire provoqué par son cancer, donne pourtant ce conseil à ceux qui souffrent :

« Dans votre malheur actuel, vous êtes seul, aussi longtemps que durera cette vie. Si vous voulez en sortir, creusez votre sortie vous-même, s'il y en a une possible. ... *Revenez vers la vie... Vous seul pouvez le faire*. »

Et il poursuit : « Nul doute que Dieu ou les forces de la nature vont finir par vous faire céder et mourir. Mais jusque-là... il vous est seulement ordonné de vivre. Ne prêtez pas d'attention sérieuse à la mort... Et gardez le contrôle de l'air environnant. »

Quand le malheur frappe — s'attaque à notre corps ou à notre psyché, nous brise le cœur, détruit ce que nous aimons, anéantit nos rêves — nous pleurons, nous tremblons, nous saignons et nous maudissons notre destin, mais tôt ou tard nous ramassons les morceaux et nous recommençons à vivre. Victimes de drames atroces, de pertes irréparables, tourmentés par un destin cruel et aveugle, nous sommes terrassés par le pouvoir de forces incontrôlables. Mais nous pouvons nous relever, refuser de laisser le destin avoir le dernier mot, réparer ce qui est réparable, nous accommoder de ce qui ne l'est pas et tâcher de garder le contrôle — autant que faire se peut — de l'air environnant.

9

Quelques formes de renoncement

> En psychologie sociale, on s'accorde généralement à dire qu'il est souhaitable de contrôler les conséquences de ses comportements, et que les individus s'efforcent de maîtriser leur environnement... Mais la vie comporte beaucoup de situations où il n'est pas possible d'exercer le moindre contrôle.
>
> Wortman et Brehm, *Responses to Uncontrollable Outcomes*

Dans le bonheur comme dans l'adversité, ceux d'entre nous qui aiment contrôler espèrent influer sur les circonstances importantes de leur vie. Se fixent des objectifs et s'efforcent activement de les atteindre. Acceptent — quand ils échouent — de reconnaître leurs erreurs. Recommencent quand ils n'ont pas obtenu ce qu'ils voulaient. Mais il y a des gens qui ne veulent pas, ou croient qu'ils ne peuvent pas, exercer de contrôle. C'est le destin qui les conduit, d'une main mystérieuse. On peut voir dans ce renoncement une abdication ou une faiblesse morale, mais ce n'est pas nécessairement et pas toujours le cas. Car même nous qui aimons contrôler sommes capables de reconnaître (ou devrions en être capables) qu'il faut parfois attendre, laisser faire, renoncer, s'incliner, capituler, lâcher prise.

Il y a bien des façons de renoncer à contrôler.

Perdre le contrôle, c'est parfois très agréable, parfois très mauvais signe. Cela peut nous enrichir, nous gêner, nous détruire. C'est parfois conscient, parfois inconscient, c'est un choix délibéré, un pis-aller ou une obligation.

On a bien des raisons de renoncer à son contrôle.

On affirme : « Ce n'est pas ma faute » ou « On m'a forcé à le faire ».

On affirme : « Je l'ai fait parce que j'avais peur de ne pas le faire. »

On affirme : « Je n'y peux rien, je suis impuissant, je ne peux pas faire ça. »

On affirme : « J'ai peur de me faire remarquer. »

On se dit : « C'est impossible. »

On se dit : « Si j'essaie, c'est l'échec. »

On se dit : « Je ne devrais pas avoir à le faire. »

On se dit : « C'est leur problème, pas le mien. »

Ou bien on se dit : « Si tu veux être tranquille, arrête de vouloir régenter la terre entière. »

Ou encore, pratique : « Ce n'est pas mon affaire » ; déférent : « Que ta volonté soit faite » ; vaincu : « Tu as gagné, je m'incline » ; défensif : « Je n'ai fait qu'obéir aux ordres. »

Il y a différentes façons d'abdiquer.

Il y a de multiples formes de renoncement.

À propos de la notion de contrôle, les psychosociologues parlent de « lieu de contrôle » et distinguent entre ceux qui croient en un lieu de contrôle *intérieur* et ceux qui croient en un lieu de contrôle *extérieur*. Comparant les deux, le psychologue Herbert Lefcourt dit que les « intérieurs » (aussi appelés « origines ») « perçoivent les événements comme largement dépendants de leurs efforts personnels », alors que les extérieurs (ou « pions ») ont une appréciation « plus fataliste de la façon dont les choses se déroulent ». Mais il insiste sur le fait que ces croyances peuvent être variables et réversibles.

Car certaines personnes se comportent en « intérieurs » dans certaines situations, et en « extérieurs » dans d'autres — comme le PDG qui, en présence de sa mère, redevient un petit garçon soumis, obéissant. Et notre façon d'être peut évoluer en fonction de changements intervenus dans notre vie. Ce PDG, par exemple, peut faire une thérapie qui lui donne assez d'assurance face à sa mère pour qu'il lui dise (avec plus ou moins de tact) qu'il n'a plus besoin de ses conseils. Par contre, à la suite d'un revers essuyé par son entreprise, il peut très bien se sentir professionnellement déstabilisé, craindre de ne plus pouvoir diriger une entreprise ou se croire définitivement fichu. Mais, en dépit de ces fluctuations possibles, il est utile, quand on parle du contrôle, de classer les gens dans l'une de ces deux catégories. Il est utile, quand on s'intéresse à leur comportement, à leurs réactions et à leurs espoirs, de savoir si leur lieu de contrôle est extérieur ou intérieur.

Moi qui suis persuadée d'avoir, jusqu'à un certain point, façonné ma vie, moi qui appartiens très évidemment à la catégorie des « intérieurs », j'ai du mal à imaginer une vie qui échapperait presque entièrement à mon contrôle. Mais je suis née dans la classe moyenne, en Amérique, au XXe siècle, et j'ai bénéficié de toutes les libertés que cela suppose : pas de place ou de rôle assigné d'avance, pas d'obligations ni d'interdits trop contraignants. Alors, avant de voter des félicitations à la personne que je suis devenue — active, responsable et (il faut bien le reconnaître) directive —, je dois me demander pourquoi certains n'y arrivent pas.

Il y a bien des raisons.

Une histoire personnelle et un milieu familial n'offrant pas l'occasion d'explorer, de faire des choix, de résoudre des problèmes, d'entreprendre, peut favoriser une vision extérieure du contrôle. Tout événement est alors attribué au destin, à la chance, à Dieu ou à toute autre puissance supérieure. C'est aussi ce qui se passe quand on appartient à une famille sans statut social, sans possibilité de travail, ni d'intégration dans la société, comme en témoigne Manuel Sanchez dans le livre d'Oscar Lewis, *Les Enfants de Sanchez* :

> Pour moi, la destinée d'un homme est dirigée par une main mystérieuse qui organise tout. Il n'y a que l'élite qui voit les choses tourner comme prévu ; les gens comme moi, les bouffeurs de maïs, ne reçoivent du ciel que des « tamales »... Je crois dur comme fer que certains naissent pour être pauvres et qu'ils le resteront malgré toutes les contorsions qu'ils peuvent faire pour essayer de s'en sortir. Dieu nous donne juste assez pour nous permettre de continuer à végéter, non ?

Quand on appartient à un groupe humain qui a toujours été pauvre, exclu et dénigré, on peut conclure de son expérience quotidienne que des forces inflexibles régissent tous les aspects de l'existence. Mais même parmi les gens que Manuel Sanchez classerait probablement dans l'« élite », il y en a qui, à cause de leur enfance ou d'événements plus tardifs, se vivent comme inefficaces, sans défense, sans pouvoir. Et si on leur demandait de choisir la réponse qui leur convient le mieux dans la série suivante, ces « extérieurs », bien qu'appartenant à un milieu privilégié, répondraient certainement (A), (B), (A), (A), (B), (B) :

(A) Quand on a des malheurs dans la vie c'est souvent dû à la malchance.
(B) Les malheurs résultent d'erreurs que l'on a faites.

(A) À plus ou moins longue échéance, le mérite finit par être reconnu.
(B) On a beau faire des efforts, la valeur individuelle passe souvent inaperçue, hélas.

(A) Si on n'a pas de veine, on ne sera jamais un bon leader.
(B) Les gens capables qui ne deviennent pas des leaders ont laissé passer leur chance.

(A) J'ai souvent constaté que ce qui doit arriver arrive.
(B) Faire confiance au destin ne m'a jamais aussi bien réussi que décider moi-même de la conduite à suivre.

(A) Quand je fais des projets, je suis presque certain de pouvoir les réaliser.
(B) Il n'est pas toujours sage de faire des projets à l'avance parce que bien des choses relèvent de la chance ou de la malchance.

(A) Ce qui m'arrive, c'est moi qui l'ai provoqué.
(B) Je me dis parfois que je n'ai pas suffisamment de contrôle sur la direction que prend ma vie.

Les « extérieurs », se voyant comme des pions sur un échiquier, manipulés, ont du mal à croire que leurs actes comptent. Ils sont donc moins persévérants puisqu'ils n'établissent aucun lien entre obstination et résultat. Certains, ayant appris par cœur la leçon de l'impuissance, s'attendent à échouer alors même qu'avec un petit effort ils pourraient réussir. Les « extérieurs » courent le risque d'abandonner trop vite et trop souvent.

Mon ami Lenny, par exemple, n'a jamais très bien réussi dans son métier. Mais à l'entendre, ce n'était jamais sa faute. Son premier patron ne l'aimait pas. Le deuxième l'exploitait. Le troisième ne lui a pas donné l'avancement qu'il méritait. Et tous les autres étaient, dans leurs rapports avec Lenny, des « salauds », des « imbéciles » ou des « provocateurs ». Et Lenny n'y peut rien, sa vie professionnelle est entièrement contrôlée par des forces injustes et irrationnelles. À ses yeux, il n'est qu'un pion à la merci de ses patrons.

John Marcher, lui aussi, est convaincu de n'avoir rien à faire pour réaliser la destinée « rare et étrange », peut-être « prodigieuse et terrible » qu'il croit être la sienne et qui va surgir un jour « telle une bête fauve tapie dans la jungle ». En attendant le sort inconnu et inévitable qui l'attend, il accomplit mécaniquement les gestes de la vie, et les journées vides, s'ajoutant aux mois vides, finissent par faire des dizaines d'années complètement vides. John Marcher devient vieux. Alors, au terme de cette longue vie de passivité et d'attente, il comprend quel était son destin : vivre la vie d'un homme auquel il n'arrive jamais rien.

John Marcher est le personnage d'une nouvelle d'Henry James intitulée « La bête dans la jungle ». Henry James n'emploie pas le terme de « lieu de contrôle », mais l'histoire de cet homme qui attend, sans vivre et sans aimer, offre une image inquiétante des risques encourus par ceux qui refusent de choisir et de modifier leurs expériences, par ceux qui confient leur destinée aux dieux qui « la couvent dans leur giron ».

À l'inverse de cette attitude apathique et renfermée, les gens qui croient au contrôle intérieur manifestent ce que Lefcourt appelle une grande « vitalité ». Confiants dans l'efficience de leurs actes, ils usent de leur liberté d'action et « se collettent avec... les événements ». Bien qu'il se défende de considérer les « intérieurs » comme les bons et les « extérieurs » comme les moins bons, Lefcourt conclut que les intérieurs sont généralement :

Plus « ouverts à la nouveauté » et à la « réalisation de soi ».

Plus concentrés, plus curieux, plus alertes.

Plus sensibles, disposés à apprendre, plus persévérants.

Plus susceptibles de résister à la corruption.

Plus enclins à reconnaître leurs défauts et leurs erreurs.

Mieux armés pour réagir face à l'adversité.

Au vu de tous ces avantages, il n'est pas étonnant que Lefcourt veuille faire de nous des « intérieurs » et qu'il conseille de « se percevoir comme le déterminant de sa destinée » et d'éviter de s'abandonner à « des forces invincibles ».

Mais comment ne pas s'abandonner à des forces invincibles ? Comment les combattre ? Comment même envisager de les combattre ? Le personnage d'un de mes romans, Brenda Kovner, qui répond au courrier des lecteurs dans une rubrique intitulée « Contrôler sa vie », est heureuse de proposer une réponse constructive : « Quand on rencontre un mur de pierre en travers de son chemin, il faut reconnaître sa qualité de mur, la dureté des pierres et éviter de se précipiter dessus tête baissée. » Par contre, poursuit-elle, « on peut creuser un tunnel dessous, le contourner, l'escalader, le démolir ou trouver un autre chemin par où passer ».

Ce refus de capituler s'appuie sur ce que Brenda appelle son « savoir-faire », qui lui a permis « d'aider des centaines de milliers de lecteurs (plus deux bonnes douzaines d'amis proches) à sortir de leurs difficultés : mariage bancal, enfants difficiles, crise de la quarantaine, parents vieillissants et rêves anéantis ». Cette attitude positive, c'est le lieu de contrôle intérieur de Lefcourt dans sa version radicale.

Encouragements, amour, tendresse et confiance des parents sont les éléments à partir desquels nous pouvons développer cette forme de contrôle. Avec leur protection qui nous met à l'abri des vicissitudes de l'existence. Mais il faut ensuite que nos parents nous poussent hors du nid pour que nous prenions la mesure de nos capacités et que nous acquérions de l'expérience.

Nous avons vu, au chapitre 2, comment cet apprentissage peut être encouragé ou freiné par notre éducation.

Dès nos premiers jours, en établissant une relation avec notre mère, nous apprenons à contrôler notre environnement affectif. Ou alors nous apprenons que nos cris et vagissements, si clairs et expressifs soient-ils, vont rester sans réponse ou être mal compris.

Dès nos premiers pas, sous la protection de parents qui nous laissent partir à la découverte du monde, nous apprenons à maîtriser une partie de notre univers physique. Ou nous apprenons que nos tentatives d'autonomie vont être vues comme une désertion sinon un danger de mort.

À trois, quatre, cinq ans, toujours tendus vers nos objectifs extérieurs, nous apprenons à progresser vers leur réalisation, encouragés par nos parents qui nous aident à équilibrer attente et récompense, contrainte et initiative. Ou nous apprenons qu'il ne faut pas, que ce n'est pas la peine, qu'ils vont le faire pour nous. Ou nous apprenons à nous conformer strictement à ce qu'ils veulent, parce qu'en cas de résistance ou de rébellion ils nous laisseront tomber — « Débrouille-toi donc tout seul » — bien que nous n'ayons pas les moyens de gérer ni les événements ni nos propres affects.

Absence de réaction ou d'approbation, liberté trop restreinte ou trop grande peuvent entretenir en nous le sentiment de n'avoir ni pouvoir ni efficacité, aucun contrôle. Au contraire, les encouragements de nos parents dans un cadre fait de repères, de protection, de limites et de contraintes nous donnent la conviction d'être les maîtres de notre vie.

C'est notre vie à nous — et nous en avons le contrôle.

Ce qui ne nous empêche pas de faire des erreurs. Nous avons parfois tendance à oublier que le succès n'est pas toujours au bout de l'effort et qu'il peut être futile et même nuisible d'insister. Croyant pouvoir contrôler toutes les situations, nous ne voyons pas toujours — ou alors très, très tard — qu'il serait bon de renoncer. Car, comme le disent Ronnie Janoff-Burman et Philip

Brickman, « la faculté de lâcher prise est tout aussi essentielle que la faculté de s'accrocher », et l'insistance à vouloir résoudre ce qui est, par essence, insoluble est parfois plus « inadaptée », plus « pathologique » que le fait d'abandonner alors qu'on aurait pu réussir.

« Quand un organisme est confronté à des circonstances réellement incontrôlables, la réponse adaptative la plus juste peut être de renoncer », disent aussi Camille Wortman et Jack Brehm dans *Responses to Uncontrollable Outcomes*.

Oui, les « intérieurs » doivent apprendre que dans certaines situations ils sont impuissants. Mais, comme ils sont persuadés de pouvoir tout contrôler, ils n'apprennent pas vite. Et, au lieu d'abandonner, ils restent, ils insistent, persévèrent, s'obstinent. Certains, comme Louisa, vont beaucoup trop loin dans l'obstination.

Un beau jour, Louisa épouse Ed, un homme qui ne voulait pas se marier. Peu après leur lune de miel, il prend une maîtresse, expliquant à Louisa — bouleversée — que c'est une histoire sans importance, une simple conséquence de sa peur de l'engagement. Louisa accepte la situation, persuadée qu'il va s'assagir dès leur premier enfant.

Mais, juste après la naissance de cet enfant, Ed a sa deuxième, sa troisième puis sa quatrième aventure, qu'il met sur le compte du poids de ses responsabilités paternelles. Louisa pleure mais reste avec lui, certaine que quand ils auront quitté la grande ville — et ses femmes faciles — pour s'installer dans une petite ville de province — où ils ne fréquenteront que des couples traditionnels avec enfants —, Ed se sentira moins stressé par ses responsabilités.

Mais, sitôt installé en province, Ed s'empresse de séduire deux mères de ces familles traditionnelles avec lesquelles ils se sont liés d'amitié. Et il explique à Louisa que ce n'est rien de grave, simplement le démon de midi. Triste, humiliée, Louisa se résigne à attendre qu'Ed dépasse les orages du démon de midi pour aborder aux calmes rivages du troisième âge.

Ed a cinquante-trois ans quand leur fille unique est grièvement blessée dans un accident de la route. Elle revient habiter chez eux pour une longue convalescence entre papa et maman. Louisa est certaine que cette triste situation va calmer les ardeurs extraconjugales de son mari et le rapprocher d'elle. Au lieu de cela, il s'engage dans une nouvelle liaison pour, explique-t-il à Louisa écœurée, échapper à la dépression que lui cause l'état de sa fille.

Louisa accepte, se calme, attend que passe la dépression.

Peu avant soixante-cinq ans, Ed décide de prendre sa retraite. Il a une pension confortable, leur fille est rétablie, ils vont pouvoir faire tranquillement le tour du monde tous les deux. Et c'est alors — vous avez sans doute deviné la fin de l'histoire — qu'Ed annonce à cette pauvre Louisa qu'il a enfin rencontré le grand amour et qu'il veut divorcer.

Louisa, seule au milieu des ruines d'une vie qu'elle a tout fait pour préserver, se demande aujourd'hui à quel moment elle aurait dû renoncer.

Si certains d'entre nous ont du mal à lâcher quand ils devraient lâcher, c'est que la démission a très mauvaise réputation, qu'elle est associée à la faiblesse, à l'échec, à la trahison même. Pour de bonnes, pour d'excellentes raisons, on nous enseigne que rester vaut mieux que partir, que pour gagner il faut s'accrocher, que l'insistance est toujours payante. Croire que nous avons, que nous pouvons exercer un contrôle, nous disent les psychologues, est une quasi-garantie de santé, de bonheur, de résistance au stress et de productivité, même quand ce contrôle n'est qu'illusoire. Mais à aucun niveau on n'a suffisamment mesuré les risques d'une insistance aveugle, ou d'une fausse impression de contrôle, disent Janoff-Bulman et Brickman.

« Rien n'est plus beau, s'empressent-ils d'ajouter, que les rêves irréalisables, les folies, les excès, l'utopie, encore faut-il savoir perdre, savoir reconnaître à quel moment le contrôle nous échappe. »

Encore faut-il ne pas manifester une obstination pathologique.

L'obstination pathologique nous contraint à rester dans des

situations professionnelles sans issue, dans des relations conjugales destructrices.

Elle nous engage à livrer des combats perdus d'avance, à tenter de réparer l'irréparable.

Elle nous fait dédaigner le bon, le sacrément bon et le pas mal parce qu'elle exige le partenaire parfait, le boulot parfait, la perfection en toute chose. Et nous risquons, comme John Marcher, de nous retrouver seuls et les mains vides au soir de notre vie.

Elle nous pousse à accomplir ce qui n'a jamais été et ne sera jamais accompli, jusqu'au désespoir ou à la mort.

« Les faibles vont errer indéfiniment d'un objectif à l'autre, écrivent Janoff-Bulman et Brickman, seuls les forts peuvent se détruire avec la même détermination qu'un capitaine Achab. »

Pour ne pas nous détruire, il faut cesser de poursuivre des baleines blanches et de nous assommer contre des murs de pierres. Il faut apprendre à quel moment dire : « Je ne vois pas de solution », « Je ne peux pas arranger ça », « Là, je ne peux pas gagner ». Il faut apprendre à quel moment dire : « Je renonce. »

Mais le renoncement peut marcher main dans la main ou alterner avec la prise en charge. Alors nous ne choisissons ni l'un ni l'autre, nous choisissons les deux. Les « victimes » dont nous avons parlé au chapitre 8 s'en sortaient en assumant pleinement leur contrôle. Mais Cornelia Biddle, dite « Neil », âgée de cinquante ans, que j'ai interrogée en 1996, offre un exemple différent.

Neil est devenue une « personne handicapée » — elle ne s'est pas encore faite à cette image d'elle-même — quand l'ablation d'une tumeur au cerveau l'a rendue complètement sourde. Jolie, drôle, intelligente, intuitive, vive et exubérante, elle est remariée, mère de deux enfants (sans compter les sept enfants et les neuf petits-enfants de son mari), et partage son temps entre travaux domestiques et bénévolat. Elle a une maladie génétique, la maladie de Recklinhausen, qui se manifeste par l'apparition de tumeurs dans son système nerveux. Ces tumeurs peuvent comprimer des nerfs et causer de sérieux handicaps — surdité, cécité, paralysie et autres — à n'importe quel moment, en n'importe quel endroit de son corps. La première de ces tumeurs est apparue sur son épaule quand elle avait dix-huit ans ; d'autres se sont développées dans son cerveau après chaque grossesse. Et c'est l'ablation d'une tumeur au cerveau, devenue énorme, qui a causé la surdité de Neil, à quarante-deux ans.

« J'ai eu la bêtise de croire, dit-elle, que la surdité était ce qui pouvait m'arriver de pire, de plus traumatisant, et qu'une fois habituée à cette infirmité, je n'aurais plus de gros travail d'adaptation à faire. » Elle se trompait. D'une part, une opération récente a provoqué une paralysie faciale (« C'est très dur à accepter »), d'autre part son équilibre, sa capacité de marcher sans vaciller ni tomber, a été « durement touché par la maladie ». Par ailleurs, on a découvert que sa fille souffrait du même mal quand, à l'âge de vingt-deux ans, il a fallu l'opérer d'une tumeur au cerveau.

Neil a connu et connaît encore des moments de noire dépression, d'apitoiement sur elle-même et de frustration liés à sa situation : au fait d'avoir perdu son rôle d'animatrice de toutes les conversations lors des réunions de famille, à ses difficultés de communication, au sentiment qu'elle a parfois (pas toujours) d'être « à peine humaine » parce qu'elle est sourde, à sa nostalgie de la musique et de la voix « tellement sexy » de son mari. Elle a aussi la désagréable impression d'être « un vieux chien qui apprend à faire de nouveaux tours ». Elle se laisse parfois aller, dit-elle, à une dépendance bien trop grande par rapport à son mari et à ses proches. D'autres fois, elle leur en veut de prendre trop de place. Elle s'efforce, avec difficulté, de vivre comme avant, de voyager, de s'amuser et de s'occuper de sa maison. Elle dit : « Plusieurs fois dans la même journée je me demande quelle est la position juste par rapport à chaque situation, renoncer ou insister. »

Garder le contrôle, pour Neil, c'est rester indépendante, surveiller son régime et entretenir sa forme physique, entre autres mesures préventives susceptibles, pense-t-elle, de freiner le cours de sa maladie. C'est aussi se tenir au courant des dernières recherches concernant son mal. Mais le contrôle est une notion fragile quand on vit sous la menace perpétuelle de tumeurs et d'opérations, et Neil l'a très bien compris. « En ce qui concerne ma santé, dit-elle, j'ai appris à affronter ce qui est là aujourd'hui sans me soucier de ce qui arrivera demain. Chaque fois qu'on me découvre " quelque chose ", j'y vois un rappel de mon état de mortelle et une incitation à vivre ma vie le plus pleinement possible. »

À travers toutes ces épreuves, Neil est soutenue par une foi profonde qui lui permet (quand elle ne va pas trop mal) de faire ce qu'elle doit faire tout en « lâchant les rênes pour les confier à Dieu ». Elle se bat pour « prendre la meilleure décision seconde après seconde ». Elle a l'impression que dans ses bons jours elle a suffisamment de courage et de ténacité pour « surmonter les obstacles de la vie ». Mais elle a aussi appris, douloureusement, que le contrôle — le contrôle des *résultats* — est illusoire. Elle a donc appris à se passer de certaines formes de contrôle.

En matière de santé, nous dit Neil, et en matière d'amour, Louisa pourrait en témoigner, il est parfois plus avantageux de renoncer à contrôler. En ce qui concerne l'autorité sous ses diverses formes, aussi. Car l'obéissance — faire ce qu'on nous demande, ce qu'on nous ordonne ou ce qu'on attend de nous — nous est perpétuellement imposée. Et l'obéissance est une des principales formes de lâcher-prise.

Comme rompre au lieu de s'accrocher, comme « lâcher les rênes pour les confier à Dieu », l'obéissance est parfois un acte positif, parfois un acte négatif.

Dans la vie quotidienne, nous devons tous nous soumettre — bon gré, mal gré — aux règles du jeu, aux lois et règlements, aux obligations et aux exigences imposées par la société. On s'arrête au feu rouge, même s'il n'y a pas d'autre voiture en vue. On ne passe pas devant tout le monde, même quand on est très pressé. Si le patron décide de faire une réunion à 6 heures du matin, on arrive à 6 heures. On prend des cours inutiles, pour obtenir un diplôme dont on estime ne pas avoir besoin, pour faire ce qu'on ne nous permet pas de faire sans diplôme. On remercie sans éprouver de reconnaissance et on met un costume trois pièces en plein été dans le seul but de se montrer déférent, accommodant ou de plaire à ses électeurs. Par peur, respect, politesse ou intérêt, de bonne grâce ou en faisant la grimace, on obéit.

Il y a bien sûr des règles que nous approuvons ou que nous trouvons tolérables. Il y en a d'autres que nous récusons ou méprisons. Et, comme le dit le psychologue Joseph Braun dans *The Healthy Side of Compliance*, notre opinion concernant les lois et règlements ne modifie en rien notre obéissance, elle détermine seulement sa nature, extérieure, intérieure — ou les deux.

L'obéissance est harmonieuse quand le comportement visible de l'individu s'accorde avec ses convictions, quand il se lève pour saluer parce qu'il a envie de saluer la pesonne qu'il salue.

L'obéissance est intérieure (mais non extérieure) quand la personne honore l'esprit plutôt que la lettre, quand elle manifeste dans sa vie une spiritualité profonde sans aller à l'église ni pratiquer de rites religieux, par exemple.

L'obéissance est extérieure (mais pas intérieure) quand la personne accomplit tous les gestes convenus et indispensables — courbettes, sourires, saluts, messe tous les dimanches — en méprisant ce ou celui pour qui elle le fait.

Refuser l'obéissance extérieure peut nous donner l'intense satisfaction de nous sentir intègre, mais il est parfois stupide de ne pas saluer. Ce sont des batailles mesquines menées au détriment d'objectifs plus importants. Accepter de se conformer à ce que veulent les autres au lieu de s'en tenir à ce qu'on veut n'est pas toujours une trahison. On peut s'épargner beaucoup de fatigue et beaucoup d'ennuis en acceptant l'obéissance extérieure.

Obéissante, Dolly suit des cours de statistiques qui l'ennuient, parce qu'elle en a besoin pour son examen.

Obéissant, Caleb remplit vingt imprimés en quatre exemplaires parce que c'est nécessaire pour obtenir son permis de construire.

Obéissante, Sophie fait des courses pour la femme de son patron pour garder ce qu'elle considère comme « le meilleur boulot qui soit ».

Obéissante, je donne raison à l'agent de police, bien qu'il ait tort (je jure sur la tête de mes enfants que je n'ai pas grillé ce feu rouge), parce que je préfère m'aplatir que de payer une amende.

« Paradoxalement, conclut Braun, l'obéissance extérieure peut donc être une infrastructure nécessaire à l'émergence d'une vraie créativité, d'un respect des priorités et d'une autonomie intérieures. De même, la vraie liberté intérieure s'exerce-t-elle souvent sous le manteau de l'acquiescement et de la soumission. »

Après avoir décrit les bons côtés de l'acquiescement, Braun observe qu'il a aussi ses aspects négatifs, parmi lesquels « l'obséquiosité, la servilité, l'asservissement volontaire... et la collusion criminelle ». Ces attitudes indignes ne se manifestent pas seulement par des actes commis de façon active, mais également par la passivité et le laisser-faire.

Car on peut pécher par omission, en choisissant par exemple de ne rien faire alors même que notre inertie contredit nos principes et nos convictions les plus chers. Certes on ne laisserait personne parler de « nègres », de « youpins » ou de « gousses » sans réagir. On ne s'attarderait pas longtemps en compagnie de gens qui useraient de ce langage. Mais que se passe-t-il quand ces mêmes sentiments sont exprimés de façon détournée ou déguisée, quand, au bureau ou dans les soirées, quelqu'un fait une remarque peu obligeante à propos des Noirs, ou une blague de mauvais goût sur les juifs ou les lesbiennes ? Intérieurement on est furieux, écœuré, effaré, mais on ne dit rien car (raconte Ann) « tout le monde riait et je ne voulais pas me poser en prix de vertu » ; ou (comme dit Dale) « j'avais peur de passer pour un rabat-joie » ; ou encore (dixit Elaine) « je risquais de vexer la personne qui avait raconté l'histoire » ; et finalement, on ne réagit pas parce que, comme dit Lisa, « il faut choisir ses combats ».

On n'a rien dit mais on se sent très mal, à la fois dans le cœur et dans la tête, car, en gardant le silence quand quelqu'un s'exprime d'une façon qu'on estime moralement inacceptable, on sent bien qu'on a mal agi.

Il est vrai que personne n'a envie de passer pour le censeur de service, celui qui se précipite pour dénoncer le moindre mot politiquement incorrect. Mais il est parfois juste de s'insurger, il est parfois possible de le faire avec tact, et on peut rester mesuré, correct et courtois tout en ayant le courage de ses opinions. Alors qu'en ne prenant pas position quand c'est nécessaire, on perd le contrôle moral de la situation, et (« Qui ne dit mot consent ») on devient objectivement complice de ce qu'on réprouve.

« Chaque fois que vous laissez passer sans réagir une attaque contre les gays, même si c'est une blague, me disait un jeune homosexuel, vous faites le jeu des gens qui nous tapent physiquement dessus. Sans faire vous-même le coup de poing contre nous, vous facilitez la tâche à ceux qui le font. »

Parfois, nous allons même plus loin.

Parfois, quand nos convictions morales sont en conflit avec ce que nous demande une autorité extérieure, nous faisons des choses que nous estimons impensables. Abandonnant notre contrôle moral à cette autorité, nous nous permettons de commettre des actes immoraux. Nous y sommes parfois poussés par la peur, lorsque notre vie est en danger, ou par la contrainte, quand nous agissons sous ordre. Mais nous sommes aussi capables de commettre des actes immoraux sans autre raison que l'obéissance à une autorité que nous percevons comme légitime et plus puissante que notre sens moral.

Dans les années soixante, le psychologue Stanley Milgram de l'université de Yale a effectué une série d'expériences très troublantes. Sous le prétexte d'étudier l'impact de la punition sur le processus d'apprentissage, il a recruté des volontaires à qui il a donné le rôle de « professeurs ». Les « élèves » étaient sanglés sur leur siège et devaient répondre à des questions. Chaque fois que l'élève se trompait, son professeur avait pour instruction de lui envoyer une décharge électrique dont l'intensité augmentait à chaque erreur. Les décharges, de 15 volts (léger picotement) à 450 volts (danger — haute tension), provoquaient des gémissements, des supplications (« Faites-moi sortir d'ici, je n'en peux plus »), puis des cris déchirants, parfois suivis d'un silence inquiétant. Mais chaque fois qu'un professeur hésitait, exprimait des doutes, affirmait qu'il voulait arrêter, disant : « Ce type a l'air de souffrir », ou : « Désolé, je ne peux pas faire ça à un homme », la figure d'autorité — l'expérimentateur — lui disait de continuer, d'aller jusqu'au bout de l'expérience. Et pour finir, malgré la souffrance de plus en plus évidente des élèves, malgré le malaise grandissant des professeurs, presque deux tiers des professeurs ont continué à électrocuter leurs élèves jusqu'au voltage maximum.

Comme vous le savez peut-être déjà — cette expérience a beaucoup fait parler d'elle —, les élèves jouaient la comédie ; leurs cris de douleur étaient feints ; ils ne recevaient pas de décharges électriques. Mais les professeurs, bien que convaincus de causer des douleurs atroces et convaincus — pour certains en tout cas — que c'était mal, n'ont pas été capables de résister à l'autorité et ont choisi d'aller jusqu'au bout de cette expérience « cruelle ».

Pourquoi ?

Bruno Batta, soudeur âgé de trente-sept ans, dit : « J'étais payé pour le faire. Je devais obéir aux ordres. »

Jack Washington, tourneur-fraiseur de trente-cinq ans : « J'obéissais aux ordres... Je devais continuer. Et on ne m'a pas fait signe d'arrêter. »

Elinor Rosenblum, femme au foyer : « C'est une expérience. J'étais là pour ça. Alors je devais le faire. Vous me l'avez dit. Je n'étais pas d'accord... J'ai bien été tentée d'arrêter et de dire : " Non, je n'irai pas plus loin... " Mais... j'ai continué, contre mon gré, je vous assure. »

Et Pasqual Gino, inspecteur des eaux de quarante-trois ans : « Je me suis dit... à Yale on sait ce qu'on fait. S'ils pensent que c'est OK... je ferai tout ce qu'ils me diront de faire. » M. Gino, qui n'a jamais contesté les ordres, même quand il pensait que les décharges pouvaient être mortelles, a dit aussi : « Je croyais sincèrement que l'homme était mort avant qu'on ouvre la porte. Et quand je l'ai vu j'ai dit : " Super, c'est vraiment super. " Mais ça ne me dérangeait pas de le croire mort. J'ai fait mon boulot, c'est tout. »

Cherchant à expliquer, au-delà de ces réponses, pareil abandon de tout contrôle moral, Milgram suppose que la soumission volontaire à l'autorité « est une tendance puissante et prédominante chez l'homme ». Il affirme qu'il existe en nous, au même titre qu'une prédisposition au langage, une prédisposition à l'obéissance qui est innée mais ne peut se développer (comme le langage) que dans un contexte social humain. Et il propose l'intéressante hypothèse selon laquelle l'obéissance serait la condition préalable d'une organisation sociale stable et efficiente, extrêmement valable du point de vue de la survie et de l'évolution, caractérisée par la hiérarchie, la division du travail — et une perte non négligeable de contrôle individuel. Car, en tant que membres d'une société humaine, nous rencontrons souvent des situations où nous dépendons de l'autorité des autres — nos parents, pour commencer, puis nos professeurs et nos patrons — et où nous ne sommes récompensés (par des mots tendres, des bonnes notes ou une promotion) que si nous acceptons d'obéir. Une fois « civilisés », poursuit Milgram, les hommes ont intériorisé la notion d'obéissance.

C'est avec cette tendance à l'obéissance, dit Milgram, que les volontaires se sont présentés au labo pour participer à son expérience. Voici comment il décompose le processus :

Ils ont signé le contrat librement.

Ils ont vu dans l'expérimentateur une autorité légitime.

Ils ont décidé de faire du bon travail pour cette autorité.

Ils ont accepté sa définition du « bon travail ».

Et ils se sentaient — chose très importante — responsables *devant* l'autorité mais pas *de* la nature du travail qu'ils effectuaient.

Ceux qui, à un moment ou à un autre, voulaient arrêter, dit Milgram, étaient incapables de le faire, même quand ils insistaient, disant : « Il n'en peut plus. Je ne veux pas tuer cet homme. » Ils continuaient parce qu'ils ne voulaient pas dénoncer le contrat passé avec l'autorité ou pour ne pas lui faire de peine. Ils continuaient aussi parce qu'ils étaient remplis d'angoisse, l'angoisse provoquée par l'idée de violer une loi sociale fondamentale en osant désobéir à l'autorité.

Cette explication permet peut-être de mieux comprendre pourquoi les personnes convenables, responsables qui ont participé à cette expérience ont pu se comporter si durement, si cruellement « dégagés des limitations de leur morale individuelle, libres de toute inhibition humaniste, attentifs aux seules sanctions de l'autorité ». Et Milgram conclut que cette expérience « soulève la possibilité que la nature humaine... ne constitue pas une garantie protégeant ses membres de brutalités et de traitements inhumains exercés à la demande d'une autorité malveillante. Dans une proportion considérable, les gens font ce qu'on leur dit de faire ».

L'Histoire offre de nombreux et terrifiants exemples de cette propension des hommes à faire ce qu'on leur dit de faire. Et si vous êtes, comme moi, persuadé que jamais vous ne commettriez de telles atrocités, n'oubliez pas que ceux qui les ont commises étaient, pour la plupart, des gens tout à fait ordinaires.

Comme Adolf Eichmann, condamné et pendu pour sa participation à la Solution finale, le plan d'extermination des juifs par les nazis, un homme qui « aurait sans aucun doute tué son propre père s'il en avait reçu l'ordre », écrit Hannah Arendt dans *Eichmann à Jérusalem*, son livre sur « la banalité du mal ». Car, poursuit-elle, obéissant corps et âme aux ordres et à la loi de son pays, Eichmann « n'aurait eu mauvaise conscience qu'en n'exécutant pas les ordres reçus — envoyer des millions d'hommes, de femmes et d'enfants à la mort avec un zèle admirable et un soin méticuleux ».

Eichmann lui-même, pour expliquer la facilité avec laquelle il avait accepté la destruction massive comme solution à la question juive, évoque le souvenir de la réunion — la fameuse Conférence de Wannsee, non loin de Berlin — où fut décidée la Solution finale. Témoin direct de l'enthousiasme général que suscitait ce plan, il s'était senti, dit-il, « comme une sorte de Ponce Pilate, totalement affranchi de toute culpabilité ». En d'autres termes, écrit Arendt, « *qui était-il pour juger* ? Qui était-il pour avoir un avis personnel sur la question ? »

Arendt et Milgram démontrent qu'Eichmann n'était pas un cas à part, une exception à la règle, un « monstre sadique ». Leur opinion est encore largement contestée, mais les expériences de Milgram montrent bien ce dont les citoyens ordinaires sont capables, et combien peu ont la faculté de résister à « l'autorité légitime ».

Peu de gens, dans l'Allemagne nazie, résistèrent à « l'autorité légitime » d'Hitler.

De fait, Eichmann n'eut aucun scrupule de conscience parce qu'il ne voyait, dit-il, « personne, absolument personne, qui fût opposé à la Solution finale ». À la fin de la guerre, néanmoins, un certain nombre d'Allemands affirmèrent qu'ils l'étaient. Des hommes prétendirent que, tout en occupant des postes importants dans le Troisième Reich, ils étaient « intimement opposés » au régime et que, s'ils n'avaient rien fait pour le prouver, ils avaient toutefois opéré une « émigration intérieure ». L'un d'eux était responsable du meurtre de 15 000 personnes au moins. Un autre, qui fut pendu en 1946, alla même jusqu'à affirmer que si son « âme officielle » avait commis ces crimes, son « âme intime » avait toujours été contre. Certains expliquèrent aussi qu'ils étaient restés à leur poste dans le seul dessein de « tempérer les choses » et d'empêcher les « vrais nazis » de prendre leur place. Ils avaient parfois dû (« pour ne pas révéler leur vrai visage ») se comporter plus sévèrement que les vrais nazis, mais en dépit de leur soumission apparente, dirent-ils, ils n'avaient jamais dévié de leur « opposition secrète ». Tout en cautionnant les crimes d'Hitler, ces hommes avaient — si l'on en croit leurs déclarations — gardé le cœur pur.

L'extermination des juifs par les nazis atteste la capacité des hommes d'obéir aux ordres les plus monstrueux. La « purification ethnique » effectuée par les Serbes en Bosnie, également. De même que le massacre de civils à My Lai, perpétré sous les ordres du lieutenant Calley pendant la guerre du Viêt-nam. Bien que d'ampleurs différentes, ces trois exemples témoignent d'une même réalité, l'abdication de tout sens moral, l'empressement à accepter, faciliter ou faire ce qu'on sait — ce qu'on savait, ce qu'on était obligé de savoir — moralement répréhensible.

Les suicides collectifs de Jonestown en Guyana, dans la secte du Reverend Jim Jones et ceux du Ranch de l'Apocalypse de David Koresh à Waco au Texas sont aussi l'expression de cette abdication de tout jugement moral individuel, l'apogée de la soumission à un leader malfaisant. Dans ces deux exemples, les membres de la secte ont, à la demande de leur chef, sacrifié non seulement leur vie mais aussi celle de leurs enfants. « Mère, vous devez garder le contrôle de vos enfants, a dit Jones. Ils doivent mourir avec dignité. » Et les mères — au mépris de tout ce que nous savons de l'amour maternel — ont obéi.

« Nous ne devons pas oublier, écrit le psychanalyste Peter Olsson, que 260 enfants furent les premiers à mourir à Jonestown. Des enfants sont morts aussi au Ranch de l'Apocalypse... Leurs parents n'ont pas seulement failli à leur devoir de protection, ils les ont entraînés dans les dynamiques de groupe mortifères complexes qui imprégnaient une secte-famille apocalyptique sous la direction d'un père divinisé. »

Dans sa tentative d'explication de cette soumission à des leaders comme Jim Jones, Max Rosenbaum insiste sur « la promesse de transcendance qu'ils offraient à leurs disciples », et qui leur donnait l'impression d'appartenir à un ensemble plus vaste qu'eux-mêmes. Pour sa part, Olsson écrit : « Ce qu'il faut en retenir [de Jonestown et de Waco], c'est l'insatiable désir de soumission qui est en l'homme », désir qui s'est encore manifesté à San Diego en 1977 quand les membres de la secte Heaven's Gate ont accompagné leur leader dans la mort et quitté leur « contenant » charnel pour accéder à un plan supérieur d'existence.

Ce désir de soumission peut parfois s'expliquer, dit le psychanalyste Braun, par des accidents graves dans le développement précoce de l'individu, qui ont provoqué une atrophie de la sensation d'être, un sentiment de vide intérieur total. Cherchant à combler ce vide, l'individu peut être attiré par « l'identité partagée », la fusion avec un être ou quelque chose qu'il estime « supérieur » à lui. Dans d'autres cas, la soumission peut être attribuée, selon le psychiatre E. Mansel Pattison, au besoin d'une « structure familiale de remplacement » ou, selon Rosenbaum, au sentiment d'être impuissant et « tenu à l'écart du courant dominant de la vie ». Devenus les disciples ou les pions de leaders fanatiques qui répondent à leurs attentes mais demandent en échange une soumission totale — pouvant aller jusqu'au suicide —, ces êtres vides, aliénés, fanatisés peuvent dire, comme ce disciple de Jim Jones :

« J'ai pris la décision de te suivre partout où tu iras. Je resterai près de toi jusqu'à la fin. Si je ne peux pas t'accompagner... je te ferai don de ma vie. »

Si l'abandon à un pouvoir supérieur peut parfois pousser au suicide, il peut aussi avoir un aspect positif et exprimer, comme l'ont dit certains, le plus haut degré de maturité humaine. Dans son livre sur ce qu'il appelle « l'expérience intérieure », David McClelland propose une analyse psychologique de la progression jusqu'à ce stade d'abandon positif. Définissant le pouvoir comme « premièrement, le besoin de se sentir fort, deuxièmement le besoin d'affirmer son pouvoir par l'action », il décrit quatre stades du développement de ce besoin de pouvoir.

Stade I, le tout-petit puise la force de son être à une source extérieure — sa mère. S'il pouvait parler, dit McClelland, il décrirait ainsi son impression : *« Cela me fortifie. »* Il se sent plus fort, intérieurement, parce qu'il a absorbé le lait de sa mère et toutes les autres formes de nourriture que lui procure l'amour maternel. Le pouvoir, à ce stade, s'acquiert par la dépendance.

Cette forme d'acquisition du pouvoir peut persister jusqu'à l'âge adulte. On puise alors sa force chez ses amis, chez son partenaire. Ou en travaillant pour un homme politique important ou un magnat de la finance. Le danger, pour ceux qui s'arrêtent au premier stade, c'est que, quand ils ne peuvent pas tirer tout le pouvoir dont ils ont besoin de leurs proches ou d'un homme important, ils risquent de se tourner vers d'autres sources extérieures, alcool ou drogues, pour être « fortifiés ».

Au stade II, ayant acquis de l'assurance et connaissant ses limites, l'individu va passer du contrôle extérieur au contrôle intérieur. Il peut dire : *« Je me fortifie »*, puisqu'il cherche sa force en lui-même et plus chez les autres. Sachant dire non et s'assumer, sachant obtenir ce qu'il veut par ses propres efforts, il satisfait le besoin de se sentir fort en exerçant sa volonté et en affirmant son autonomie.

L'un des dangers, pour ceux qui s'arrêtent au stade II, c'est l'obsession-compulsion, le besoin de contrôler tout ce qu'ils pensent et tout ce qu'ils font. Cela peut aller jusqu'à des obsessions du genre ne pas marcher sur les joints des pavés ». Ils sont aussi « très perturbés par les événements qui peuvent leur faire perdre le contrôle de leur destinée ».

Au stade III, la devise devient *« J'ai un impact sur les autres »*, car le pouvoir s'obtient par le contrôle exercé sur les autres, par l'influence et la persuasion, la supériorité intellectuelle ou tactique, la compétition et la victoire. Proposer son aide constitue alors une forme de domination puisque celui qui l'accepte reconnaît implicitement la supériorité de celui qui l'offre. Et il faut attendre le stade IV pour pouvoir aider les autres sans les manipuler, sans vouloir, consciemment ou non, affirmer son contrôle.

La pathologie, à ce stade, peut donner des parents qui étouffent leurs enfants, qui, par amour, essaient de contrôler leur vie. Elle peut aussi donner des don juans qui affirment leur pouvoir en supplantant leurs rivaux et en dominant sexuellement les femmes. Ou encore des gens qui, comme cette amie que j'appellerai le Vautour, ne s'intéressent aux autres que quand ils sont au plus bas, malheureux, rejetés, malades, perturbés, et qu'ils ont besoin de l'aide d'un être fort, compétent et en pleine forme, comme elle.

Arrivé au stade IV, « stade ultime de l'expression du besoin de pouvoir », l'individu peut dire quelque chose comme : *« Ma force, c'est mon devoir. »* Il se fortifie en effet dans ses actes d'autosubordination, en se faisant l'instrument d'un pouvoir ou d'un principe supérieur, en agissant pour le compte d'une association, en servant une cause politique, humanitaire ou religieuse. C'est à ce stade que l'on trouve ceux qui sacrifient leur vie pour leur pays, avec pour seul regret de n'avoir qu'une seule vie à donner. Et ceux qui disent avec reconnaissance : « Le Seigneur est mon rempart, ma forteresse et celui qui me délivrera ; Dieu est ma force... »

Certaines des personnes — hommes et femmes — les plus fortes que je connaisse croient que leur force provient de Dieu.

Selon McClelland, la pathologie du stade IV conduit à toutes les horreurs déjà décrites — « Ce qu'il ne ferait pas en son nom propre, il le fera ... par devoir envers une autorité supérieure ». Les jeux de pouvoir menés au nom d'une autorité collective ont plus de légitimité et sont donc potentiellement plus dangereux que les jeux de pouvoirs individuels. Mais on peut servir Dieu sans devenir inquisiteur, la Révolution de 1789 sans devenir Robespierre, et le Mouvement de libération des femmes sans adhérer à la « Société pour la castration des hommes » [1]. Abandonner ses pré-

1. Society for Cutting up Men ou SCUM, mouvement féministe radical des années soixante-dix, dirigé par Valeria Solanas.

occupations égoïstes pour servir un idéal n'implique pas que l'on s'annihile pour autant. La soumission à une autorité supérieure n'implique pas le renoncement à son contrôle moral.

Renonçant à notre contrôle moral, nous pouvons accuser Dieu ou le gouvernement des actes immoraux que nous accomplissons. Mais il y a bien d'autres manières de refuser la responsabilité de nos méfaits. Nous pouvons prétendre (en toute conscience) que nous n'avons pas pu nous contrôler, que nous sommes incapables de self-control parce que nous avons eu de mauvais parents, une hérédité défectueuse, parce que nous avons pris certains médicaments — toutes choses dont nous ne sommes pas responsables.

Nous avons été mal aimés, maltraités, adoptés, incompris. Nous étions physiologiquement perturbés par des médicaments nocifs ou une nourriture frelatée. Nous avons été influencés par notre conjoint ou notre nature, peut-être même par les troubles dus à la ménopause ou à un milieu de travail hostile.

Il suffit de lire les faits divers dans les journaux.

— Après avoir avoué qu'il a détourné 1,6 million de dollars, un homme se bat pour ne pas être incarcéré. Il plaide la non-responsabilité car, dit-il, il était sous l'influence du Prozac qui, associé à un anxiolytique, avait considérablement diminué ses facultés de maîtrise de son comportement.

— Une femme fonctionnaire accusée d'avoir falsifié et détruit des documents officiels est condamnée à quinze mois de prison. Elle a plaidé coupable mais les minutes du procès semblent indiquer qu'elle met ses problèmes d'irresponsabilité sur le compte de : son mari (pour violences physiques), son supérieur hiérarchique (pour harcèlement sexuel) et ses parents, en particulier un père dominateur qui l'a obligée à faire des études de droit alors qu'elle voulait être vétérinaire.

— Un homme, au chômage et en dépression, est accusé de tentative de meurtre pour avoir posé des bombes dans le métro. Lui aussi incrimine le Prozac qui, associé à d'autres médicaments, a « levé ses inhibitions ».

— Lors du procès de Dean White, qui a tué deux hommes,

son avocat plaide : « M. White consomme d'énormes quantités de bonbons et de gâteaux, et ces excès de sucre ont porté sa détresse émotionnelle à un tel paroxysme qu'il a flanché. »

— Richard Davis, qui a enlevé et tué une fillette de douze ans, espère éviter la peine de mort en racontant que sa mère « était distante, qu'elle lui a un jour tenu la main au-dessus d'une flamme et qu'elle l'a tout simplement abandonné après un difficile divorce avec son mari », tandis que son père « passait de l'indifférence à la violence et l'avait frappé si fort, un jour, qu'il avait eu la mâchoire disloquée ». En d'autres termes, « Davis était si maltraité qu'il n'a pas pu s'empêcher de maltraiter à son tour ».

— Deux frères, « pauvres petits garçons riches », tuent leur père et leur mère et accusent ensuite leurs parents de les avoir brutalisés. Comme d'autres délinquants qui invoquent l'excuse d'une enfance difficile, ces deux jeunes gens estiment qu'ils n'étaient pas responsables de leurs actes, que des forces extérieures leur ont fait perdre le contrôle d'eux-mêmes.

Admettons un instant, comme hypothèse de travail, que tous ces malfaiteurs aient été poussés par des circonstances indépendantes de leur volonté. Admettons que ces circonstances aient affaibli leur jugement ou provoqué chez eux de graves perturbations psychologiques. Il n'en reste pas moins que rien dans leur histoire ne prouve qu'il n'existait pas d'alternative à l'acte qu'ils ont commis, qu'ils n'avaient pas le choix de faire autrement. Et, dans la mesure où ils avaient le choix, ils sont responsables de leurs actes.

Il y a effectivement des gens qui se posent en victimes après avoir fait du tort à autrui. Il y a effectivement des gens qui, quand ils se font du mal et font du mal aux autres, n'assument pas, se dégonflent, nient leur responsabilité. Il y a effectivement des gens qui, ayant complètement raté leur vie, ne voient pas en quoi ils sont fautifs. Il y a effectivement des gens qui préfèrent accuser les autres que de reconnaître leurs torts.

Mais, après avoir déploré une telle irresponsabilité, nous devons aussi considérer un autre aspect des choses : refuser une responsabilité, *dans certaines circonstances*, peut être non seulement admissible mais recommandé.

Refuser une responsabilité, c'est parfois manifester du respect pour les limites des autres.

Refuser une responsabilité, c'est admettre que certaines choses nous échappent.

Refuser une responsabilité, c'est s'épargner une culpabilité inutile.

Et refuser une responsabilité nous permet de conserver ce que le psychologue Shelley Taylor appelle des « poches d'incompétence ».

Une poche d'incompétence, c'est un domaine de fonctionnement que nous avons refusé de maîtriser disant : « Je ne peux pas », « Je ne sais pas », « Je ne veux pas savoir », et même « Je ne veux pas essayer. » Les poches d'incompétence nous autorisent à chercher une aide extérieure. Elles nous épargnent parfois le ridicule. Elles nous permettent d'affirmer, tout en reconnaissant que telle chose est faisable ou doit être faite, que nous ne la ferons pas. Elles donnent aux plus directifs d'entre nous la possibilité de poser les armes et — dans certaines situations bien précises — d'abandonner le pouvoir.

Personnellement, j'ai de nombreuses poches d'incompétence. Je suis par exemple incapable de lire une carte, de remplir une déclaration d'impôts, de piger quoi que ce soit à l'électricité, de parler français, et je ne sais pas non plus jouer au tennis, m'y retrouver dans le système métrique ni faire du café. Je suis prête, dans ces différents domaines, à abdiquer, à déléguer, en expliquant le plus sérieusement du monde que je souffre de dyslexie géographique ou que, si Dieu avait voulu que je remplisse mes déclaration d'impôts, il n'aurait pas inventé les conseillers fiscaux. Bien que je me considère comme compétente (et directive) dans beaucoup de domaines, je n'hésite pas, j'éprouve même un réel soulagement, à déléguer mon pouvoir dans certaines circonstances.

Les gens qui ont foi en leur pouvoir se sentent peut-être plus libres d'avouer des poches d'incompétence. Ils laissent les autres s'occuper de telle ou telle chose — mon mari parle français pour nous deux quand nous sommes en France —, ils leur cèdent un peu de terrain sans craindre qu'ils prennent toute la place. À l'inverse, quelqu'un comme Vicky a tellement peur de perdre son pouvoir et d'être contrôlée par les autres, qu'elle tyrannise toute sa famille, insistant pour que les lits soient faits au carré, pour que tout le monde soit à table à 19 heures pile, pour que les factures soient payées le 12 du mois au plus tard, pour que telle lumière soit allumée et telle autre éteinte, pour qu'aucune invitation ne soit faite sans sa permission — soumettant son mari et ses enfants à sa loi.

Mais tous les compulsifs du pouvoir — comme nous l'avons vu au chapitre 7 — ne sont pas motivés par l'angoisse de perdre leur pouvoir. Certains s'estiment seulement indispensables. Persuadés que leurs façons de faire sont les meilleures, qu'en se mêlant de tout ils « interviennent de façon constructive », ils se sentent valorisés et très à l'aise dans leur rôle de chef autocratique. Et si certains, prompts à céder leur pouvoir, devraient apprendre à se prendre en main, nous, les compulsifs du pouvoir, devrions apprendre à lâcher prise. Si certains auraient avantage à se montrer plus responsables, plus insistants, nous qui adorons le pouvoir serions bien inspirés de reconnaître les aspects positifs de certains abandons.

Céder à la passion amoureuse (dans des conditions que je qualifierai de « bonnes ») est une forme positive d'abandon.

Adapter nos besoins propres aux nécessités supérieures d'une relation de couple est souvent un acte de renoncement positif.

Laisser nos enfants vivre leur vie et même faire leurs bêtises est un renoncement positif et nécessaire.

Déléguer son pouvoir et obéir à l'autorité (sans compromettre la morale) sont aussi des actes positifs.

Partir, quand il vaut mieux renoncer qu'insister, est très évidemment une forme positive d'abandon.

Se mettre au service d'une noble cause ou d'un pouvoir supérieur est parfois un acte positif d'abandon.

Et accepter le fait que notre contrôle ne sera jamais parfait est également — mais oui — un renoncement positif.

Il est important de se souvenir que le renoncement au pouvoir n'est pas forcément une faiblesse. Il est important de se souvenir que vouloir à tout prix garder le pouvoir n'est pas nécessairement une force. Mais il est important aussi de continuer à poursuivre ses rêves (même ses rêves impossibles), de refuser de se plier à une autorité mauvaise, de résister à ses instincts les plus barbares, d'être des acteurs et non des pions. Dans ce monde où tant de choix nous sont offerts, il faut savoir prendre mais aussi laisser. Il faut savoir distinguer la liberté de l'obligation, il faut savoir quand il est mauvais et quand il est bon de renoncer à son pouvoir.

10

À l'heure de notre mort...

> Ce matin il m'est apparu pour la première fois que mon corps, ce fidèle compagnon et ami, plus proche et plus intime que mon âme elle-même, n'était peut-être après tout qu'une bête sournoise qui finirait par dévorer son maître.
>
> Marguerite Yourcenar, *Mémoires d'Hadrien*

> Ô Seigneur, donne à chacun sa propre mort,
> la mort issue de cette vie
> où il trouva l'amour, un sens et la détresse.
>
> Rainer Maria Rilke

On peut devenir végétarien et arrêter de fumer. On peut surveiller son cholestérol. On peut faire du jogging tous les matins, de l'aérobic ou de l'haltérophilie. On peut avaler cachets, pilules, comprimés, et autres élixirs de longévité. Il faudra un jour accepter l'inévitable. Il faudra mourir.

Oui, nous allons mourir et, à moins de nous suicider, nous ne choisissons ni le moment ni la cause de notre mort. Mais, en ce qui concerne les circonstances, nous devrions avoir notre mot à dire. Nous devrions être capables, avec l'aide (ou à l'insu) de notre médecin et de nos proches, en apprivoisant nos peurs, notre ambivalence et nos confusions, d'exercer un certain contrôle, si limité soit-il, sur notre mort.

Mais, si nous voulons exercer un certain contrôle sur notre mort, il faut nous en préoccuper avant d'être mourant. Il faut prendre conscience de notre impermanence. Il faut penser non seulement aux aspects pratiques de la mort, mais surtout aux décisions qui infléchissent notre mode de vie.

Au XVe siècle, un moine nommé Thomas a Kempis insistait avec éloquence sur ce point :

> Ton temps ici est court, très court ; regarde à deux fois l'usage que tu en fais... Peut-être as-tu déjà vu mourir un homme ? Souviens-toi donc que tu devras parcourir le même chemin... Si tu espères vivre bien et sagement, essaie d'être, ici et maintenant, l'homme que tu aimerais être sur ton lit de mort... Mon ami, mon très cher ami, songe à tous les dangers que tu peux éviter, à toutes les angoisses que tu peux t'épargner si tu t'inquiètes maintenant, si tu t'ouvres maintenant à l'idée de la mort !

Cinq siècles plus tard, un ex-directeur de banque devenu doyen d'une école de commerce propose une nouvelle version de la même approche. Bien qu'adressé à des cadres supérieurs, ce conseil peut profiter à tout un chacun :

> *Rédigez votre propre rubrique nécrologique*. Et qu'elle soit longue... Pensez au moment où vous serez mort et à ce que vous aimeriez qu'elle contienne, pas à ce que vous diriez aujourd'hui. Si vous réagissez comme la plupart des gens, vous allez déchirer la première version de votre « nécro » parce qu'elle ne parlera que de succès, de réussite matérielle, d'ascension sociale. Vous sentirez que c'est d'autre chose que vous aimeriez parler, de votre caractère, des bonnes actions que vous avez faites, de vos exceptionnelles qualités de mari, de père et d'ami (de femme, de mère et d'amie). Mettez-en un exemplaire dans un tiroir de votre bureau et relisez-le tous les matins.

Rédiger notre propre rubrique nécrologique nous permet de découvrir qui nous voulons être, ce qui compte vraiment pour nous, quel souvenir nous aimerions laisser de notre passage sur terre. C'est l'occasion de vérifier si nous allons dans le sens où nous souhaitons aller. De constater que, dans certaines limites, nous pouvons encore changer les choses, commencer — dès aujourd'hui — à nous créer une vie qui ressemble davantage à celle de la personne extraordinaire dont nous avons rédigé la rubrique nécrologique.

Mais reconnaître notre condition de mortel, ce n'est pas seulement nous projeter vers l'avenir. C'est aussi (*Carpe diem,* disaient les épicuriens) vivre au jour le jour, profiter de l'instant. C'est vivre notre vie avec une conscience accrue de ce que nous vivons et du fait que ce jour, cette heure, ce moment précis ne reviendront jamais. Il est impossible de vivre en permanence une telle intensité, bien sûr. Notre vie en deviendrait pénible, harassante. Mais la conscience de notre finitude nous aide à vivre plus pleinement avant de mourir, à vivre plus pleinement parce que nous savons que nous allons mourir, justement. Ainsi, la poétesse Edna St. Vincent Millay écrit :

> Je revois les fragments jolis d'un passé
> Que j'ai vécu avec tous mes sens, bien consciente
> Que c'était parfait et que ça ne durerait pas...

Et dans un essai publié dans *The American Scolar*, David Morowitz écrit :

> L'un des rituels de ma vie relativement simple, consiste à aller tous les dimanche matin m'acheter des « bagels » tout frais, et j'y prends chaque fois le même plaisir exquis. Et pourquoi pas ? Les « bagels » sont délicieux, et la boulangerie est toujours pleine de gens sympathiques et joyeux dont la file s'étire devant la porte sur le trottoir...
>
> Mais comme une tache sombre qui s'élargirait sur le miroir où je me rase chaque matin, je sens, et de plus en plus précisément à mesure que je vieillis, la fragilité des hasards heureux qui nous réunissent tous en ce lieu, à cette heure. Attendant mon tour, je me demande lequel des habitués de la boulangerie sera le premier absent, un dimanche, et je mesure

en même temps le miracle que constituent nos rencontres dominicales... Car chacun de nous a réussi à échapper ou à survivre aux catastrophes historiques, médicales ou psychiatriques de l'existence et, ce faisant, semble parfaitement oublieux de l'échéance qui chaque jour se rapproche. Encore absentes de la joyeuse turbulence de ces retrouvailles dominicales, les tragédies possibles ne sont peut-être pas loin...

Vie, amour, santé, argent sont des cadeaux dont la signification nous échappe souvent. Mais nous devrions au moins apprécier notre chance de les recevoir... Chacun de nous devrait parcourir avec gratitude le court trajet jusqu'à la boulangerie, gratitude pour chacun des trajets futurs, pour la vie et la santé qu'il suppose et pour l'insouciance avec laquelle nous oublions momentanément que rien ne dure, pas même un acte minuscule et parfait comme aller s'acheter des « bagels » le dimanche matin.

Dans une pièce de Thornton Wilder, feu Emily voit se dérouler une journée heureuse et insignifiante de son passé, elle se voit elle-même, plus jeune, avec ses parents, vaquant à diverses occupations sans se douter de leur caractère parfait et fugitif. Cette inconscience de la valeur de l'instant plonge Emily dans un profond chagrin, et elle retourne vers sa tombe en prononçant ces mots :

Adieu, monde, adieu. Adieu la rue de mon enfance... Maman et Papa. Adieu le tic-tac des horloges et les tournesols de Maman. Les repas, le café. Les robes fraîchement repassées et les bains chauds... le sommeil et les réveils. Ô terre, tu es trop merveilleuse pour être vue telle que tu es.

« Un seul être humain, se demande-t-elle en pleurant, a-t-il jamais perçu la beauté de la vie pendant qu'il la vivait ? »

La poétesse Jane Kenyon, qui est morte de leucémie à quarante-huit ans, l'a perçue :

Je suis sortie de mon lit
solide sur mes deux jambes.
Il aurait pu en être autrement.
J'ai bu du lait sucré,
mangé des céréales
et une pêche mûre,
parfaite. Il aurait pu
en être autrement.
J'ai promené le chien
sur la colline et dans les bois.
Tout le matin j'ai fait
un travail que j'aimais.

À midi je me suis allongée
avec mon compagnon. Il aurait pu
en être autrement.
Nous avons dîné ensemble
à la lumière de flambeaux
en argent. Il aurait pu
en être autrement.
J'ai dormi dans un lit,
dans une chambre avec
des tableaux sur les murs,
et j'ai projeté un autre jour
comme celui-ci. Mais je sais
qu'un jour, il en sera autrement.

Lorsque le bout du chemin nous apparaît, nous sommes — tous — susceptibles d'éprouver des regrets. Nous aurions dû faire ceci, ne pas faire cela, agir, nous abstenir. Les circonstances qui nous inspirent des « si seulement » échappent souvent à notre contrôle. Mais nous pouvons toujours nous efforcer de contrôler ce qui est contrôlable — prêter plus d'attention aux bonheurs éphémères, travailler à devenir la personne que nous espérons être à la fin de notre vie. Nous aurons sûrement moins de regrets si nous choisissons de vivre avec la claire conscience de notre état de mortels.

Les petites choses de la vie — bagels, robes fraîchement repassées, tic-tac des horloges — peuvent s'auréoler de poésie. Mais que peut-il y avoir de poétique dans une chambre d'hôpital ? Et quel contrôle nous reste-t-il sur notre vie dans un environnement où la prolongation de la survie passe avant le soulagement de la souffrance ?

« Chaque fois qu'un patient meurt, écrit le Dr Sherwin Nuland, c'est pour le médecin un rappel des limites de son contrôle — du contrôle humain — sur les forces naturelles. » Cette réalité, les médecins des générations précédentes l'acceptaient. Mais elle est aujourd'hui refusée, niée, repoussée par bien des praticiens. Certes, observe le Dr Nuland, les progrès de la médecine sont tels que les médecins succombent facilement au mirage de leur toute-puissance et tentent parfois l'impossible pour prolonger notre vie (à n'importe quel prix ou presque), quand il faudrait nous laisser partir.

Y compris quand nous voudrions qu'ils nous laissent partir.

Une bien troublante étude, consacrée aux soins de fin de vie dans cinq grands centres hospitaliers des États-Unis, démontre qu'un grand nombre de médecins ignorent ou font semblant d'ignorer la volonté des mourants de ne pas être soumis à des mesures médicales « héroïques » visant à les maintenir en vie. Sur l'ensemble des patients concernés par cette étude intitulée *SUPPORT*, près de 40 % avaient passé un minimum de dix jours en soins intensifs, et 50 % de ceux qui étaient conscients souffraient à la suite d'interventions médicales agressives. Plus choquant encore, lorsque des efforts systématiques étaient faits pour améliorer la relation patient-médecin, cela n'améliorait *en rien* la qualité des soins de fin de vie.

« Beaucoup d'Américains, écrivent les auteurs de cette étude, ont peur de perdre le contrôle de leur vie s'ils tombent gravement malades et craignent que leur agonie ne soit prolongée et impersonnelle. » Avec ses descriptions de traitements infligés à des mourants qui ne les auraient certainement pas réclamés, *SUPPORT* montre à l'évidence que ces craintes sont justifiées.

Ma tante Florence, par exemple, après avoir vu l'une de ses amies prolonger outrageusement la vie de son pauvre vieux chien, dit un jour à cette amie : « Je viens de signer des papiers pour empêcher que les médecins puissent me faire ce que tu as fait à ton chien. » Mais en réalité, quand elle tomba dans le coma et que moi — sa plus proche parente — je demandai qu'on interrompe tout soin excepté les analgésiques, son médecin soignant refusa tout net, disant que ce n'était « pas le genre de la maison ».

Il fallut attendre que ce médecin soit remplacé par un autre pour que Florence ait le droit de mourir comme elle l'entendait. Techniquement, j'avais les moyens de me battre pour imposer son choix puisqu'elle avait signé les papiers nécessaires. Psychologiquement, j'étais prête à me battre parce que son amie m'avait raconté l'histoire de son chien.

Mais je ne m'attendais pas à ce qu'il soit si horriblement difficile de laisser mourir quelqu'un — même quand son corps et son esprit ne répondent plus, même quand il n'y a plus le moindre espoir d'amélioration, même quand le laisser vivre dans cet état-là constituerait une trahison. Je ne m'attendais pas à avoir tellement de mal à prendre une décision qu'intellectuellement je savais juste, à ce que ma voix se brise au moment de demander qu'on enlève ma tante du respirateur, à la désagréable impression de jouer les Parques quand — alors qu'elle continuait à respirer par elle-même — j'ai dû répondre aux ultimes questions du médecin :

Nous autorisez-vous à arrêter les antibiotiques ?

Oui.

Nous autorisez-vous à arrêter de l'alimenter ?

Oui.

Nous autorisez-vous à arrêter ...

Je donnai toutes les autorisations.

Et s'il m'arrive de regretter ma décision, je repense à ce vieil homme qui, bardé de tubes et de tuyaux, passa ses derniers jours dans une unité de soins intensifs, et dit avant de mourir : « Ils m'ont volé ma mort ! »

Ce « ils » désignait peut-être quelqu'un de sa famille qui n'avait pas réussi à imposer ce qui pourtant s'imposait. « Ils » pensaient certainement bien faire. Car il est très naturel, pour un conjoint, des parents ou des enfants, de se demander si c'est le moment de renoncer à tout espoir, si c'est le mourant qu'ils veulent épargner ou eux-mêmes, et s'il ne reste pas la moindre chance qu'un traitement supplémentaire, une ultime opération puissent le sauver. Par amour, culpabilité ou incertitude, par optimisme ou mésinformation, les familles les plus dévouées risquent effectivement de nous « voler notre mort ».

Mais tout le monde n'a pas envie qu'on le débranche

D'après l'étude *SUPPORT*, il semble que les malades ne demanderaient pas que leur traitement soit poursuivi s'ils connaissaient les conséquences désastreuses de cette décision sur la qualité de leur vie. Mais ce n'est pas toujours le cas. Parmi les malades que les médecins considèrent comme en phase terminale, beaucoup sont décidés à ne pas lâcher. Et parmi les gens en bonne santé, beaucoup affirment que, quand leur temps viendra, ils ne lâcheront pas si facilement. À la question d'un journaliste qui lui demandait combien de temps il voudrait vivre, le violoniste Nathan Milstein a par exemple répondu : « Le plus longtemps possible et quel que soit mon état. Je choisirai de survivre quelles que soient les circonstances. ... J'adore la vie. »

Milstein fait donc partie de ces gens qui refuseraient d'interrompre leur traitement. Mais même les malades qui, à l'avance, souscrivent à cette idée changent parfois d'avis quand ils sont confrontés à un problème médical grave. Pourquoi ? Le Dr Russel Phillips estime que « ce qui nous apparaissait comme une qualité de vie insuffisante nous semble beaucoup plus vivable quand c'est tout ce qui nous reste ». En s'accrochant désespérément à la vie, en plaçant leurs espoirs dans des traitements dérisoires, ces malades suivent l'exemple du pauvre homme qui sans relâche appelait la mort et qui, la voyant venir, se mit à crier : « N'approche pas, ô Mort ! Mort, laisse-moi en repos [1]. »

Seuls ceux qui ont choisi de rester vivants « quelles que soient les circonstances » peuvent évaluer la sagesse de leur choix.

Les mourants qui veulent que tout soit tenté pour les sauver espèrent parfois non pas une rémission mais la guérison car, dans le secret de leur cœur, ils ne croient pas réellement qu'ils doivent mourir. De fait, certains d'entre nous, malades ou bien portants,

1. In Philippe Ariès, *L'Homme devant la mort.*

n'ont pas l'air de comprendre que nous sommes tous des cas désespérés.

« La plupart du temps, dit la thérapeute Hattie Rosenthal, nous agissons sans croire un seul instant à notre mort, comme si nous étions persuadés de notre immortalité physique. Nous sommes résolus à maîtriser la mort... de toutes nos forces nous faisons taire la voix qui nous rappelle notre fin inévitable, et nous entretenons l'illusion que notre vie durera toujours. »

Discutant avec une amie, je commençai une phrase par ces mots : « Considérant que la mort est inévitable... », mais mon amie m'interrompit vivement d'un « Qui considère cela ? » Et j'ai lu quelque part qu'un Français avait écrit, en préambule de son testament : « Si je devais mourir... » Certes, nous savons tous que la mort n'est pas une éventualité mais une certitude, que nous aurons beau courir très vite et manger macrobiotique, la mort va nous rattraper, nous terrasser. Mais on peut savoir que tout le monde meurt et croire qu'on est l'exception qui confirme la règle, on peut dire, avec Vladimir Nabokov : « Syllogisme : *D'autres hommes meurent ; mais moi je ne suis pas un autre ; donc je ne mourrai pas.* »

Il y a aussi ceux qui croient que si, jusqu'ici, tous les hommes sont morts, ce ne sera peut-être pas toujours le cas. Ils prétendent, comme cet article du *New York Times*, que les progrès de la science pourraient, un jour, nous donner l'immortalité physique :

> Bientôt il sera possible de prolonger indéfiniment la vie humaine. Après des milliers d'années de lutte désespérée contre la mort et d'angoisses insondables liées à son caractère inéluctable, vient enfin l'espoir de gagner la bataille. Dans les centres de recherche du monde entier les efforts s'accélèrent pour vaincre le vieillissement et, à terme, la mort.

Placer ce genre d'espoir dans la science, c'est oublier que chaque espèce a une espérance de vie naturelle, finie, génétiquement programmée. C'est oublier le fait que, si l'espérance de vie moyenne a beaucoup augmenté, l'espérance de vie maxima, elle, n'a pas changé. (Elle est de 100 à 110 ans.) Certains diront qu'on ne meurt pas de vieillesse, qu'on meurt (sauf en cas de suicide, meurtre ou accident) parce que des maladies nous détruisent. Donc, le jour où la science médicale aura vaincu toutes les maladies, elle aura du même coup vaincu la mort.

Dans l'attente de la victoire finale, ceux qui ont foi en la science continueront à se soumettre à des traitement agressifs pour rester en vie. Car, comme dit le proverbe, tant qu'il y a de la vie, il y a de l'espoir. Puisque la science fait tous les jours des découvertes stupéfiantes, il leur suffit de tenir — une semaine, un mois, un an de plus — et leur maladie aujourd'hui mortelle ne le sera plus.

C'est ainsi que des malades acceptent de subir des traitements aussi pénibles qu'inutiles, que des familles font subir à l'être cher des traitements aussi pénibles qu'inutiles et que, trop souvent, des médecins soumettent leurs patients à des traitements aussi inutiles que pénibles parce qu'ils ne veulent pas renoncer.

Pour illustrer ce thème de l'acharnement thérapeutique, le Dr Timothy Quill propose la parabole suivante :

> Trois marins font naufrage sur une île lointaine et sont capturés par une tribu primitive. Ligotés, ils sont traînés devant un tribunal d'anciens. Les anciens demandent au premier marin : « Que préfères-tu, la mort ou “ Chi-Chi ” ? » Le marin n'hésite pas longtemps : « Je sais ce qu'est la mort, et je ne veux pas mourir. Je choisis Chi-Chi. » Alors il est lentement dépecé vivant par les hommes de la tribu qui lui ouvrent la poitrine et lui arrachent le cœur juste avant qu'il meure.
>
> Après avoir assisté à cet horrible spectacle, le deuxième marin est amené devant le tribunal. Beaucoup plus circonspect, il prend le temps de réfléchir avant de donner sa réponse. « Je n'ai pas la moindre envie de mourir. Je ne veux pas non plus être torturé et mourir de toute façon. Mais Chi-Chi n'est peut-être qu'un phénomène relatif, susceptible de changer. Ce qui est arrivé à l'autre ne m'arrivera peut-être pas. Les possibilités de choix étant restreintes, je crois que je

préfère quand même Chi-Chi.» Et le deuxième marin subit exactement le même sort que le premier. Il est dépecé vivant, et les hommes de la tribu arrachent de sa poitrine son cœur encore tout palpitant.

Vient le tour du troisième marin. Sa position est radicalement altérée par la cérémonie à laquelle il vient d'assister. « Mourir n'est peut-être pas la pire des choses, dit-il. Ce dont je suis sûr c'est que je ne veux pas de Chi-Chi. Je choisis donc la mort. » Les anciens, d'un air légèrement surpris, répondent : « Très bien. Mais d'abord Chi-Chi. »

Dans cette parabole, explique le Dr Quill, les marins sont les patients, les hommes de la tribu représentent le personnel hospitalier et les anciens représentent les médecins traitants dont les décisions peuvent « involontairement prolonger et déshumaniser le processus mortel ». Quill admet que certains malades sont ramenés des rivages de la mort vers une vie longue et productive grâce à des traitements presque aussi cruels que Chi-Chi. Mais avant de choisir Chi-Chi, estime-t-il, nous devrions être informés de ce dont il s'agit, des chances que nous avons d'en réchapper et du genre de vie qui nous attend si nous y survivons. Avant que nos docteurs ne s'égarent, comme ils le font généralement, du côté des traitement agressifs, ils devraient nous expliquer clairement les conséquences de leurs actes médicaux. Faute de quoi nous risquons de finir notre vie « victimes d'un rituel médical brutal », souffrants, diminués et sans espoir d'avoir ce qu'on appelle une « belle » mort, une « bonne » mort, « notre propre » mort, une mort « dans la dignité ».

Décider de tenter l'impossible pour prolonger notre existence peut nous priver d'une mort dans la dignité. Quand nous dépendons de tubes pour respirer et nous alimenter, quand les réanimations succèdent aux opérations ou autres formes de Chi-Chi, comment croire que nous disposons encore du moindre contrôle sur notre vie ? Si nous voulons nous assurer ce contrôle, il faut nous en préoccuper longtemps à l'avance. Si nous voulons éviter qu'on nous soumette à des procédures d'acharnement thérapeutique, il nous faut accepter d'envisager des considérations assez lugubres.

Il faut notamment signer des papiers, consignes et directives qui nous obligent à affronter l'idée de notre mortalité.

L'expérience prouve que le fait de signer ces papiers ne garantit absolument pas que nos vœux seront exaucés. Le rapport *SUPPORT* montre même qu'ils sont trop souvent tenus pour négligeables. Mais (aux États-Unis) tous les États reconnaissent aujourd'hui la validité de ces « testaments de vie », et il arrive que des médecins et des hôpitaux soient attaqués en justice pour n'avoir pas respecté le droit à la mort réclamé par certains malades.

Même si nous réussissons à échapper aux excès de zèle du corps médical, « la dignité s'en va, dit le Dr Nuland, quand le corps s'en va ». Et pour conserver le droit à cette dignité, certains prétendent qu'il vaut mieux aller vers la mort avant qu'elle ne vienne à nous, de façon à contrôler « où, quand, comment » nous quitterons ce monde.

Il y a plusieurs années, une de mes amies et moi avions rendez-vous pour déjeuner avec un vieux monsieur installé depuis peu dans notre ville et apparemment mécontent de sa nouvelle vie. Mon amie ne le connaissait pas très bien et moi, je ne l'avais vu qu'une seule fois, mais notre invitation à déjeuner n'était pas seulement une bonne action. Car le monsieur en question était le célèbre psychologue Bruno Bettelheim, et nous nous réjouissions de cette rencontre qui ne pouvait manquer d'être intéressante. Elle ne se produisit jamais.

Le matin du jour fixé, nous avons téléphoné chez lui pour proposer de passer le chercher et on nous a répondu qu'il était indisponible. Un peu plus tard, nous avons rappelé et reçu la même réponse. Et en fin de journée nous avons appris que Bruno Bettelheim serait définitivement indisponible. Il s'était suicidé.

Ne connaissant ni son état physique ni son état mental, j'ignore pourquoi Bruno Bettelheim a décidé de mettre fin à ses jours. Mais longtemps ce fantasme récurrent m'est revenu en tête : S'il avait attendu notre déjeuner... Si nous avions passé un après-midi agréable tous les trois... Si nous avions pu projeter d'autres rendez-vous pour nous revoir... Si, si, si, alors peut-être...

En l'absence d'informations, la réaction la plus naturelle

devant un suicide, c'est de se dire qu'il y avait mieux à faire, que quelque chose aurait pu être tenté pour rendre vivable cette vie maintenant interrompue. Personnellement, je suis néammoins d'accord avec ceux qui croient au concept de suicide rationnel. Je suis d'accord avec ceux qui estiment qu'il peut être valable de se supprimer. Mais je crois aussi que nous ne pouvons faire ce choix (ou demander qu'on nous aide à le mettre à exécution) que dans certaines circonstances bien particulières :

Être en phase terminale d'une maladie destructrice ou être gravement, insupportablement handicapé.

Être celui qui prend la décision et être en état de la prendre.

Si abattu que nous soyons, ne pas laisser une dépression peut-être passagère et réversible modifier notre décision.

Tous les efforts doivent avoir été faits pour soulager nos douleurs, pour rendre notre vie quotidienne tolérable et pour rectifier tout ce que notre traitement peut avoir de brutal, pénible ou humiliant, tout ce qui est de nature à nous décourager ou à nous ronger l'âme.

Avant de décider d'en finir, il nous faut comprendre que la mort met fin — définitivement — à notre vie dans ce monde de musique et de lilas, d'aurores et de couchers de soleil, au plaisir des bagels frais, aux caresses de l'être aimé. Avant de nous tuer, nous devons comprendre qu'on meurt pour très longtemps. Nous devons savoir très exactement et très clairement ce que nous quittons et pourquoi. Nous devons être sûrs qu'il n'y a rien d'autre à faire.

J'admets que toutes ces conditions sont d'une rationalité presque irraisonnable. Mais il me semble qu'idéalement c'est la seule forme de suicide qui soit défendable.

Le psychiatre allemand Alfred Hoche parle du « suicide-bilan » qui consiste d'abord à peser le pour et le contre de la vie et de la mort. Mais je doute que même les plus ardents défenseurs de ce type de suicide considèrent qu'il s'applique aux jeunes, eux qui voient si facilement leurs malheurs et leurs échecs comme irréversibles, eux qui cherchent trop volontiers un remède dans la mort.

En réponse à un article sur l'« autodélivrance », une femme de trente-trois ans, apparemment satisfaite de sa vie, écrit au journal : « Il y a dix ans... j'ai fait plusieurs tentatives de suicide, croyant sincèrement que la mort était la seule libération possible. Aujourd'hui je remercie Dieu de n'avoir pas eu entre les mains un de ces guides d'autodélivrance... Je vous en prie... laissez aux jeunes une chance de vivre une vie nouvelle dans *ce* monde. »

Dans une lettre envoyée au *Journal of the American Medical Association*, deux psychiatres pour enfants et une assistante sociale hospitalière se font l'écho de cette prière en critiquant vivement un livre sur le suicide. Ils écrivent : « Avec ses exemples effrayants, ses instructions explicites et son parti pris nettement favorable... ce livre peut avoir des effets particulièrement pernicieux sur les adolescents. » Sachant que, d'après une enquête menée en 1991 auprès de 11 631 étudiants de premier cycle, *un sur douze* de ces jeunes gens avait fait une tentative de suicide au cours de l'année précédente, toute justification du suicide devrait tenir compte de la vulnérabilité des jeunes.

Il faut beaucoup d'années, beaucoup d'expérience et beaucoup de bon sens pour être capable de peser correctement le pour et le contre de la vie et de la mort. Le suicide-bilan n'est donc pas fait pour les gosses, mais dans certaines circonstances, sous certaines conditions et pour certains adultes, il peut constituer une solution.

L'idée du suicide, écrit en substance le philosophe Friedrich Nietzsche, est une grande consolation : grâce à elle on survit à bien des mauvaises nuits. Mais, quand l'avenir ne nous réserve qu'une suite ininterrompue de mauvaises nuits, vient le moment de passer à l'acte. « Lorsque même le désespoir cesse de servir un but créatif, écrit le critique anglais Cyril Connoly, de notre suicide nous sommes sûrement justifiés. »

Le suicide est assurément le meilleur moyen d'affirmer notre pouvoir, notre contrôle sur notre mort.

Charlotte Perkins Gilman, écrivain et féministe distinguée, a mis fin à ses jours dans sa soixante-quinzième année, expliquant dans une dernière lettre : « J'ai préféré le chloroforme au cancer. » Elle laissait un manuscrit où elle défendait le suicide comme libération de « la souffrance et du gâchis qu'aujourd'hui nous supportons calmement », précisant que « plus une vie a été noble, plus l'insulte serait extrême de la laisser se terminer dans une pitoyable dégradation ».

Soixante ans plus tard, en 1995, Earl Blaisdell a choisi de ne pas vivre cette pitoyable dégradation. Atteint de sclérose en plaques depuis onze ans, il avait perdu près de cinquante kilos. Il ne pouvait remuer que la tête, le cou et la main gauche. Il souffrait régulièrement d'escarres. Il commençait à devenir aveugle. Il ne contrôlait plus ni sa vessie ni ses intestins. Il avait envie d'en finir.

Mais sa femme avait déjà refusé de l'aider en lui donnant une dose mortelle de médicaments. Son médecin aussi avait refusé de l'aider. Si bien qu'un jour, après avoir fini de déjeuner, il dit à sa femme consternée : « Je tiens à t'annoncer que c'était là mon dernier repas. » Quarante jours plus tard, entouré de sa famille, Earl — cinquante-sept ans — mourut d'inanition. Il s'était suicidé par le seul moyen dont il disposait encore.

Dans une cassette qu'il avait enregistrée en secret pour qu'on l'écoute après sa mort, Earl justifiait ainsi sa décision désespérée :

> Vous essayez tous de me convaincre de rester en vie. Mais si vous étiez à ma place dans ce lit, vous ne le feriez pas non plus... Si j'ai un moyen de quitter ce monde, je vais m'efforcer de le trouver... Je n'ai plus le goût de vivre... Ma vie est un enfer... Ne regrettez pas mon départ. Je suis beaucoup mieux comme ça.

Un an plus tard, sa femme et ses enfants Elaine et Michael ont toujours du mal à admettre la façon dont il est mort. Mais, pour Elaine, s'il a choisi le suicide, c'était parce qu'« il reprenait enfin le contrôle ».

Michael reconnaît qu'Earl a fait preuve de beaucoup « de force et de volonté » tout en « choisissant une solution de lâche ». Je respecte son choix, ajoute-t-il, « mais je ne respecte pas la façon dont il est mort ».

On peut dire aussi — et c'est mon avis — que le seul problème de ce suicide, c'est qu'Earl n'ait pas eu un moyen plus facile de mettre fin à ses jours.

Les arguments philosophiques, psychologiques et religieux contre le suicide sont nombreux et toujours passionnés. Le suicide est une lâcheté. Le suicide est une folie. Le suicide est un grave péché mortel. Ou, comme le grand philosophe Emmanuel Kant l'affirme : « Le suicide n'est pas abominable parce que Dieu l'interdit. Dieu l'interdit parce qu'il est abominable. »

Mais Earl Blaisdell et tant d'autres pourraient répondre que ce qui est abominable, c'est une fin de vie interminable et dégradante. Et, une fois la décision de mourir prise, la seule question qui se pose encore, c'est souvent « comment ? »

La réponse à cette question, comme le prouvent l'exemple de Earl et ce poème de Dorothy Parker, est parfois moins simple qu'il y paraît :

Le rasoir blesse
Les rivières sont humides
Les acides font des taches
Et les drogues donnent des crampes
Les armes à feu sont illégales
Les cordes cassent
Le gaz sent mauvais
Mieux vaut rester en vie

Pour ceux qui veulent tout de même mourir, se tuer sans douleur et sans violence, il y a les médicaments, bien choisis et pris en dose suffisante. Mais on peut se rater et être obligé de tout reprendre à zéro. On peut aussi, si on ne veut pas mourir seul, demander l'assistance de quelqu'un qui nous donnera un coup de main le cas échéant.

Que ce soit pour nous aider à passer à l'acte ou pour nous fournir les moyens de mourir, nous ferons appel à un parent, à un ami, à notre médecin traitant, bien que le suicide assisté soit illégal dans la plupart des États et que ceux qui nous aident risquent des poursuites pénales. La Cour suprême des États-Unis a jugé que la Constitution ne nous donnait pas le droit d'obtenir l'aide d'un médecin pour nous donner la mort, ce qui n'interdit pas aux États de légaliser certains suicides assistés. Cette angoissante question a soulevé et soulève encore bien des controverses. Parmi les écrits les plus intéressants en faveur du suicide assisté, un article de Timothy Quill dans le *New England Journal of Medicine* se distingue par son courage.

Quill décrit modestement comment il a fini par donner à une patiente — qu'il suivait depuis longtemps — l'ordonnance qui lui permettrait d'acheter une dose fatale de barbituriques. Diane, comme il appelle sa patiente, avait choisi de ne pas recourir au seul traitement possible pour sa leucémie aiguë — traitement terriblement agressif et sans effet dans 75 % des cas. Bien que l'absence de tout traitement la condamnât à une mort certaine en l'espace de quelques mois ou quelques semaines, Diane réussit à faire admettre sa décision à sa famille et à son médecin. Elle voulait aussi profiter au mieux du temps qui lui restait à vivre, et la terrifiante perspective d'une agonie prolongée lui gâchait tout plaisir. Pour bien vivre, elle avait besoin de savoir qu'elle pourrait mourir quand elle le souhaiterait. Elle voulait donc des barbituriques.

« J'ai rédigé l'ordonnance avec un profond sentiment de malaise par rapport aux implications spirituelles, légales, professionnelles et personnelles de mon acte, explique le Dr Quill. Mais en même temps j'étais très conscient de lui donner la liberté de profiter au mieux du temps qui lui restait et la possibilité de ne renoncer ni à sa dignité ni à son contrôle jusqu'à sa mort. »

Diane eut ainsi quelque temps de « calme et de bien-être relatifs », qu'elle passa avec son mari, son fils et ses amis. Et quand il fut évident que le bon temps était terminé, que l'avenir n'offrait plus que de sombres perspectives, Diane prit les barbituriques et mourut.

Le Dr Quill conclut : « Diane a assumé, elle a pris des décisions qui l'ont aidée à orienter sa destinée dans le sens qu'elle voulait lui donner... À la fin, Diane avait moins peur de la mort que de la dépendance et de la dégradation progressive. Bien qu'elle n'ait pas souhaité mourir, entre deux maux, elle a choisi le moindre. Diane n'a pas demandé à être malade, à affronter ces choix difficiles, mais elle a demandé la permission de contrôler sa destinée. »

Même les partisans les plus acharnés du suicide assisté approuveront le Dr Quill quand il dit que cette aide médicale ne doit pas être facilitée. On peut aussi souhaiter qu'elle ne soit accordée — comme dans le cas de Quill et de Diane — que dans le cadre d'une relation médecin-patient ancienne et fondée sur la confiance. C'est certainement cette absence de relation humaine qui choque le plus dans le cas du Dr Kevorkian, ce médecin qui met tant de zèle à aider les gens à mourir.

Le célèbre Jack Kevorkian, surnommé « Doctor Death », est un militant actif du suicide assisté, qui répond à tous les appels au secours émanant d'hommes et de femmes décidés à mettre fin à leurs jours soit parce qu'ils sont en phase terminale, soit parce que, comme Blaisdell, ils souffrent d'une maladie incurable, invivable. Kevorkian leur installe un appareil qu'ils pourront activer eux-mêmes — soit une machine à faire les piqûres de son invention, soit un masque relié à un réservoir de monoxyde de carbone. Et, loin d'intervenir discrètement, il le clame publiquement : « J'ai aidé Thomas Hyde (un homme de trente et un ans souffrant de la maladie de Lou Gehrig) à commettre un suicide miséricordieux, a-t-il par exemple déclaré à la presse en 1993. Il n'y a aucun doute à ce sujet. Je l'affirme énergiquement. »

Passible de justice, Kevorkian — avec son militantisme effréné, bizarre — s'est attiré beaucoup d'amis et beaucoup d'ennemis. Parmi ceux-ci, Derek Humphry, fondateur d'une association de défense de l'euthanasie qui prône la dépénalisation du suicide assisté. En parlant de sa querelle avec Kevorkian dont il considère les pratiques, « l'euthanasie à la demande », comme « très risquées », Humphry explique : « Ni conditions ni période de réflexion. N'importe quel médecin peut aider n'importe quel malade incurable n'importe où, n'importe quand. Les gens qui pensent, dans notre mouvement, en sont atterrés. »

Et pourtant, combien de médecins ont-ils fait en privé ce que Kevorkian fait publiquement ? Combien de malades en phase terminale, voulant échapper à une fin affreuse, dépendent-ils de la bonne volonté de leur médecin de famille ? Et combien d'hommes et de femmes, décidés à prendre le contrôle de leur mort, ont-ils été aidés par des gens qui les aimaient, par des conjoints ou des enfants, des frères, des sœurs ou des amis, capables de faire ce qu'il fallait (et de vivre avec le souvenir de leur acte) ?

Dans un touchant article sur la mort de sa mère, Andrew Solomon parle de l'innocence perdue de celui qui a activement contribué à un suicide, de la « fragile virginité » à laquelle il renonce. Il défend la pratique de l'euthanasie qu'il considère comme une « façon de mourir légitime et, parfois... pleine de dignité. Mais qui n'en est pas moins un suicide, et le suicide est la chose la plus triste du monde ».

La mère de Solomon, au dernier stade d'une maladie fatale, avait fixé tous les détails de son suicide sans se cacher de son mari ni de son fils. Elle avait, en plusieurs mois, mis de côté assez de comprimés pour se tuer, réglé d'anciens conflits familiaux, passé du temps avec chacun de ses amis, fait retapisser tous les meubles pour laisser une maison agréable, elle avait même choisi sa pierre tombale. Le jour de son suicide, elle enfila un peignoir et une jolie chemise de nuit, fit venir son mari et ses fils auprès d'elle, prit des antiémétiques, soupa légèrement et avala ses cachets. Et pendant la petite heure qui suivit, elle leur dit les dernières choses qu'elle voulait encore dire à chacun d'eux.

Enfin, écrit Solomon, elle dit d'une voix lente et ensommeillée : « Je suis triste aujourd'hui. Triste de partir. » Malgré cette tristesse, poursuit Solomon, elle n'aurait pas échangé sa vie contre celle de personne d'autre. « J'ai aimé totalement, et j'ai été aimée totalement. Et puis je me suis bien amusée. »

Ses yeux se sont fermés puis rouverts sur chacun des membres de sa famille successivement pour se poser ensuite sur son mari. « J'ai couru après tant de choses dans cette vie, dit-elle avec lenteur, et tout le temps le Paradis était dans cette pièce, avec vous trois. »

Elle remercia encore son fils David de lui avoir massé le dos, puis ferma les yeux pour toujours.

Ma propre mère est morte de mort « naturelle » après plusieurs jours d'agonie. Le père d'un de mes amis n'a pas cessé de supplier qu'on l'aide à partir. Une femme de presque quatre-vingt-treize ans qui avait encore « toute sa tête » a assisté pendant des mois, « horrifiée, prisonnière, lucide, à sa propre dégradation physique », dit son cousin. En comparant ces fins affreuses à la mort aisée, gracieuse, une véritable mort de conte de fées, de

Carolyn Solomon, je ne trouve rien dans mon cœur pour justifier que le suicide soit « la chose la plus triste du monde ».

D'ailleurs, Solomon affirme qu'il a l'intention de faire comme sa mère, le jour venu. Et qu'il en est de même pour son père et son frère. À moins d'être écrasés par une voiture ou tués d'une balle perdue, à moins d'avoir un infarctus, « fidèles au dernier héritage de notre mère, nous choisirons tous le suicide ». Il se dit même étonné que les gens fassent autrement, après avoir « constaté le confort que représente ce contrôle ».

Contrôle. Contrôle. Le suicide permet de mourir en plein contrôle. Solomon parle du « confort que représente ce contrôle ». Quill évoque « le droit des patients de garder contrôle et dignité jusque dans la mort ». Et la fille de Blaisdell qui s'est laissée mourir de faim estime qu'« il reprenait enfin le contrôle ».

Daniel Callahan, spécialiste de l'éthique médicale, est troublé par cette insistance sur le contrôle et inquiet de voir se développer le mouvement pour la légalisation du suicide assisté et de l'euthanasie « active » — le droit pour ceux qui souffrent d'être mis à mort par un tiers. Il souligne la contradiction qui existe entre, d'une part, l'individualisme forcené de notre société qui « défend les droits de l'individu à l'autonomie, à la maîtrise de sa destinée et au contrôle de son corps », et d'autre part une tradition médicale dont la détermination à sauver la vie humaine provoque trop souvent ce qu'il appelle « une dynamique incontrôlable menant à des traitements cruels, agressifs, inconsidérés ». Comment les individualistes que nous sommes peuvent-ils réaffirmer leur contrôle, face à cette implacable machine médicale ? Pour beaucoup, répond Callahan, la réponse est parfaitement claire — il suffit de légaliser le suicide assisté et le « meurtre miséricordieux ».

Callahan estime que nous devrions pouvoir interdire aux médecins d'étirer notre vie « au-delà de ce qui est bénéfique et des limites du bon sens ». Mais il est violemment opposé à toute idée de mort miséricordieuse. Il estime dangereux pour une société de sanctionner « le meurtre privé entre ses membres ». Il dit que c'est « donner trop de valeur au contrôle sur soi-même et sur la nature, avec un coût social trop élevé ».

Il y a aussi, bien sûr, l'argument selon lequel autoriser cette forme de meurtre c'est s'engager sur une pente glissante qui mènerait à des abus intolérables parmi lesquels inciter les gens à mourir en leur faisant sentir qu'ils sont de trop, se débarrasser des vieux, des handicapés et des infirmes pour des raisons économiques ou personnelles. Certaines associations de handicapés craignent que les aveugles, les sourds et les impotents puissent un jour être considérés par les médecins comme indignes d'être sauvés. Certains critiques des aides fonctionnelles ont peur que les compagnies d'assurances, par souci d'économie, n'encouragent le suicide assisté pour s'épargner la dépense de soins onéreux et prolongés. On peut craindre aussi que les familles, voyant leur héritage disparaître dans le salaire d'infirmières à domicile, finissent par convaincre leur parent de ne pas s'accrocher à la vie. Et s'inquiéter des réactions que pourraient avoir l'épouse ou l'époux fatigués de s'occuper d'un conjoint handicapé.

Voyez par exemple l'ambiguïté d'une situation comme celle de George Delury qui aida sa femme, souffrant de sclérose en plaques, à se suicider. Un mois plus tôt, il écrivait dans son journal : « M'occuper pendant des années de l'enveloppe physique d'un être aimé, ce n'est pas la vie à laquelle j'aspire. » À un autre moment, s'adressant à sa femme, il dit : « Tu me vides de ma substance et de ma vie comme un vampire. » Il confie également à son journal le dilemme qui est le sien : il n'a que quatre choix possibles, abandonner sa femme, continuer à s'occuper d'elle, ce qui, dit-il, va finir par le tuer ou le rendre fou, se tuer ou... la tuer, « ce qui n'est pas exclu quoique difficile à réaliser sans son consentement ». Après la mort de Myrna, sa sœur exprima des doutes quant à son envie de mourir, et ces doutes, ajoutés à certains extraits particulièrement sincères du journal de George, soulèvent des questions morales et légales assez troublantes : Delury a-t-il aidé sa femme à mourir pour la libérer de ses souffrances ou pour reprendre sa propre liberté ? Et que faire si la réponse est : les deux ?

Le psychiatre Herbert Hendin, responsable de l'American Suicide Foundation, organisation qui œuvre pour la prévention du suicide et de l'euthanasie, cite l'exemple des Pays-Bas, où le suicide assisté médicalement et l'euthanasie sont des pratiques courantes. Cette « pente glissante » et vertigineuse, dit-il, « mène inexorablement du suicide assisté à l'euthanasie, des mourants aux malades chroniques, des malades physiques au malades mentaux et des demandeurs d'euthanasie aux victimes d'une décision du médecin ». Pour lui, l'exemple des Pays-Bas nous apprend que l'euthanasie peut constituer « une solution apparemment simple pour résoudre une multitude de problèmes ».

Risques de dérapages mis à part, l'idée d'aider autrui à mourir soulève encore une foule d'objections. L'un des principaux arguments, présenté par Callahan entre autres, est qu'il existe une différence essentielle entre tuer réellement quelqu'un — l'euthanasie active — et lui retirer le soutien qui prolonge artificiellement sa vie, lui permettant ainsi de mourir « de mort naturelle ». En effaçant cette distinction, écrit Callahan, « le mouvement de défense de l'euthanasie incarne l'idée moderne, l'illusion prétentieuse devrais-je dire, que l'homme est capable de tout contrôler, que l'homme est responsable non seulement de la vie mais aussi de la mort ».

Callahan reconnaît que le désir de contrôler notre mort est en partie suscité par la peur de mourir indéfiniment entre les mains trop zélées de nos médecins actuels. Et il pense que nous serions plus disposés à mourir de mort naturelle si nous étions sûrs de ne pas être soumis à des traitements abusifs et de recevoir en quantité et en qualité suffisantes les médicaments qui vont nous empêcher de souffrir.

À ces deux conditions, conclut-il, nous aurions sans doute moins peur du processus qui mène à la mort. À ces deux conditions nous n'insisterions peut-être pas pour en contrôler nous-mêmes toutes les modalités.

Ce raisonnement ne convaincrait certainement pas les gens qui, comme Earl Blaisdell, n'ont d'autre perspective qu'une existence diminuée, insupportable, interminable. Il ne satisferait pas non plus ceux qui craignent qu'en n'agissant pas avant que leur vie ne devienne invivable, ils risquent de perdre la capacité de se supprimer. Le suicide, assisté ou non, et l'euthanasie active peuvent tirer de l'enfer ceux qui y vivent. Mais les malades en phase terminale préféreront peut-être — avec Callahan — une fin plus douce. Pour un nombre croissant de personnes, l'assurance de cette fin plus douce, c'est la maison de soins, où on ne meurt ni seul ni dans la douleur.

Elle offre des soins palliatifs et des services spéciaux aux gens qui n'ont plus que six mois à vivre (ou moins), leur permettant de contrôler, dans la mesure du possible, les détails de leur vie quotidienne. Les soins sont administrés à domicile, dans la plupart des cas, mais les malades peuvent aussi être accueillis dans les locaux de la maison de soins où (à celle de Washington où je travaille bénévolement en tout cas) les visites sont autorisées vingt-quatre heures sur vingt-quatre et les animaux de compagnie tolérés. Médecins, infirmières, assistantes sociales, aides sanitaires à domicile, conseils spirituels et bénévoles sont à la disposition des malades et de leur famille (qui est toujours invitée à prendre part aux décisions nécessaires). L'une des décisions les plus importantes concerne la suppression de la douleur et des symptômes, domaine que l'hôpital néglige trop souvent. La maison de soins, au contraire, fait ce qu'il faut, à la demande du patient.

« Si vous avez mal et si vous réclamez un sédatif, me dit une infirmière de la maison de soins, on ne vous le refusera pas. »

(Je pense à ma mère mourante, pleurant de douleur à l'hôpital et à cette infirmière qui lui refusait une piqûre en disant : « Ce n'est pas encore l'heure. » Moi, folle de rage, je lui expliquais vainement que ma mère était très stoïque, qu'elle ne se plaignait jamais et que si elle pleurait de douleur c'est qu'elle devait vraiment souffrir et QU'ILS AVAIENT INTÉRÊT À LUI FAIRE CETTE FOUTUE PIQÛRE, ET PLUS VITE QUE ÇA !)

La maison de soins fournit tout ce qu'il faut pour empêcher les mourants de souffrir tout en leur permettant de rester aussi alertes que possible, mais elle va plus loin. Car le travail du personnel consiste aussi à assurer le bien-être psychologique des malades : rester auprès d'eux quand ils évoquent leurs souvenirs ; rester auprès d'eux quand ils feuillettent leurs albums de photos ; les écouter parler de leurs soucis, des problèmes qu'ils n'ont pas encore réglés ; écouter ce qu'ils disent de la mort ; les aider à écrire des lettres d'adieu à leurs enfants ; les aider à organiser leurs obsèques ; ou simplement s'attarder pour bavarder de choses et d'autres, rire, regarder la télé ou ne rien dire et communiquer en silence.

Comme le dit l'écrivain Paul Richard, « la maison de soins n'est pas un lieu mais un mouvement » qui aide les gens à vivre pendant qu'ils meurent, qui « lave leurs corps délabrés, peigne leurs cheveux clairsemés, les aime sans réserve, atténue leurs souffrances, assiste à leurs joies et fait tout pour améliorer leur fin de vie comme si c'était un honneur et non une tâche ». Il a vu juste.

Quand un patient réclame un conseiller spirituel, on lui en envoie un, mais ce n'est ni obligatoire ni forcément solennel. Et toutes les demandes sont accueillies avec la même bienveillance.

Quand une femme au dernier stade du cancer émet le vœu d'être belle pour son dernier anniversaire, quelqu'un de la maison de soins court les magasins jusqu'à dénicher la robe qu'il lui faut.

Quand un malade soigné à domicile évoque son goût — sa passion plutôt — pour les huîtres, son aide ménagère réunit toutes sortes de recettes à base d'huîtres et s'arrange pour lui en servir une fois par semaine jusqu'à sa mort.

Quand une femme à l'agonie émet le souhait de revoir son fils arriéré, un membre de l'équipe fait le voyage aller et retour pour amener l'enfant à la mère.

Et quand un couple avoue son embarras de ne pas être marié religieusement, l'infirmière fait venir un prêtre au chevet du mourant pour célébrer le mariage. (Elle a même trouvé une cassette de l'« Ave Maria ».)

Une femme employée par une maison de soins évoque l'une des rares demandes qu'elle n'a pas pu satisfaire : comme elle demandait au malade catholique avec lequel elle avait une relation très forte s'il voulait quelque chose de particulier, celui-ci répondit que oui, il désirait, très ardemment, quelque chose de très particulier : une conversion. Mais le problème c'est qu'il voulait qu'*elle* se convertisse. Il avait tant d'affection pour elle qu'il voulait avant de mourir qu'elle accueille Jésus dans son cœur, que de juive elle devienne catholique.

Bien qu'elle ait dû lui refuser cette dernière volonté, elle le regrette car elle est toujours prête à faire le maximum pour ses patients.

Le personnel des maisons de soins croit que le respect qu'on manifeste aux personnes en fin de vie et le respect qu'on ressent pour le processus de mort peuvent contribuer à rendre à la mort sa dignité.

Ceux qui voient venir la mort, dit une infirmière de la maison de soins de Washington, « peuvent avec notre aide effectuer un parcours psychologique ». Le fait que ce parcours se termine par la mort ne les empêche absolument pas, précise-t-elle, de vivre des moments de douceur, de compréhension, de réconciliation et même d'une joie extraordinaire.

Voici ce que dit un malade :

« Je suis allé à l'hôpital pour être guéri et je suis presque mort. Je suis allé en maison de soins pour mourir et j'ai vécu. »

Et ce que dit la sœur d'un patient :

« La maison de soins a donné à mon frère la possibilité de vivre comme nous l'avons toujours vu vivre, avec courage, avec dignité, avec une certaine grâce et surtout... avec une possibilité de choix. »

La maison de soins est loin d'être parfaite, bien sûr. Les infirmières n'arrivent pas toujours quand on les attend. Les médicaments ne peuvent pas toujours calmer toutes les douleurs. Les parents ou amis qui s'occupent du malade sont parfois débordés. Et le coût de journée en maison de soins est parfois prohibitif.

Nous devons aussi nous méfier de déclarations comme celles du Dr Elisabeth Kübler-Ross, pionnière de l'assistance aux mourants, quand elle dit : « Beaucoup de mes patients mourants ont insisté sur le fait que leurs six derniers mois étaient les plus valables de toute leur existence. » « Ce genre d'espoir, observe un autre médecin, n'est pas réaliste pour la majorité des patients en maison de soins. »

Pas plus que l'espoir d'un suicide assisté, puisque le règlement intérieur de la maison de soins stipule : « La maison de soins n'accélère ni ne retarde la mort. » En choisissant cette formule, nous renonçons donc à tout contrôler et nous courons le risque, si minime soit-il, de mourir dans des souffrances ou des difficultés respiratoires qui n'auront pu être soulagées. De plus, nous devons accepter des situations qui peuvent paraître très dures à vivre comme : ne plus pouvoir sortir de son lit ; voir son corps ravagé par la maladie ; devenir incontinent et mourir dans des couches, comme c'est souvent le cas à l'hospice.

Il nous faut donc trouver une définition de « la mort dans la dignité » qui ne dépende pas de l'absence de couches, qui ne dépende pas de notre dépendance. Morrie Schwartz, professeur de sociologie retraité et souffrant d'une maladie dégénérative, nous offre sa vision personnelle de la question.

Au journaliste de la chaîne ABC qui l'interrogeait en 1995, il parlait encore de garder sa dignité alors qu'il ne pouvait plus s'alimenter, s'asseoir ou aller aux toilettes tout seul ni même « se torcher le cul ». Il disait : « Je n'ai pas honte... Ma dignité vient de mon être intérieur et du fait que j'arrive à rester calme... pleinement humain — oui, pleinement humain tout le temps. »

Voici encore quelques définitions de la mort dans la dignité :

Pour la sœur Barbara Marie qui travaille depuis dix-sept ans avec les mourants, mourir dans la dignité c'est « être serein, délivré de la souffrance, être chez soi et entouré de ceux qu'on aime, avoir réglé ses problèmes — affectifs et autres — avec tout le monde ».

Pour Fran Dunphy, infirmière à domicile, c'est « mourir calmement, sans que la souffrance nous empêche de rester lucide, mourir en sachant qu'on meurt — participer activement au processus de la mort ».

Le Dr Timothy Quill, dans son livre sur la mort et la dignité, insiste sur le rôle de l'information qui permet au mourant d'exercer sa liberté de choix, sur la nécessité d'alléger la souffrance (tant psychologique que physique) et sur l'importance de ne pas mourir seul, abandonné.

Le rabbin Leonard Beerman, membre d'un comité sur les questions de fin de vie, estime que mourir dans la dignité c'est « être entouré d'une qualité de soins telle que l'on meurt comme dans une étreinte ». Et il ajoute qu'idéalement cela suppose aussi d'accepter, de reconnaître comme sienne la vie qu'on a vécue.

C'est aussi ce que dit Erik Erikson qui intitule le dernier des huit âges de l'homme : « intégrité du moi, ou bien désespoir ». L'intégrité du moi, c'est : « accepter son seul et unique cycle de vie comme quelque chose qui — pour le meilleur ou pour le pire — devait être », comme quelque chose qui possède son ordre, sa signification, sa valeur propres, comme quelque chose qui est « l'ultime de la vie ». Si nous parvenons à cette acceptation, dit Erikson, « la mort perd son aiguillon ».

Le désespoir, au contraire, c'est la certitude de n'avoir plus le temps de recommencer une vie nouvelle. Et le refus d'accepter la vie que nous avons vécue — de l'aimer et de lui donner un sens. Sans cette acceptation, nous souffrirons « mille petits dégoûts ». Sans cette intégrité du moi, nous redouterons la mort.

Mais la peur de mourir et la peur de la mort n'épargnent pas toujours ceux dont le moi est parfaitement intégré. Nous avons tous, ou presque tous, une peur mortelle de la mort qui nous condamne à l'abandon, à l'impuissance, à la solitude, à l'Enfer, à la disparition éternelle et que nous voyons souvent comme ce « champ lointain » décrit dans le poème de Theodore Roethke :

Je fais très souvent des rêves de voyages :
Comme une chauve-souris, je vole dans un tunnel qui va [s'étrécissant,
Seul dans une voiture, sans bagages, je longe
une longue péninsule ...
Et je finis dans une ornière de sable profonde
Où la voiture cale,
Patine et tousse
Jusqu'à l'épuisement, phares éteints.
Au bout du champ, un coin oublié du faucheur,
Où le terrain bascule dans un fossé plein d'herbe,
Refuge de l'oiseau-chat, repaire du rat des champs,
Pas très loin de la décharge aux fleurs, toujours changeante,
Parmi les pneus, boîtes de conserve, tuyaux rouillés, [machines disloquées,
On prend une leçon d'éternité ;

Dans la face rabougrie d'un rat, mangée par la pluie et [dévorée d'insectes
(rat trouvé dans les restes d'un vieux seau à charbon),
Dans le matou, surpris près de l'enclos aux faisans,
Ses entrailles répandues sur les bourgeons des fleurs,
Éventré par les balles du veilleur de nuit.

Comment ne pas redouter la mort avec des images aussi effrayantes de l'éternité, de la mort ? Comment nous réconcilier avec la mort ?

Jessica Mitford, auteur d'un livre intitulé *The American Way of Death*, à qui l'on reprochait de ne pas avoir d'attitude bien définie par rapport à la mort, répondit : « Mais si, j'ai une attitude bien définie par rapport à la mort. Je suis contre. »

Comme la plupart d'entre nous.

Mais être contre ne nous empêchera pas d'être « tout contre » le jour venu. La mort nous emportera, elle que la psychanalyste Mary Chadwick décrit comme « la puissance sur laquelle nous n'avons aucun contrôle ». Tout ce que nous pouvons espérer contrôler, c'est la manière dont nous l'accueillerons quand elle se présentera. Et si elle ne nous prend pas par surprise ou dans des souffrances trop cruelles, nous pourrons transformer l'instant de notre capitulation en « une décision délibérée, un choix volontaire de lâcher prise », comme le dit le rabbin Leonard Beerman.

Une décision délibérée. Un choix volontaire de lâcher prise. Le seul contrôle qui nous reste à la fin de notre vie, c'est peut-être cet acte d'acquiescement à notre propre mort.

Bien sûr, certains ne voudront ni acquiescer ni lâcher prise. Ils se révolteront et combattront à mort pour ne pas mourir. Certains succomberont dans l'amertume ou la résignation, victimes de ce qu'ils estiment être « un fait biologique brutal saturé de souffrance, d'horreur et de désespoir ». D'autres mourront si jeunes ou si vieux, si absents ou si amoindris qu'ils n'auront ni l'envie ni la volonté ni le choix de mourir. D'autres encore mourront en refusant d'admettre, jusqu'à leur dernier soupir, qu'ils sont en train de mourir.

Mais nous pouvons aussi mourir de ce que Nietzsche a appelé « une mort libre » — qu'il définit comme une « mort qui vient à moi parce que je l'appelle ». Mourir est alors une collaboration, une chose à faire ensemble, non une chose qui nous est imposée. Un acquiescement.

On dit que les derniers mots de Woodrow Wilson, le créateur de la Société des Nations, furent : « La machine que je suis est cassée. Je suis prêt à partir. » Une forme d'acquiescement, je suppose. Et un pilote kamikaze de la Seconde Guerre mondiale, écrivant à ses parents avant sa mission-suicide, avoue sa fierté de mourir : « Félicitez-moi. On m'a offert une splendide occasion de mourir... Je tomberai comme tombent les fleurs d'un cerisier resplendissant. » Ceux qui croient avec confiance à l'immortalité spirituelle ou séculière peuvent être contents de mourir puisqu'ils vont monter au paradis ou entrer dans l'histoire. Et ceux qui ont vécu une vie bien remplie accueillent, nous dit-on, la mort avec plaisir, considérant qu'ils n'ont plus rien à faire en ce bas monde.

Le critique Anatole Broyard, qui a tenu un journal pendant les derniers mois de sa vie, écrit : « À la fin, vous posez pour l'éternité. Ce sera votre dernier portrait. Ne vous laissez pas emporter par la mort, sautez dedans. »

Le poème de Theodore Roethke, « Champ lointain », qui commence par des visions de cauchemar nous invite ensuite à considérer que nous pouvons être « régénérés par la mort » si nous unissons notre petit être fini, effarouché, à quelque chose qui le dépasse, quelque chose de bon et de durable :

Un homme, face à sa propre immensité
Réveille toutes les vagues, tout leur feu libre et furtif.
Le murmure de l'absolu, le pourquoi
De sa naissance manque à son oreille.
Son esprit voyage comme un vent monumental
Qui s'adoucit sur un bleu plateau ensoleillé.
Il est la fin de toute chose, l'homme ultime.

Toute chose finie révèle l'infinitude :
La montagne avec son étrange ombre claire
Comme le reflet bleuté d'une neige fraîchement gelée,
Le crépuscule sur des pins chargés de glace ;
Odeur de mélèze sur la pente d'une montagne,
Senteur aimée des abeilles ;
Silence de l'eau sur un arbre englouti :
Pure sérénité du souvenir dans un homme —
Une onde qui s'élargit autour d'une seule pierre
Et se communique à toutes les eaux du globe.

Morrie Schwartz se sert aussi de l'image de l'eau pour évoquer la même idée :

> C'est l'histoire d'une petite vague, d'un petit bonhomme de vague, qui se balance, loin du rivage, qui saute et qui danse sur l'océan, qui s'amuse comme un petit fou quand tout d'un coup il comprend qu'il va s'écrasr sur le rivage... et être anéanti. Il se lamente : « Mon Dieu, que va-t-il m'arriver ? » et son amertume, son désespoir se peignent sur son visage. Arrive alors une petite bonne femme de vague qui saute, qui danse, qui s'amuse comme une folle. Et elle dit au petit bonhomme de vague : « Pourquoi cet air triste et abattu ? » Il répond : « Tu n'as pas compris, tu vas t'écraser sur le rivage et tu ne seras plus rien. » Elle dit : « C'est toi qui n'as pas compris. Tu n'es pas une vague, tu es l'océan. »

Au cours de son dernier entretien avec le journaliste d'ABC, Morrie Schwartz cite un aphorisme dont il est l'auteur et qui parle aussi d'acquiescement : « N'abandonne pas trop vite, ne t'accroche pas trop longtemps, trouve le juste milieu. »

Le journaliste : La notion même d'abandon implique un certain degré de contrôle, Morrie.
Morrie Schwartz : Ouais.
Le journaliste : Et vous pensez avoir ce degré de contrôle ?
Morrie Schwartz : Je ne sais pas. J'essaierai.

J'ai voulu téléphoner à ce journaliste pour savoir comment était mort Morrie Schwartz, mais avant d'avoir fini de composer le numéro, j'ai raccroché. Il avait affronté une fin difficile et je voulais, je veux croire, qu'il avait bien vécu sa mort. Je veux croire que jusqu'au bout il a eu confort, affection, humanité et dignité et que jusqu'au bout il a gardé suffisamment de contrôle.

ÉPILOGUE

> Peut-être que tout se passerait bien, après tout, si on travaillait jusqu'à l'épuisement ... si on entretenait son feu et si on choisissait bien ses amis — si on s'arrangeait pour que les choses soient comme elles doivent être, peut-être que la vie n'échapperait pas à notre contrôle.
>
> Laurie Colwin

On peut travailler jusqu'à l'épuisement. On peut entretenir son feu. On peut choisir ses amis, et tout le reste, avec le plus grand soin. On peut être compétent, prudent, acharné, résistant, débrouillard, fort et prêt à toute éventualité. On peut être vigilant et sage, mais on ne peut pas toujours empêcher la vie d'échapper à notre contrôle.

On peut faire un travail sur soi-même. On peut surpasser ses limites biologiques. On peut rebondir après les revers les plus cruels. On peut inventer des stratégies à imposer d'une main de fer, avec une volonté de fer et on peut, d'un gant de velours, manipuler, séduire et persuader. On obtiendra tout ce qu'on veut, à condition de ne pas vouloir un contrôle absolu.

Nous devons connaître les possibilités et les limites de notre pouvoir individuel. Nous devons trouver un juste équilibre entre contrôle et abdication.

Depuis nos premières années jusqu'à nos derniers jours, pratiquement toutes nos expériences concernent l'un ou l'autre aspect du contrôle : « self-control », contrainte, maîtrise, influence sur les autres, réaction aux traumatismes mais aussi responsabilité morale de nos actes et rappel à l'ordre car, si nous sommes impuissants à déterminer l'heure et la manière dont nous mourrons, nous pouvons faire des choix dans la vie qui détermineront le sens et la qualité de notre mort.

Nous décidons aussi quand il vaut mieux lâcher, quand nous aimerions nous abandonner, quand il est nécessaire d'abandonner, quand il n'y a rien d'autre à faire que renoncer à notre contrôle. Dans l'amour de Dieu ou les bras d'un autre être humain, cet abandon peut être positif ; quand il vaut mieux partir que rester, quand la partie est perdue, quand ce n'est pas notre affaire et quand la société nous impose ses lois et ses règles, ce renoncement peut être nécessaire.

Nous sommes aussi contraints de lâcher prise quand ce qui nous arrive est impossible à améliorer, à négocier, à contrôler.

Nous devons apprendre à reconnaître ce qui est incontrôlable.

Apprendre à reconnaître quand il vaut mieux capituler.

Mais nous devons aussi nous souvenir que les événements de notre petite vie peuvent être modelés, en grande partie, par nos actes et nos choix, par l'exercice de notre contrôle physique, mental, psychologique et moral — même s'il n'est jamais parfait.

NOTES

1. LES LIMITES DE LA LIBERTÉ D'ÊTRE

page 13

« Le " gène du bonheur " » :

Dans un article publié par *Nature Genetics*, Dean Hamer analyse différents travaux suggérant que notre aptitude au bonheur serait, en grande partie, une question d'hérédité. Il y aurait toutefois beaucoup plus d'un gène concerné. Plusieurs chercheurs ont publié dans *Science* la découverte d'un gène souvent associé aux tendances névrotiques, à la tension, au pessimisme. Une équipe de scientifiques annoncent dans *Nature Genetics* qu'ils ont découvert un lien entre un certain gène et le goût de la nouveauté. Et une dépêche d'Associated Press, publiée dans *The Washington Post* le 27 juillet 1996, annonce : « Des chercheurs ont découvert un gène de la bonne mère, un déclic inné qui pousse les souris femelles à s'occuper de leurs petits. En l'absence de ce gène, les mères ne manifestent aucun intérêt pour leurs nouveau-nés. »

page 14

« ADN » :

C'est l'acide désoxyribonucléique, la matière première de l'hérédité, la substance des gènes.

« [Les recherches] qui concernent les vrais jumeaux » :

Les recherches les plus célèbres sur les jumeaux ont été effectuées par le Minnesota Center for Twin and Adoption Research, à Minneapolis, sous la direction de Thomas Bouchard. Depuis 1979, Bouchard et ses collègues ont examiné un millier de couples de vrais ou de faux jumeaux dont 128 couples élevés séparément.

page 16

« 20 % des enfants environ » :

Dans son livre *Galen's Prophecy*, Jerome Kagan écrit : « Parmi les enfants bien portants, de race blanche, un sur cinq réagit à la stimulation par une vigoureuse activité motrice et une détresse évidente ; deux tiers environ de ces bébés hypersensibles à quatre mois deviennent des enfants inhibés. Deux bébés sur cinq environ héritent d'une tendance favorisant des réponses détendues, peu stressées, à la stimulation ; deux tiers de ces bébés-là seront non inhibés à l'âge de deux ans. » Mais il ajoute : « Les tendances initiales de tempérament ne sont pas déterministes. » Kagan note également que « bien des adolescents timides, calmes n'ont pas hérité de ces tendances ; ils les ont acquises. Seule une fraction des adolescents très timides manifestaient cette même tendance à quatre mois ».

page 17

« Peuvent influer sur nos humeurs et nos comportements » : *ibid.* En analysant les activités professionnelles des types « inhibés » ou « introvertis » et des types « non inhibés » ou « extravertis », Kagan note : « Un grand nombre d'écrivains et de compositeurs éminents, de programmeurs d'ordinateurs, de mathématiciens et de scientifiques étaient introvertis, et un plus grand nombre de criminels incarcérés étaient extravertis. » Il signale que « les introvertis sont moins bien représentés au Sénat des États-Unis », et que « les adolescents inhibés ont peu de chances de devenir pilotes d'essai, commerciaux, banquiers ou avocats ». Il précise aussi que, parmi tous les enfants qu'il a suivis, les quatre garçons les plus craintifs « ont choisi des professions qui leur permettaient d'éviter l'interaction avec des groupes nombreux et d'exercer un certain contrôle sur les hasards de leur vie quotidienne : l'un est devenu professeur de musique, deux sont devenus professeurs de sciences et le quatrième est psychiatre. Au contraire, les quatre garçons les plus audacieux ont choisi des domaines d'activité nécessitant l'esprit d'entreprise et de compétition : un est entraîneur sportif dans une université, un est voyageur de commerce et deux sont ingénieurs indépendants ».

« Autant de tempéraments que d'étoiles dans un ciel d'été » : dans *Galen's Prophecy*, Kagan écrit : « Avec les progrès de la neurobiologie, on va découvrir de nouveaux tempéraments. » Il prédit ensuite que, si la plupart des types de tempéraments seront associés à la biochimie, certains seront le produit de l'anatomie, d'autres le résultat d'événements prénataux affectant le développement du cerveau. « Il y aura des tempéraments neurochimiques, des tempéraments anatomiques, des tempéraments prénataux. »

« Mon plus jeune fils, Alexandre » : une version presque identique de cette description d'Alexandre se trouve dans un autre de mes livres : *Is Your Child Personality Set at Birth ?*, Redbook, 1995.

page 18

« De même, en ce qui concerne l'obésité » :

Des chercheurs ont découvert un gène de l'obésité chez la souris — et son équivalent probable chez l'homme — qui participe au contrôle de l'appétit en faisant produire aux cellules graisseuses une hormone, la leptine. On suppose que la leptine circule dans le sang pour atteindre le cerveau qui commande alors au corps d'augmenter ou de diminuer appétit et métabolisme. Quand ce mécanisme est défectueux, le cerveau ne peut pas délivrer à l'organisme le message de satiété, ce qui entraîne l'obésité. (Deux autres hormones cérébrales ont été identifiées comme jouant le même rôle de limitation de l'appétit.)

Des études d'un genre différent suggèrent que le surpoids pourrait avoir pour origine un autre type de dérèglement. D'après le *New York Times*, la revue *Pediatrics* de novembre 1994 rapporte les résultats d'une recherche portant sur les trois à cinq ans, les plus gros bébés auraient aussi les mères les plus « directives », celles qui contrôlent le plus sévèrement les habitudes alimentaires de leur enfant. Les chercheurs supposent que tous les enfants sont capables de réguler eux-mêmes leur appétit, mais peuvent perdre cet instinct inné si on les empêche d'en faire usage. Ne sachant plus quand ils doivent s'arrêter de manger, ils courent le risque de devenir trop gros.

« Un lien entre génétique et criminalité » :

On peut craindre que les études établissant un lien entre génétique et criminalité une soient utilisées pour définir et contrôler des minorités ou bien pour refuser de financer les programmes sociaux indispensables à l'amélioration des conditions de vie propices à l'émergence de la criminalité. Mais, comme l'ont noté certains chercheurs, on peut aussi espérer que ces recherches permettront de mieux cerner les personnes ou les groupes ayant besoin d'être soutenus et la manière de le faire.

« Un taux de sérotonine peu élevé » :

Sur les rapports entre taux de sérotonine et agressivité, voir aussi l'ouvrage de Peter Kramer, *Listening to Prozac*. Kramer établit une distinction entre la dominance, statut qui correspond à un niveau élevé de sérotonine, et l'agression-impulsivité, liée à un faible niveau de sérotonine. Selon lui, l'étude des singes montre que les individus dominants, à fort taux de sérotonine, sont « bien intégrés socialement », tandis que les agressifs, à faible taux de sérotonine, sont le plus souvent marginaux et ostracisés par le groupe.

page 19

« S'influencent mutuellement » :

Il est important de préciser que les apports relatifs de l'inné et de l'acquis ne s'additionnent pas pour produire un certain type de comportement ; ils sont étroitement imbriqués et interagissants.

page 20

« Par un seul gène spécifique » :

La chorée de Huntington, par exemple, est causée par un gène unique.

page 22

« Orientation sexuelle » :

Le « marqueur directionnel » du psychiatre Richard Pillard se définit ainsi : « L'orientation sexuelle, c'est la direction que prennent instinctivement vos regards quand vous marchez dans la rue à une heure d'affluence : remarquez-vous les hommes ou les femmes ? » (Burr, *A Separate Creation*).

« L'orientation sexuelle masculine » :

Les résultats de certaines recherches indiquent que l'orientation sexuelle des femmes n'est pas aussi stable que celle des hommes. Une faible proportion des femmes peuvent être hétérosexuelles à, disons, seize ans, devenir lesbiennes à vingt-cinq, bisexuelles à trente-huit pour redevenir hétéro à cinquante-cinq ans. Chez les hommes, dit Hamer, « ce genre d'allées et venues est rarissime. C'est un phénomène qu'on ne rencontre pratiquement que chez les femmes ». De plus, il s'avère que les hommes, qu'ils soient homosexuels ou hétérosexuels, ne mettent jamais en doute leur orientation sexuelle, alors que, parmi les femmes, certaines lesbiennes ou hétérosexuelles le font. Et Angela Pattatucci, la collègue de Hamer, ajoute : « Aux femmes nous posons la question de savoir si leur homosexualité a des fondements politiques. Aux hommes nous ne la posons *jamais*. »

« Une étude » :

Il s'agit de travaux, réalisés par Pillard et le psychologue Michael Bailey (et publiés dans *Archives of General Psychiatry* en 1991), portant sur 56 paires de vrais jumeaux, 54 paires de faux jumeaux et 57 frères d'adoption, sans liens de parenté. Une autre étude, sur l'homosexualité féminine, citée par Bailey et son équipe dans un article publié en 1993 dans la même revue, parvient à des résultats identiques puisque, sur 71 paires de vraies jumelles, 48 % étaient homosexuelles toutes les deux, sur 37 paires de fausses jumelles, 16 % étaient homosexuelles toutes les deux, et sur 35 sœurs d'adoption sans liens de parenté, seules 6 % étaient homosexuelles toutes les deux.

Page 23

« Une autre étude s'est intéressée » :

Cette étude, conduite par le neuroscientifique Simon LeVay, a été publiée dans *Science* d'août 1991. Notons toutefois que, selon une autre hypothèse, c'est l'orientation sexuelle qui affecterait la taille de l'hypothalamus et non l'inverse. Des travaux menés par un organisme officiel ont montré que, chez les personnes devenues aveugles et lisant en braille, l'aire du cerveau correspondant au doigt utilisé pour lire augmentait de volume.

« Un gène de l'homosexualité » :

Pour comprendre cette découverte, commençons par rappeler que nous possédons tous deux chromosomes sexuels — XX pour les femmes, XY pour les hommes. L'un de ces chromosomes provient de notre mère, l'autre de notre père qui est le seul à pouvoir fournir le chromosome Y. Ce qui veut dire que le chromosome X des enfants mâles provient toujours de leur mère. Sur chacun de ces chromosomes (comme sur tous ceux que contient notre corps), se trouvent des gènes, porteurs de tout notre patrimoine héréditaire, lequel est codé sous forme de molécules d'ADN. Hamer a donc découvert qu'une petite portion d'Xq28, une bande d'ADN sur le chromosome X, était semblable chez trente-trois des quarante paires de frères homosexuels étudiés. Normalement, les frères ne partagent que 50 % du même terrain chromosomique. Trente-trois sur quarante constitue un pourcentage bien plus élevé de terrain commun. Hamer a aussi trouvé, en analysant l'arbre généalogique de ces frères homosexuels, un fort pourcentage d'homosexuels *du côté de leur mère*. Ses travaux de recherche du gène homosexuel sont décrits dans *The Science of Desire*, de Hamer et Copeland.

Page 24

« Aussi peu de pouvoir de contrôle » :

Beaucoup de chercheurs affirment que l'orientation sexuelle, quelle que soit sa source, n'est pas une question de choix ; que des facteurs externes peuvent parfois affecter le cerveau de façon permanente ; qu'il est absurde d'opposer choix et détermination physiologique ; et qu'un trait peut être immuable sans être inné.

« Altérer nos circuits cérébraux » :

Dans *Listening to Prozac*, Kramer parle des altérations physiologiques causées par les traumas et dit que « la chimie neutre avec laquelle nous venons au monde est inévitablement modifiée par le développement, l'environnement, les événements de la vie et, de nos jours, par une médication discrète ». Il voit aussi le trauma devenir « un trait de personnalité encodé biologiquement » et affirme : « En atteignant l'âge adulte, les gens diffèrent aussi biologiquement en fonction de la chance ou de la malchance qui a prévalu pendant les phases critiques de leur développement. »

page 27

« Responsables des choix que nous faisons » :

Dans *Moral Judgement*, Wilson affirme qu'en insistant sur la responsabilité individuelle, « le message que l'on fait passer aux gens qui apprennent à se comporter est qu'ils doivent acquérir les habitudes et les convictions qui vont les aider à se conformer aux règles essentielles de la conduite civilisée », et il rappelle à « ceux qui doivent choisir entre deux lignes de conduite différentes que des conséquences importantes sont susceptibles de découler d'un mauvais choix ».

2. LE GOÛT DOUX-AMER DU POUVOIR

page 33

« La psychanalyse classique situe » :

Freud parle du surmoi dans plusieurs de ses écrits, voir notamment *Le Moi et le Ça*, *Malaise dans la civilisation* et *Nouvelles conférences d'introduction à la psychanalyse*. Dans la théorie classique, le sur-moi est décrit comme une structure mentale qui s'élabore à un certain stade de l'évolution mentale et par suite de la résolution du complexe d'Œdipe. De peur d'être blessés et de perdre l'amour de nos parents, nous renonçons à notre désir inconscient de tuer le parent du même sexe que nous et de posséder l'autre sexuellement, nous introjectons leurs références morales et leurs interdits, nous nous sentons coupables chaque fois que nous trahissons ces références et que nous transgressons ces interdits.

page 36

« Dès l'instant où nous venons au monde » :

Dans *The Course of Life*, édition Greenspan et Pollock, Lois Murphy estime que « vaincre les difficultés liées à ces premières expériences de nourrissage constitue [pour l'enfant] le premier acte de maîtrise ». Elle note : « réussir à s'installer confortablement, s'efforcer d'en voir le plus possible,... faire venir sa mère et... se faire prendre dans les bras... sont des façons d'expérimenter son pouvoir », et, à cinq ou six mois, quand il essaie de se retourner, d'attraper des objets, d'imiter les sons produits par ses parents, quand il réussit à les faire sourire, « il continue à se sentir capable de provoquer les événements ».

page 39

« La déprivation maternelle » :

Dans *Helplessness*, Martin Seligman se fonde sur les travaux de Spitz (sur les enfants privés de leur mère en institution) et de Harlow (sur les singes privés de leur mère) pour affirmer que « la déprivation maternelle engendre un manque de contrôle particulièrement crucial ». À propos des conséquences du manque de relation d'échange avec la mère, il cite aussi Murphy : « La mère découragée, apathique, reste assise, tenant passivement son bébé sans établir de communication visuelle avec lui et encore moins de relation active, ludique entre elle et le bébé. Le bébé ainsi frustré ne vit pas les expériences qui... devraient l'amener à conclure qu'en se projetant vers l'extérieur, en l'explorant, en se mesurant à lui, il va en retirer des satisfactions. »

page 40

« Confiance fondamentale »

Erik H. Erikson, *Enfance et société*. Dans le chapitre « Les huit étapes de l'homme », Erikson voit le développement du moi comme une série de phases conflictuelles spécifiques. La première phase qu'il nomme « confiance ou méfiance fondamentale », est abordée à la p. 169.

page 43

« Souvent aussi irrépressible que la faim » :

Robert White précise toutefois que le désir de compétence n'est pas aussi puissant, primordial que la faim, la sexualité ou la peur. Il dit que s'« il y a beaucoup d'exemples où des enfants refusent de quitter leur jeu pour manger ou pour se rendre aux toilettes », leur motivation est ici « modérée mais persistante ».

« Pendant les quelques mois qui suivent » :

Dans une étude du processus de séparation-individuation qui fait autorité (*The Psychological Birth of the Human Infant*, par Mahler, Pine et Bergman), Margaret Mahler parle de quatre phases secondaires de séparation-individuation imbriquées les unes dans les autres. La première, la « différenciation », qui commence vers quatre-cinq mois et dure jusqu'à neuf mois environ, permet à l'enfant d'acquérir une vivacité « naissante ». Vient ensuite la phase secondaire de l'« entraînement », qui se termine aux alentours de seize mois.

« La crise du rapprochement » :

Margaret Mahler nomme « rapprochement » la troisième des phases secondaires de séparation-individuation, qui s'achève vers vingt-quatre mois. Selon elle, « la distance optimale » établie à travers la résolution de cette crise de rapprochement est celle qui permet au bébé « d'aller et venir, de retrouver une mère disponible mais pas importune ».

page 45

« Selma Fraiberg parle aussi » :

Dans *The Magic Years*, elle décrit joliment l'acquisition du langage. À propos des soliloques d'une petite fille, elle écrit : « Dans l'obscurité, elle recrée son monde perdu, ramène les personnes et les objets absents en prononçant leur nom. »

page 46

« L'utilisation du langage nous donne » :

Voir à ce propos les travaux d'Anny Katan qui écrit notamment : « Il est aujourd'hui évident que la verbalisation des sentiments entraîne une plus grande maîtrise par le moi. Le jeune moi démontre sa force en ne passant pas à l'acte immédiatement mais en retardant le passage à l'acte et en le remplaçant par l'expression verbale des sentiments. » Voir également *Helping Young Children Grow*, d'Erna Furman.

page 47

« Nous nous voyons comme les acteurs » :

Dans *The Nature of the Child*, Jerome Kagan note : « L'enfant de deux ans a pris conscience de sa capacité de jouer, d'influencer les autres et de correspondre à ses propres critères. »

« Notre notion du moi » :

Le développement d'un sens cohésif de soi-même se produit au cours de la quatrième phase secondaire, qui va du vingt-quatrième au trente-sixième mois et qu'on appelle « consolidation de l'individualité et débuts de la constance de l'objet émotionnel » (voir Mahler *et al.*, *op. cit.*). Pour sa part, James Wilson remarque, dans *The Moral Sense*, que l'émergence de cette notion du moi est liée à la provocation et à la rébellion qui caractérisent la deuxième année. Il écrit : « Rébellion et formation du caractère se produisent simultanément parce que, pour avoir un sens moral, il faut d'abord avoir la notion de soi-même... La lutte acharnée entre les revendications de l'être et l'acceptation des revendications des autres rend cette période de la vie particulièrement tumultueuse. »

« L'image de notre mère » :

L'établissement de cette image, ou constance de l'objet, commence aussi pendant la quatième phase secondaire. Dans *The Course of Life*, éditions Greenspan et Pollock, McDevitt et Mahler décrivent la constance de l'objet comme un attachement positif primaire à l'image intériorisée de la mère, par la fusion de la « bonne » et de la « mauvaise » mère en une seule représentation et par la disponibilité psychique de l'image maternelle « de même que la mère a été libidinalement disponible — pour la nourriture, le confort et l'amour ».

« Une nouvelle crise eriksonienne »

C'est la phase « initiative ou bien culpabilité ». Voir à ce sujet *Enfance et société*, p. 173. Erikson dit que le concept d'initiative, « c'est l'autonomie plus la volonté d'entreprendre, de planifier et de s'attaquer à une tâche pour le plaisir de s'activer, de bouger... ». À propos de la « conscience primitive, cruelle et sans compromis » qui nous contraint « jusqu'à l'effacement », il est important de noter que cette conscience extrêmement punitive qui emploie des mesures strictes pour contrôler nos pulsions « mauvaises » et imagine les plus odieuses punitions si nous n'arrivons pas à nous « bien » comporter, ne signifie pas nécessairement que nos parents ont été spécialement durs envers nous. La sévérité de notre surmoi peut par contre donner la mesure de la violence de nos pulsions interdites et des efforts que nous déployons pour les combattre.

page 52

« Nous préférons nous tasser » :

Dans *Helping Young Children Grow*, Erna Furman dit que « les effets destructeurs d'une inhibition excessive de l'agressivité, de l'absence d'enthousiasme et d'initiative qu'elle entraîne contribuent à susciter des attitudes d'impuissance et de désespoir face aux tâches et aux défis de la vie quotidienne et interfèrent avec les sensations de plaisir et d'amusement ».

« Lorsque surgissent des sentiments refoulés » :

Dans *For Your Own Good*, Alice Miller écrit : « Ceux qui pendant leur enfance ont eu la permission de réagir correctement — c'est-à-dire avec colère — à la douleur, aux torts et aux refus qu'ils ont subis garderont cette même capacité de réaction dans leur vie future. Quand quelqu'un va les blesser, ils sauront le reconnaître et l'exprimer verbalement. Mais ils ne sentiront pas le besoin de riposter agressivement. Ce besoin-là ne se manifeste que chez les gens qui doivent sans cesse veiller à empêcher le barrage qui contient leurs émotions de céder. Car si ce barrage cède, plus rien n'est prévisible. » C'est pourquoi certaines personnes, « par peur de conséquences imprévisibles, vont contenir toute réaction spontanée ; les autres auront des crises de rage inexplicables... ou auront recours à des conduites violentes répétitives comme le meurtre ou le terrorisme ».

page 53

« Un apprentissage de la propreté trop précoce » :

Dans *The Course of Life*, vol. 1, éditions Greenspan et Pollock, Neubauer écrit, à propos des conflits qu'engendre l'apprentissage de la propreté : « On peut trouver... soit un sens excessif de l'ordre et de la propreté, soit un désordre permanent qui s'accompagne de la volonté d'être sale et désordonné. Si ces conflits se poursuivent..., ils peuvent amener soit à des conduites obsessives-compulsives, soit... à une tendance à la soumission pour plaire et éviter les conflits, soit... à une position négative d'opposition, d'obstination, d'isolement. On peut trouver... soit la tendance à se soumettre au contrôle des autres, soit la tendance à ne tolérer que le contrôle de soi-même. »

page 57

« L'amour doit être inconditionnel » :

Dans *The Magic Years*, Selma Fraiberg affirme qu'« un enfant qui peut revendiquer l'amour sans se soumettre à aucune des obligations de l'amour sera un enfant égocentrique », et que ces enfants-là deviennent souvent « des amants irascibles et de piètres époux » dont le discours implicite est : « Je sais que je suis égoïste, pas gentil, que je suis lunatique et dépensier, mais tu devrais m'aimer en dépit de tous ces défauts. »

« Une étude sur les pratiques d'éducation » :

Dans *The Moral Sense*, James Wilson affirme : « Il est abondamment démontré qu'il existe dans les familles sans enfants délinquants un lien affectif fort et tendre assorti d'une discipline régulière et pertinente... » L'étude citée à l'appui de cette thèse a été faite à Berkeley par Diana Baumrind.

3. LE CONTRÔLE DE SOI

page 61

« À la quatrième étape de l'homme selon Erikson » :

C'est dans *Enfance et société* qu'Erikson décrit la quatrième étape de l'homme, « travail ou bien infériorité ». C'est la période où l'enfant entre dans la vie, où, écrit Erikson, « il devient capable de manier, les ustensiles, les outils et les armes utilisés par les grandes personnes ».

« En dehors de notre famille » :

Voir *The Course of Life*, vol. 2, éditions Greenspan et Pollock. Dans un article de Schecter et Gombrinck-Graham intitulé « The Normal Development of the Seven-to-Ten-Year-Old Child », les auteurs écrivent que l'enfant, « abordant un contexte interpersonnel plus large, est soumis à toutes sortes d'expériences nouvelles qu'il doit apprendre à gérer. Il s'agit d'abord d'expériences liées au fait qu'il est avec un groupe d'enfants qui, n'appartenant pas à sa famille, apportent donc avec eux des habitudes qu'il ignore »... Pour s'adapter, il doit apprendre à « évaluer ses propres comportements... à différencier les figures d'autorité... à avoir un jugement critique sur ses parents et... à se centrer davantage sur la réalité de son existence en société ».

page 63

« La rivalité qui oppose les enfants d'une même fratrie » :

Voir *Born to Rebel* où Sulloway parle des niches familiales. Dans ce livre, il pose l'hypothèse selon laquelle la compétition pour les ressources familiales, l'affection des parents notamment, crée des rivalités entre frères et sœurs, que chaque enfant développe des stratégies pour obtenir le maximum d'attention de la part de ses parents, que ces stratégies sont plus efficaces si elles ne sont pas en compétition directe avec celles des autres enfants de la famille, et que l'ordre de naissance des enfants a une influence déterminante sur la nature de ces stratégies. Il cite des preuves nombreuses et variées selon laquelle les premiers-nés « s'identifient plus fortement au pouvoir et à l'autorité », sont « plus sûrs d'eux, socialement dominants, ambitieux, jaloux de leur statut et sur la défensive », tandis que les suivants sont plus « enclins à remettre en question l'ordre établi et à développer une personnalité révolutionnaire ».

page 64

« Ne pas se sentir apte à rivaliser » :

Dans *Enfance et société,* Erikson écrit que quand un enfant « désespère de ses outils, de ses moyens ou de son statut parmi ses partenaires », il peut se considérer comme « condamné à la médiocrité ou à la mutilation ».

« Hommes et animaux » :

Voir *Helplessness.* Seligman note toutefois que nous avons la capacité de distinguer les situations où nous sommes impuissants de celles où nous ne le sommes pas. Sinon, ajoute-t-il, si on devait « s'effondrer chaque fois qu'on prend l'avion, on vivrait dans un asile de fous ».

Page 65

« Les enfants qui sont convaincus de leur impuissance » :

Dans *Helplessness,* Seligman dit que « si un enfant se croit impuissant, ses performances seront médiocres, quel que soit son QI... À l'inverse, si l'enfant se croit maître de lui et de la situation, ses performances seront parfois meilleures que celles d'enfants plus intelligents mais peu sûrs d'eux ».

« Avoir systématiquement de mauvaises notes » :

Voir *The Course of Life*, vol. 2., éditions Greenspan et Pollock. Dans un article intitulé « The Latency Stage », Selma Kramer et Rudolph notent : « La maîtrise de ses moyens essentiels procure à l'enfant un sentiment de triomphe... qui se manifeste par un comportement stable et un orgueil accru. Ne pas réussir à maîtriser ses moyens provoque par contre des difficultés de comportement et une moindre estime de soi-même. »

Page 66

« Armé d'une conscience morale » :

Avec le temps, ce que nous vivons avec d'autres enfants, avec des adultes qui ne sont pas nos parents, contribue à modifier notre conscience ou surmoi. De fait, les spécialistes de la période de latence la divisent souvent en deux phases, l'une où notre conscience morale est rigide, stricte, l'autre où elle est plus souple, plus permissive.

« Définissant le contrôle » :

Weisz écrit : « " Contingence " définit la pertinence des attributs et du comportement dans une situation voulue ; " compétence " définit le degré auquel l'individu peut manifester ces attributs et ce comportement pertinents. Le contrôle est donc une fonction où s'exercent à la fois contingence et compétence... Pour évaluer correctement la capacité d'un individu à contrôler une situation, on se fondra donc sur une évaluation correcte (a) de la contingence de l'événement et (b) de la compétence de l'individu. »

Page 67

« Plus on est jeune, plus on croit » :

En référence à des expériences faites avec des enfants, Weisz écrit : « On n'a pas pu prouver que les enfants d'âge préscolaire soient capables de distinguer entre hasards et faits contingents. À l'âge de l'école élémentaire, les enfants paraissaient assez conscients de la distinction entre contingence et hasard, au plan qualitatif... Les jeunes adolescents et les classes secondaires démontrent une aptitude à distinguer entre événements contingents et hasard. » Par exemple, des enfants en maternelle et d'autres en quatrième année de primaire ont été questionnés à propos du même jeu (il s'agissait de prendre une carte à pois bleus ou une carte à pois jaunes). Bien que les enfants n'aient eu aucun moyen d'influer sur ce qui n'était qu'un jeu de hasard, les plus petits croyaient fermement qu'en étant plus grand, plus intelligent, mieux entraîné, on pourrait gagner plus souvent. Si les quatrième année de primaire pouvaient identifier ce jeu comme non contingent — comme un jeu de hasard —, ils continuaient néanmoins à penser que l'âge, la pratique et l'intelligence pouvaient avoir un certain effet sur les résultats du jeu et, comme les petits, estimaient que par l'effort on pouvait améliorer son score. « Ces expériences suggèrent, dit Weisz, que la plupart des préadolescents sont incapables de voir dans un résultat de hasard un événement complètement non contingent. »

« Plus on a une haute opinion » :

Weisz écrit : « De le petite enfance jusqu'à la fin de l'enfance des études transversales montrent que le niveau de compétence que s'attribue l'enfant devient de plus en plus modeste à mesure qu'il grandit. » Par exemple, lors d'une expérience faite avec des élèves de première, troisième et cinquième année de primaire, parmi ceux qui avaient les meilleurs scores, l'évaluation de leur compétence déclinait considérablement de la première à la cinquième année.

« La synthèse entre compétence et contingence » :

Weisz a montré que les 12-16 ans et les 18-25 ans (mais pas les 6-10 ans), percevaient le contrôle comme une fonction où « la combinaison contingence-compétence était plus efficace que chacun des facteurs considérés séparément ».

« Enfin, jusqu'à un certain point » :

Demandant à des enfants rencontrés dans une foire pourquoi ils avaient gagné ou perdu à un jeu entièrement déterminé par le hasard (course de chevaux électronique, par exemple), Weisz a trouvé que, « comme beaucoup d'adultes... le plus grand groupe, composé essentiellement d'adolescents, a exprimé une forme subtile d'illusion de contingence : ils estimaient que... le niveau scolaire, l'entraînement, etc., pouvaient être associés à une différence de résultats au moins minime... même parmi ceux qui attribuaient clairement leur réussite à la chance ».

page 68

« Toutefois, c'est pendant la période de latence » :

Weisz écrit, dans un article du *Minnesota Symposia on Child Psychiatry*, vol. 18 : « Les données recueillies jusqu'ici permettent de penser que la consolidation de certains jugements de compétence et de contingence, au moins, peut se produire entre le milieu de l'enfance et le début de l'adolescence. »

page 70

« Ce qu'Erikson appelle notre crise d'identité » :

Dans *Identity : Youth and Crisis*, Erikson affirme qu'à l'adolescence on « développe les préalables de l'expérience... et on traverse la crise d'identité. Sur la cinquième étape de l'homme, « identité ou bien diffusion de rôle », voir *Enfance et société*, p. 175.

« Pour dégager et affirmer notre autonomie » :

Voir *The Course of Life*, vol. 2, éditions Greenspan et Pollock. Dans un article intitulé : « The Pubescent Years : Eleve to Fourteen », Slansky écrit : « L'adolescent ressent intensément le désir d'autonomie qui équivaut pour lui au passage à l'âge adulte — devenir homme ou femme à part entière. (Dans notre culture, il est considéré comme juste et bon qu'un individu puisse être lui-même — s'en sente digne et ait le droit, garanti par la constitution, d'être traité à l'égal d'un adulte.) »

page 71

« On ne peut absolument pas comparer » :

La plupart des commentaires d'adolescents sur leurs parents proviennent d'un rapport (*The Private Life of American Teenagers*) fait par Norman et Haris auprès de 160 000 moins de vingt ans.

page 72

« Du début à la fin de l'adolescence » :

Voir *The Course of Life*, vol. 2. éditions Greenspan et Pollock. Dans un article intitulé « Adolescents Age Fifteen Eighteen : a Psychoanalytic Develo-pemental View », Eugene Kaplan établit une distinction entre trois stades de l'adolescence et conclut : « Au premier stade, l'adolescent doit redéfinir son individualité et ses rapports avec ses parents à l'aube d'une transformation physique capitale. Au stade intermédiaire, il doit renoncer à l'échafaudage protecteur du groupe pour partir en quête d'une relation d'amour hétérosexuelle. Au troisième stade, il doit définir ses critères spirituels et temporels, ses objectifs de réussite, tout en entreprenant leur réalisation. Ces redéfinitions successives concernent : d'abord le corps et la famille ; ensuite l'identité sexuelle et le couple ; enfin, les critères, les buts et les relations avec la société. »

« Notre identité sexuelle »

Voir *The Course of Life*, vol. 2, éditions Greenspan et Pollock. Dans un article intitulé « Mid-Adolescence — Foundations for Later Psychopathology », Esman distingue entre identité de genre et identité sexuelle et note que si l'identification au masculin ou au féminin « semble posée dans les années précédant la phase œdipienne », c'est à l'adolescence que s'établit notre identité sexuelle, qu'il définit comme « la sensation très claire de sa féminité ou de sa masculinité et de son mode de fonctionnement dans sa vie sexuelle ».

« Un surmoi encore trop rigide » :

Voir *The Course of Life*, vol. 2, éditions Greenspan et Pollock. Dans « Mid-Adolescence — Foundations for Later Psychopathology », Esman souligne que « l'adolescence offre une occasion de remodeler son moi idéal » et de modifier le caractère rigide, « catégorique, " tout-ou-rien " » de son surmoi.

page 74

« La fraîcheur et la force des adolescents » :

Anthony écrit : « Il est clair que l'adolescent est sur la voie ascendante quand les adultes qui s'occupent de lui sont sur la voie descendante. Cette... différence provoque chez l'adulte une envie bien compréhensible pour la vigueur juvénile de l'adolescent, pour sa liberté, sa fraîcheur et son exubérance. »

page 78

« Diverses formes de rébellion » :

Voir *The Course of Life*, vol. 2, éditions Greenspan et Pollock. Dans un article intitulé « Disturbances in Early Adolescent Development », Noshpitz décrit : « Il peut y avoir, chez un jeune apparemment docile et complaisant, des fantasmes de condamnation, des critiques violentes des adultes, parents ou professeurs, qui ne sont jamais verbalisés. Par rapport aux règles imposées, il peut y avoir alternance entre opposition têtue et acceptation joyeuse. Il peut y avoir des attitudes négatives, méchantes, maussades et boudeuses récurrentes dans le contexte plus général d'une assez bonne conduite. Et il peut aussi y avoir le refus catégorique de se plier aux nécessités les plus élémentaires de l'ajustement à son âge, refus qui s'accompagne d'explosions destructrices, d'échec scolaire, de fugues et de toutes sortes de défis lancés aux figures de l'autorité. » Dans « On Adolescence », Blos décrit pour sa part deux types de rébellion très différents, celui d'un garçon qui « accepte le système de valeurs et les critères de classe de sa famille » et se rebelle en « usurpant le plus tôt possible les privilèges dont jouissent les adultes », tandis que l'autre garçon trouve « tout ce qui est étranger à son milieu... digne d'être vécu, pensé et ressenti ».

page 79

« Pouvoir illusoire » :

Voir *The Course of Life*, vol. 2, éditions Greenspan et Pollock. Dans un article intitulé « The Pubescent Years : Eleven to Fourteen », Sklansky parle du transfert de dépendance des parents aux chefs et aux groupes. Dans le même volume, Coppolillo (« The Tides of Change in Adolescence ») ajoute que les déclarations d'indépendance de l'adolescent qui se détourne de ses parents pour se joindre à ses contemporains lui donnent également une impression d'autonomie et de liberté qui est « en partie illusoire. Le groupe impose une façon de s'habiller, de se comporter et des critères de référence plus intransigeants, parfois, que les parents ne l'auraient osé ».

« L'anorexie permet aux adolescentes » :

Dans *The Wish for Power and the Fear of Having it*, Horner décrit les troubles de l'alimentation comme « une tentative de prendre un contrôle omnipotent sur le corps, sa forme et ses pulsions », pour compenser « la terreur de son impuissance contre des forces qu'on ne peut pas contrôler. L'impuissance nouvelle réévoque la terreur ancienne de son impuissance face à des parents autoritaires et importuns ». Si le rôle des parents est souvent cité comme un facteur essentiel de l'anorexie, certaines études — voir *L'Intelligence émotionnelle* de D. Goleman, Laffont, 1997 — estiment qu'il n'est pas primordial. Note : Il existe un autre trouble de l'alimentation fréquent chez les adolescentes, la boulimie. Elle se caractérise par le comportement cyclique suivant : la boulimique absorbe de façon compulsive de grandes quantités de nourriture (plusieurs milliers de calories, sans doute) en très peu de temps, puis elle se purge en se faisant vomir, en prenant des diurétiques ou des laxatifs, en jeûnant ou en faisant du sport de façon également compulsive. La boulimie est souvent considérée comme une tentative des adolescentes — au moins dans sa phase purgative — d'affirmer leur contrôle et leur indépendance.

page 80

« Opérations formelles » :

Voir Jean Piaget : « The Intellectual Development of the Adolescent ». Dans un article intitulé « Adolescents Age Fifteen to Eighteen : a Psychoanalytic Developemetal View » (*The Course of Life*, vol. 2, éditions Greenspan et Pollock), Eugene Kaplan note que quand « du concret, vécu au présent, opposant de façon simpliste le juste-bien et le faux-mal, il passe au général, au formel, à la logique et à l'abstraction », l'adolescent acquiert « la capacité de penser à la pensée, de traiter des idées sans lien direct avec des exemples concrets, de mieux apprécier les relations de cause à effet... il peut sentir la signification causale du passé quand il considère le présent ». Dans « Disturbances in Early Adolescent Development » (même volume), Noshpitz dit que grâce à sa « capacité de penser abstraitement, d'établir des distinctions plus fines, de voir les constantes en dépit des différences superficielles, de garder présente à l'esprit une série de relations de cause à effet et de se servir des concepts comme d'entités manipulables », l'adolescent « raisonne plus efficacement dans le domaine scolaire et argumente de façon plus incisive dans les altercations qui l'opposent à ses parents, ses professeurs et autres autorités ».

« Comparer ses parents tels qu'ils sont » :

Voir *The Course of Life*, vol. 2, éditions Greenspan et Pollock. Dans un article intitulé « The Pubescent Years : Eleven to Fourteen », Sklansky dit : « Au début de l'adolescence, la maturation des facultés cognitives, une plus vaste expérience avec d'autres adultes et les forces internes de rejet des objets infantiles et œdipiens se combinent pour mettre l'adolescent en mesure de réagir aux limites et aux défauts de ses parents par une déception gênée. C'est une réaction à l'incongruité entre les vrais parents et l'imago idéalisé des parents. »

page 81

« Nous avons besoin, désespérément parfois, de leur amour » :

Dans *The Wish for Power and the Fear of Having it*, Horner écrit : « Il n'existe pas de puissance intrinsèque assez grande pour rendre une fille ou un fils, devenu adulte, indifférent à l'amour de ses parents. »

page 84

« Une identité propre » :

Dans *Enfance et société*, Erikson voit dans l'identité du moi « plus que la somme des identifications. C'est l'expérience accrue de la capacité du moi à intégrer ces identifications avec les vicissitudes de la libido, avec les capacités développées à partir des possibilités innées et avec les occasions offertes dans les rôles sociaux. Le sentiment de l'identité du moi est donc accru par la confiance que l'on acquiert qu'à son identité et à sa continuité intérieure correspondent dans l'esprit des autres, la même identité et la même continuité ». Dans *Psychotherapy with College Students*, du Group for the Advancement in Psychiatry, la consolidation de l'identité est définie comme le développement d'une « identité solide, cohésive, qui soit ressentie comme personnelle et non comme imposée par une force ou une personne extérieure et qui peut se perpétuer à travers le temps ». Et dans « The Adolescent and his Family » (in *Adolescence : Psychosocial Perspective*, éditeurs Caplan et Lebovici), Lidz note que « les problèmes entre parents et enfants persistent souvent à la fin de l'adolescence et que, quand l'adolescent prend son indépendance et la pleine responsabilité de lui-même, il adopte souvent involontairement (et aussi volontairement, ajouterais-je) les façons de faire de ses parents qu'il a, encore tout récemment, vilipendées ».

page 85

« Bienvenue, ô vie ! »

Dans *Portrait de l'artiste en jeune homme*, Joyce met ces mots dans la bouche de son alter ego Stephen Dedalus : « Mère est en train de ranger mes nouveaux vêtements achetés d'occasion. Elle prie maintenant, dit-elle, pour que j'apprenne en vivant loin de chez moi et de mes amis ce qu'est le cœur et ce qu'il ressent. Amen. Ainsi soit-il. Bienvenue, ô vie ! Je vais rencontrer pour la millionième fois la réalité de l'expérience et forger dans la forge de mon âme la conscience incréée de ma race. »

4. LE POUVOIR DU SEXE

page 90

« Car les garçons, en grandissant » :

Cette question est traitée dans *Les Renoncements nécessaires*, de Judith Viorst, Éditions Laffont.

page 91

« Je n'ai pas seulement perdu un homme » :

Dans *Toward a New Psychology of Women*, Jean Baker Miller écrit : « Chez les femmes, l'être-soi s'organise en grande partie autour de la capacité de créer et d'entretenir liens familiaux et amitiés. Si bien que, pour beaucoup de femmes, toute menace de rupture d'un lien est vécue non seulement comme la fin d'une relation mais comme quelque chose de plus proche de la perte de soi. »

page 93

« Une autre enquête » :

Cette enquête, intitulée « The Fantasy Project » (qui est analysée dans un article du Dr Person sur la sexualité masculine et le pouvoir publié dans *Psychoanalytic Inquiry*, vol. 6, n° 1), a également trouvé que 11 % des hommes disent avoir des fantasmes de torture de leur partenaire sexuelle et 20 % disent avoir le fantasme de battre ou de fouetter leur partenaire. Chez les femmes, 0 % de fantasmes de torture et 1 % de fantasmes de coups et coups de fouet.

page 94

« Réel sentiment d'insuffisance génitale » :

Dans ce même article, le Dr Person reconnaît l'importance de l'angoisse de castration pour le développement et les fantasmes masculins, mais il précise : « Ce qui manque dans les formulations traditionnelles, c'est l'impact de la relation mère-fils à différents stades du développement et la nature de la réalité sexuelle masculine à différents moments de la vie. »

page 100

« Que veulent les femmes ? » :

L'incertitude de Freud concernant le développement psychosexuel de la femme s'exprime aussi quand il affirme : « Nos idées sur ces processus de développement chez les filles sont peu satisfaisantes, incomplètes et vagues », et quand il parle de la sexualité féminine comme d'un « continent noir ».

5. LE POUVOIR DANS LE COUPLE

page 120

« Le principe de moindre intérêt » :

Le principe de moindre intérêt a été formulé par le sociologue Willard Waller.

page 123

« Les femmes n'ayant jamais, traditionnellement » :

Les auteurs, Blumstein et Schwartz, ajoutent que « les lesbiennes étant parfaitement conscientes du rôle que peut jouer l'argent dans les couples hétérosexuels où celui qui gagne le plus bénéficie de privilèges spéciaux tandis que l'autre n'a qu'une position subalterne, elles font tout leur possible pour éviter que l'argent prenne ce genre de contrôle sur leur vie ».

page 125

« Taxinomie du pouvoir » :

Les catégories qui suivent et la description des techniques de contrôle proviennent de la synthèse d'entretiens que j'ai moi-même réalisés et de diverses publications, notamment le *Journal of Applied Psychology*, *Psychiatric Annuals*, *Sociometry 30*, *Journal of Personality and Social Psychology*.

page 126

« L'inégalité devant les loisirs » :

Dans *The Second Shift*, publié en 1989, Hochschild s'est servi de travaux réalisés dans les années soixante et soixante-dix pour calculer que les femmes qui travaillent consacrent en moyenne quinze heures de plus par semaine que les hommes aux travaux domestiques et aux enfants, ce qui donne, par an, un mois supplémentaire de journées de vingt-quatre heures. Elle ajoute que des études réalisées plus tard ne montrent aucune augmentation de la participation des hommes. Par contre d'après Barnett et Rivers, dans leur livre *She Works/He Works*, si « les femmes s'occupent toujours plus que les hommes de la maison et des enfants, la situation a bien changé », puisque les femmes font 55 % et les hommes 45 % des tâches domestiques. Toutefois, ils ajoutent une ombre à ce tableau idyllique : les travaux donnant peu de pouvoir comme la cuisine, le ménage et la lessive, les travaux qui ne peuvent pas être remis à plus tard sont plus stressants que les autres et « les femmes passent plus de temps à accomplir ce genre de tâches que les hommes ». Les femmes qui travaillent à l'extérieur se sentent encore tellement coupables qu'elles cèdent souvent à « la tentation d'être des superwomen ». Et les recherches récentes montrent encore que « la femme et l'homme valorisent davantage le travail de l'homme ».

« J'ai besoin de deux ou trois choses » :

Dans « *You Just Don't Understand* », Deborah Tannen écrit : « Demander indirectement n'est pas, en soi, une preuve de faiblesse... Par exemple, les gens nantis qui savent que leurs domestiques obéissent au doigt et à l'œil n'ont pas besoin de donner des ordres directement. Une simple remarque comme “ Il ne fait pas chaud ici ” sera comprise et exécutée comme un ordre de pousser le chauffage. »

page 134

« Le mur de pierre » :

Dans *Why Marriage Succeed or Fail*, Gottman parle de cette technique. Il dit que les hommes l'emploient d'autant plus volontiers que les discussions conjugales trop vives font monter leur tension et accélérer leur rythme cardiaque. Pour éviter un « coup de sang », ils préfèrent donc se murer dans un silence de pierre.

page 136

« Même si j'étais docteur en psychologie » :

Ce poème de Judith Viorst a été publié dans le *New York Times* du 15 février 1989.

6. PARENT UN JOUR, PARENT TOUJOURS

page 151

« Voir leurs descendants réaliser leurs rêves » :

Kiell, dans *Adolescents Through Fiction*, ajoute : « Trop nombreux sont les fils et filles qui, devenus adultes, leur gardent une profonde rancune parce qu'ils sont malheureux dans la profession qui leur a été imposée par leurs parents. »

page 158

« Gros câlins, vitamine C » :

Parole d'une chanson écrite par Judith Viorst pour *Love and Shrimps*, une comédie mise en musique par Shelly Markham.

7. DIRECTEURS ET/OU DIRIGÉS

page 181

« Des mots grossiers » :

D'autres femmes médecins se sont plaintes d'avoir payé cher une attitude parfois insistante ou brusque, le fait d'avoir élevé la voix et manifesté ces mêmes caractéristiques qui, chez les hommes, sont considérées comme une preuve de force. « Ce qui est une force chez les hommes, dit une de ces femmes, est taxé d'hostilité chez les femmes. » Et une femme chirurgien m'a dit : « Quand ils sont entre hommes, on surprend parfois les médecins à mettre sur le compte des règles ou de la ménopause, selon les cas, les sautes d'humeur ou le ton bourru de l'une d'entre nous. »

page 183

« Le cockpit est un microcosme » :

Voir *L'Intelligence émotionnelle* de Daniel Goleman qui ajoute : « Dans 80 % des accidents d'avion, le pilote a fait des erreurs qui auraient pu être évitées, en particulier si l'équipage travaillait en plus grande harmonie. »

page 186

« 15 000 plaintes pour harcèlement sexuel » :

Ce chiffre, communiqué par l'Equal Employment Opportunity Commission, est beaucoup plus élevé que celui de 1990 où 6 100 plaintes avaient été déposées. Cela s'explique en partie par le fait que les femmes sont aujourd'hui moins réticentes à porter plainte publiquement et par le fait que les plaintes sont davantage prises au sérieux. Selon un article du *Washington Post*, « le problème du harcèlement sexuel est aujourd'hui le facteur de discrimination qui se répand le plus rapidement dans le monde du travail ». Et ces plaintes proviennent de lieux de travail aussi différents que mines, cabinets juridiques, chaînes de montage, universités, armée.

8. VICTIMES ET SURVIVANTS

page 190

« Diverses études sur nos réactions à des événements tragiques » :

Les auteurs (Taylor, Wood et Lichtman) écrivent : « les écrits scientifiques traitant des réactions aux tragédies... suggèrent qu'assez peu de personnes se considèrent longtemps comme des victimes », ce qu'ils expliquent en disant : « Il est pénible de se percevoir soi-même comme victime et de se sentir perçu comme tel par les autres... plus pénible en fait que l'événement, perte ou souffrances..., qui vient d'être vécu. »

page 194

« Jusqu'à 20 % » :

Ce chiffre est celui d'une étude conduite et analysée par Silver, Boon et Stones qui écrivent : « Les femmes capables de donner un sens à ce qui leur était arrivé se montraient moins perturbées psychologiquement... mieux adaptées socialement.., plus fières d'elles-mêmes..., et mieux remises de leur expérience... que les femmes qui n'avaient encore trouvé aucune signification à leur expérience et continuaient à chercher. »

page 196

« Deux faits inattendus » :

Dale Miller et Porter affirment que « les victimes d'événements négatifs revendiquent souvent une responsabilité exagérée dans ce qui leur est arrivé » et que « le degré de culpabilisation manifesté par les victimes d'événements négatifs se trouve en corrélation positive avec leur capacité de récupération ». Le fait, contradictoire, que certaines victimes, après s'être accusées, se sentent déprimées, impuissantes et incapables de réagir, s'explique si cette accusation concerne « des caractéristiques personnelles, la reconnaissance d'un trait personnel qui aurait amené l'événement négatif a se produire ».

page 202

« La vitesse de sédimentation » :

C'est, explique Cousins, « la vitesse à laquelle les globules rouges se déposent dans un tube à essai ». Plus cette vitesse est grande, plus l'inflammation ou l'infection est grave. La vitesse de sédimentation de Cousins chutait d'au moins cinq points après un épisode de rire, elle ne remontait pas, et à chaque nouvel épisode d'hilarité elle chutait encore.

« L'effet placebo » :

Cousins cite une expérience sur l'efficacité de l'acide ascorbique pour la prévention du rhume où les sujets qui prenaient un placebo pensaient prendre de l'acide ascorbique et ceux qui prenaient l'acide ascorbique pensaient prendre un placebo. Le premier groupe attrapa moins de rhumes. Cousins note : « J'étais absolument convaincu, au pire de ma maladie, que l'acide ascorbique en intraveineuse pouvait me faire du bien — et il m'a fait du bien. Il est très possible que ce traitement — comme tout ce que j'ai fait — soit une démonstration de l'effet placebo. »

L'effet placebo peut dans certains cas être produit par la libération d'endorphines dans le corps, ces substances naturelles qui produisent une sensation de bien-être et réduisent la douleur physique.

page 203

« Patients exceptionnels » :

Dans *L'Amour, la Médecine et les Miracles*, Bernie Siegel affirme que, dans tout groupe de personnes souffrant de maladies graves, de 15 à 20 % veulent mourir, soit consciemment soit inconsciemment ; 60 à 70 % font ce qu'il faut faire mais sans vraiment travailler à leur guérison ; et 15 à 20 % sont « exceptionnels ».

page 204

« La guérison quantique » :

Deepak Chopra écrit : « J'aimerais introduire le terme de guérison quantique », et il poursuit : « des guérisons nombreuses et d'origine mystérieuse — guérison par la foi, rémissions spontanées et efficacité des placebos — ... semblent désigner un saut quantique... dans le mécanisme de guérison ».

page 205

« David Siegel de la Stanford University et son collègue Irving Yalom » :

David Felton, professeur de neurobiologie et d'anatomie, dit ceci à propos des améliorations constatées dans le premier groupe de soutien de Siegel : « Et si quelqu'un avait découvert un médicament qui produise le même effet, il aurait son portrait à la une de tous les journaux du monde et serait salué comme un bienfaiteur de l'humanité. »

page 206

« D'autres études »:

Ces études montrent, par exemple, que les malades cancéreux vivent plus longtemps s'ils sont mariés que s'ils ne le sont pas ; que les célibataires et les veufs (veuves) qui vivent seuls ont plus de risque d'avoir un cancer ; que la solitude annonce une réponse immunitaire plus faible. Par contre, une étude publiée dans le *New England Journal of Medicine* conclut qu'il faut « interpréter avec beaucoup de précautions les études qui tendent à affirmer une association positive entre facteurs psychosociaux » — liens affectifs, désespoir, impuissance, statisfaction professionnelle, etc. — « et survie dans les maladies malignes » ; que « si l'on peut supposer que les facteurs psychosociaux ont un rôle dans l'apparition ou le développement de la maladie dans certaines circonstances et chez certaines personnes..., il est probable que ces facteurs ne représentent qu'un maillon dans une très longue chaîne causale » ; et que, chez « les patients atteints de maladies à haut risque... la biologie interne de la maladie détermine seule le pronostic, réduisant à néant l'influence possible des facteurs psychosociaux ».

« Traits de caractère et maladies » :

Par exemple, « on a décrit la personne prédisposée au cancer comme inhibée, conformiste, sur-socialisée, compulsive et dépressive », présentant « des difficultés à exprimer son anxiété, ses tensions, sa colère et donnant au contraire l'image d'un être agréable, calme, complaisant et passif » (Taylor, *Positive Illusion*).

« Les émotions se traduisent en manifestations physiques » :

Selon une théorie largement répandue, le stress peut produire des modifications du fonctionnement du système immunitaire et rendre la personne plus vulnérable à certaines maladies. Siegel, pour sa part, évoque la « surveillance » du cancer — théorie selon laquelle notre corps produit en permanence des cellules cancéreuses qui sont détruites par nos globules blancs avant de devenir dangereux, jusqu'au jour où le système immunitaire n'est plus à même d'effectuer ce nettoyage préventif. À l'inverse, si cette théorie est vraie, « une humeur satisfaite et joyeuse peut créer dans le corps un état biochimique favorable à la guérison et avoir des effets directs sur le fonctionnement du système immunitaire » (Taylor, *Positive Illusion*).

« Dire au corps de produire des symptômes » :

Daniel Goleman, psychologue et écrivain scientifique, cite le cas d'un enfant à personnalités multiples qui réagit parfois au jus d'orange par une éruption d'urticaire qui disparaît aussitôt que l'enfant assume une personnalité différente. Candace Pert, biologiste moléculaire, parle d'individus à personnalités multiples qui « présentent parfois des symptômes très évidents variant avec chaque personnalité », et elle cite l'allergie aux chats et les symptômes du diabète, « l'une des personnalités... fabriquant autant d'insuline qu'il faut » tandis qu'une autre, « qui apparaît une demi-heure plus tard, ne sait pas fabriquer l'insuline ».

page 214

« Des expériences sur des animaux » :

Dans *Helplessness*, Seligman décrit l'expérience suivante : des rats sauvages mis dans une cuve d'eau sans possibilité de s'échapper nageront six heures avant de se noyer, épuisés. Si on leur apprend l'impuissance, en les tenant dans la main jusqu'à ce qu'ils cessent de lutter, les rats ne nageront que quelques minutes avant de se laisser couler au fond et de se noyer.

« Sont moins perturbés par les événements stressants » :

« Si le contrôle est introduit dans une situation stressante, le stress s'en trouve-t-il réduit ? Il semble bien que oui » (Taylor, *Positive Illusion*).

« Sont plus heureux que » :

« Les gens qui croient posséder un certain contrôle sur leur vie et qui pense que l'avenir leur apportera encore plus de bonheur sont, de leur propre aveu, plus heureux que les gens qui voient les choses autrement » (*ibid.*).

« Prennent mieux soin d'eux-mêmes » :

« Croire que l'on peut contrôler l'adversité peut inciter à prendre des bonnes et saines habitudes et permettre de résister plus efficacement au stress de la vie quotidienne, ce qui tend à minimiser ou à compenser les effets négatifs du stress sur la santé » (*ibid.*).

9. QUELQUES FORMES DE RENONCEMENT

page 217

« Origines » :

« Les termes " origines " et " pions " sont employés pour marquer la distinction entre libres et contraints. Une origine est une personne qui perçoit son comportement comme déterminé par ses choix propres ; un pion est une personne qui perçoit son comportement comme déterminé par des forces extérieures échappant à son contrôle », écrit de Charms dans *Personal Causation*.

page 224

« L'insistance est toujours payante » :

Janoff-Bulman et Brickman observent que « les messages suggérant qu'il est important de savoir à quel moment abandonner sont beaucoup moins fréquents que les messages prêchant les vertus de la persévérance. Les gagnants n'abandonnent jamais et les perdants ne gagnent jamais. Les héros sont ceux qui relèvent le défi. Les persévérants sont valorisés parce qu'ils contribuent au bien-être des autres, sinon au leur. Ceux qui capitulent sont stigmatisés non seulement parce qu'abandonner, c'est échouer mais parce qu'abandonner c'est souvent refuser de continuer à suivre un plan d'action que d'autres veulent voir poursuivi ».

« Disent les psychologues » :

Wortman et Brehm notent : « Les théories et le travail empirique analysés jusqu'ici suggèrent donc que les individus sont motivés pour maintenir leur contrôle sur leur environnement, et que la sensation de contrôle est généralement bénéfique pour l'organisme. L'une des implications de cette recherche est que, si l'on peut amener les gens à croire qu'ils contrôlent des éléments en réalité incontrôlables, ils répondront plus favorablement à ces éléments. »

page 234

« Émigration intérieure » :

« Eichmann à Jérusalem ». Hannah Arendt note que « le terme a en lui-même un parfum parfaitement équivoque, puisqu'il peut évoquer soit l'émigration dans des régions reculées de son âme, soit une façon de se conduire en se considérant comme un émigré ».

« Le massacre de civils à My Lai » :

Un des hommes qui participait à ce massacre, perpétré pendant la guerre du Viêt-nam, a estimé qu'environ 370 hommes, femmes et enfants sans défense y ont été encerclés et tués. « Ils nous suppliaient, disant “ No, no ”. Et les mères serraient leurs enfants dans leurs bras, et... nous avons continué à tirer. »

page 235

« La secte Heaven's Gate » :

Les disciples du maître Marshal Herff Applewhite, dont certains appartenaient à la secte depuis vingt ans, se suicidèrent en masse en croyant qu'ils iraient dans un endroit meilleur, qu'un vaisseau spatial dissimulé derrière la comète Hale-Bopp les emporterait, après leur mort, au royaume de Dieu.

page 236

« Quatre stades du développement » :

McLelland relie ces stades à ceux qui furent décrits par Freud d'abord, puis par Erikson. Le stade I est le stade oral de Freud ; le stade II, le stade anal, le stade III, le stade phallique et le stade IV la résolution œdipienne. Selon le découpage d'Erikson, le stade IV correspondrait au stade de développement de l'ego qu'il nomme générativité.

« Par la dépendance » :

McClelland précise : « Il n'existe pas à proprement parler de besoin de dépendance, un besoin de se sentir faible et dépendant ; ce qui est parfois décrit comme besoin de dépendance c'est l'acte de faiblesse et de dépendance qui a pour objectif de se sentir fort. »

page 237

« Stade ultime »

McClelland note toutefois que la maturité suppose la capacité d'utiliser le mode le plus approprié à chaque situation », ce qui veut dire qu'on exprime son besoin de pouvoir par le stade I, la dépendance, le stade II, l'autonomie, le stade III l'influence et la compétitivité. « L'immaturité suppose que l'on n'utilise qu'un seul mode pour toutes les situations ou que l'on utilise un mode mal approprié à une situation donnée. » Il insiste sur le fait que « les modes antérieurs doivent rester disponibles pour donner à la vie plus de variété et de richesse », et qu'« il est anormal de rejeter l'un ou l'autre des modes d'expression du pouvoir, ou de n'en utiliser qu'un seul à l'exclusion de tous les autres ».

10. À L'HEURE DE NOTRE MORT...

page 248

***SUPPORT* :**

L'étude *SUPPORT* (*The Study to Understand Prognoses and Preferences for Outcomes and Risks of Treatment)* a comporté deux phases. Les chercheurs se sont d'abord intéressés, en interrogeant 4 301 malades gravement atteints, « aux insuffisances en matière de communication, à la fréquence des traitements agressifs et aux caractéristiques de la mort hospitalière ». Pour la deuxième phase, ils ont séparé en deux groupes un total de 4 804 malades et mis au point un programme où les médecins « recevaient des informations régulières et fiables sur les progrès de la maladie, fournies par les patients eux-mêmes et par les soignants, éléments essentiels... pour ce qui est des décisions à prendre concernant les traitements de fin de vie ». Pour leur part, les infirmières « provoquaient de longues discussions, organisaient des rencontres, fournissaient des informations, des fiches, et faisaient tout leur possible pour encourager le malade et sa famille à collaborer au processus de prise de décision avec un médecin lui-même bien informé ». Malgré ces efforts, le groupe qui avait participé à ce programme ne s'en sortit pas mieux que le groupe de contrôle, leurs désirs n'étant pas davantage pris en compte, les interventions d'urgence (réanimation etc.), la souffrance et une mort douloureuse ne leur étant pas non plus épargnées.

page 262

« Meurtre miséricordieux »

Il est défini ici comme « un acte de compassion, pas un acte malveillant ou intéressé ». Il faut toutefois faire la distinction entre tuer à la demande de quelqu'un et tuer en estimant, sans en référer à l'intéressé, que c'est un acte miséricordieux.

page 264

« L'exemple des Pays-Bas » :

Bien que le suicide assisté par un médecin ne soit pas légal aux Pays-Bas, il n'est pas poursuivi si le médecin s'est conformé à certaines directives : le patient doit avoir une maladie incurable et subit des souffrances intolérables. Il doit être dûment informé du diagnostic, du pronostic et des possibilités de traitement. La demande d'assistance doit provenir du patient lui-même, non des membres de sa famille. Elle ne doit pas non plus être suggérée par le médecin. La demande doit être faite à plusieurs reprises, sur un certain laps de temps et en connaissance de cause. Le médecin doit considérer le malade comme compétent et sa demande comme raisonnable. Le médecin doit prendre l'avis d'un autre médecin.

Hendin, violemment opposé à ce qu'il appelle « la guérison à la hollandaise », affirme que « pratiquement toutes les directives établies par les Hollandais pour réglementer l'euthanasie ont été modifiées ou violées en toute impunité ».

REMERCIEMENTS

Pour écrire ce livre, j'ai fait appel au savoir, à l'expérience et au soutien de beaucoup, beaucoup de gens. Il y a ceux dont je ne mentionnerai pas le nom parce que j'ai promis de respecter leur anonymat mais qui savent, je l'espère, combien je leur suis reconnaissante. Et il y a les autres.

Je remercie les thérapeutes et les psychanalystes qui m'ont fait part de leurs idées et de leur expérience : Joan Willens Beerman, Ruth Caplin, Robert Gillman, Stanley Greenspan, Arlene Heyman, Joan Krash, Betty Ann Ottiger, Gerald Perman, Harvey Rich, Sheila Rogovin, Earle Silbr et Anna Stephansky.

Et je remercie tout particulièrement Cornelia Biddle, Nell Minow et Larry Ramer.

Merci aussi à mon rabbin préféré, Leornard Beerman, à mon médecin préféré, David Morowitz. Merci à ces personnes remarquables qui travaillent pour l'Hospice de Washington et d'autres hospices et qui m'ont aidée à réfléchir à l'abandon et à la mort : Carol Atkins, Sœur Barbara Marie C.S.C., Jane Corrigan, Fran Dunphy, Susan Johnson, Karen Jones, Dorothy Kavanaugh, Helen Lindsey, Rita Paddack, Molly Sherwood, Mary Wassman, Les Whitten et d'autres encore, hommes et femmes de cœur, trop nombreux pour être cités.

Je remercie Nicolas Viorst qui a lu la première version de ce texte d'un œil avisé d'éditeur et qui l'a critiquée avec son tact et sa rigueur habituels ; Ira Pastan qui m'a beaucoup aidée pour le premier chapitre ; Barbara et Lou Breger dont les commentaires me furent très précieux ; et Lisbeth Schorr qui a largement contribué à la conception d'ensemble.

Je remercie mon agent-à-vie Robert Lescher et son formidable associé Michael Choate. Je remercie l'équipe éditoriale formée par Fred Hills et Burton Beals pour ses remarques constructives et presque toujours justes. Et je remercie Barbara Betit de la Washington Psychoanalytic Foundation qui s'est chargée de rassembler de la documentation avec une gentillesse qui n'a d'égale que sa compétence.

Je remercie mes fils Anthony, Nick et Alexander ; ma bellefille Hyla ; mes excellentes amies — au nombre desquelles Hanna Altman, Sunny Aurelio, Phillys Hersh, Elinor Horwitz, Sylvia Koner, Elaine Konigsburg, Leslie Obendorfer, Sally Potofsky, Shay Rieger, Barbara Rosenfeld et Judy Silver — pour leurs encouragements et leur soutien sans faille.

Enfin, je remercie mon mari Milton dont l'amour, la confiance, la patience et le soutien ne se sont jamais démentis au cours des trois années qu'il m'a fallu pour écrire ce livre.

TABLE

Cet ouvrage a été imprimé par la
SOCIÉTÉ NOUVELLE FIRMIN-DIDOT
Mesnil-sur-l'Estrée
pour le compte des Éditions Robert Laffont
24, avenue Marceau, 75008 Paris
en décembre 1998

Imprimé en France
Dépôt légal : janvier 1999
N° d'édition : 39533 - N° d'impression : 45198